Terapia Regresiva, Gestación y Nacimiento

(Experiencias de 16 Terapeutas)

www.ediciones-ende.com

Primera edición, marzo de 2025

www.ediciones-ende.com info@ediciones-ende.com
facebook.com/edicionesende twitter.com/edicionesende
Colección: Psicoterapia del Alma

Coordinador y Coeditor: Carlos González Delgado
Coautores: Beatriz Maeztu Herrera, Carlos González Delgado, Chelo Rodríguez Pérez, Claudia Celia Cuervo Espinosa, Gabriela Cynthia Legoratti, Leopoldo Ceballos del Castillo, Marcela Alejandra Pazos Pérez, María de Jesús (Mary Chuy) Hernández Ruiz, María Rosa Martínez Fernández, Marion Boon, Matilde (Maithe) Pardo Vico, Nellisabel Rosario Ramos, Noemí González Casalegno, Patricia Umaña Hill, Pepi Cáceres Gómez y Sergi Estrany Sanfeliu.

Edición, maquetación, cubierta y diseño: © ediciones ende
Diseño de cubierta © ediciones ende
Impreso en España / Printed in Spain
ISBN: 978-84-10337-42-8
Depósito Legal: SE 475-2025

Terapia Regresiva, Gestación y Nacimiento

(Experiencias de 16 Terapeutas)

ediciones ende

Coordinador y Coeditor

Carlos
González Delgado

Coautores

Beatriz
Maeztu Herrera

Chelo
Rodríguez Pérez

Claudia Celia
Cuervo Espinosa

Gabriela
Cynthia Legoratti

Leopoldo
Ceballos del Castillo

Marcela Alejandra
Pazos Pérez

María de Jesús
Hernández Ruiz

María Rosa
Martínez Fernández

Marion
Boon

Matilde
Pardo Vico

Nellisabel Rosario
Ramos

Noemí
González Casalegno

Patricia
Umaña Hill

Pepi
Cáceres Gómez

Sergi
Estrany Sanfeliu

Índice

La Gestación, El Nacimiento y la Terapia Regresiva

Por Carlos González Delgado

Introducción a la Obra

Como coordinador de este libro, he procurado ofrecer dos visiones complementarias acerca de la gestación y el nacimiento en relación con la Terapia Regresiva. En la primera parte, se presentan diversos hallazgos científicos obtenidos en distintas universidades, omitiendo referencias específicas para facilitar la lectura, aunque incluyo comentarios breves desde la óptica de la Terapia Regresiva. En la segunda parte, se aborda la perspectiva de nuestra práctica profesional, más amplia y resolutiva, que profundiza en la dimensión del Alma.

1. Perspectiva Científica sobre la Gestación y la Terapia Regresiva

1.1. Relevancia de la Gestación en el Desarrollo

La gestación es un periodo determinante, no solo por el crecimiento físico del feto, sino también por la formación de patrones emocionales y psicológicos que pueden ejercer influencia a lo largo de toda la vida. La Terapia Regresiva permite explorar experiencias tempranas y liberar bloqueos originados en esta fase. A través de un abordaje profundo de dichas vivencias, se fomenta un proceso de sanación que repercute positivamente en el bienestar emocional y psicológico de la persona.

Este libro examina la intersección entre la Terapia Regresiva, la gestación y el nacimiento, aportando tanto herramientas terapéuticas como evidencias científicas que recalcan la importancia de comprender la historia prenatal para lograr un equilibrio integral. Diversos estudios, experiencias terapéuticas, técnicas de regresión y testimonios de profesionales y consultantes ilustran cómo la etapa gestacional se vincula de manera directa con la salud emocional posterior.

1.2. El Rol de las Emociones Maternas en la Gestación

La gestación, de unos nueve meses de duración, no se restringe a la dimensión física; las emociones y vivencias de la madre influyen notablemente en el embrión. Desde la concepción, se construye un vínculo físico y psicológico, pues el feto percibe y responde constantemente a las emociones maternas.

- **Estrés y otras emociones negativas**: Numerosas investigaciones indican que el estrés excesivo en la madre puede elevar el riesgo de complicaciones obstétricas, además de propiciar dificultades de aprendizaje o problemas de conducta durante la niñez.

- **Estados emocionales positivos**: Sentimientos de alegría y serenidad suelen favorecer el desarrollo cognitivo, subrayando así la relevancia de un entorno emocional equilibrado.

Bienestar Emocional e Incidencia en la Gestación

Mantener un estado emocional equilibrado durante el embarazo:

1. Previene trastornos como la ansiedad o la depresión.
2. Favorece la empatía y la comunicación efectiva con la red de apoyo.
3. Permite gestionar mejor el estrés y la adaptación a los cambios.
4. Disminuye la probabilidad de complicaciones como hipertensión o alteraciones del embarazo.

Junto con la Terapia Regresiva, disciplinas como relajación, meditación o yoga reducen la ansiedad y fomentan un estado emocional estable, brindando a la madre recursos útiles para afrontar el proceso gestacional.

Importancia del Vínculo Madre-Feto

La estabilidad emocional de la madre constituye la base para un vínculo sólido con el bebé y para la salud física y mental de ambos. Estudios señalan que la disponibilidad de apoyo emocional y recursos adecuados durante esta etapa crucial influye en:

- **Desarrollo cerebral y salud emocional del bebé**: El estrés crónico y la ansiedad materna pueden incidir de manera negativa en la formación de circuitos neuronales del feto.

- **Entorno afectivo estable**: Emociones positivas proporcionan seguridad, estimulan el crecimiento adecuado y reducen el riesgo de complicaciones en el embarazo y el parto.

Calidad de la interacción futura: Una madre emocionalmente estable suele relacionarse de forma más positiva con el niño, favoreciendo su desarrollo socioemocional a largo plazo.

2. Efectos de las Emociones Maternas en Distintas Fases de la Gestación

2.1. Primer Trimestre (0-12 semanas)

Durante este periodo, se forman los órganos principales y el sistema nervioso central. El estrés y la ansiedad elevados en la madre pueden incrementar las complicaciones obstétricas y alterar el desarrollo neurológico del bebé. Dichos cambios pueden afectar procesos cruciales como la neurogénesis o la formación de redes neuronales.

Visión desde la Terapia Regresiva

- El alma del feto no se encuentra completamente anclada en el cuerpo; "entra y sale" con libertad.
- El feto percibe sin filtros las emociones y sensaciones de la madre, sin diferenciarlas de las propias. Una sesión regresiva adecuada ayuda a distinguir entre ambas.
- Es en esta etapa cuando suele darse el "síndrome del gemelo evanescente": perder a un hermano gemelo en el vientre puede generar secuelas emocionales relevantes en la vida adulta. Cabe destacar la culpa por vivir.

2.2. Segundo Trimestre (13-26 semanas)

El feto desarrolla con mayor precisión sus sentidos y responde a estímulos externos, por lo que se torna más vulnerable a influencias emocionales y ambientales. El estrés prolongado en la madre puede desequilibrar sus niveles de cortisol, afectando el desarrollo cognitivo y emocional del niño. Mantener un ambiente emocional positivo se considera clave en esta fase.

Visión desde la Terapia Regresiva

- El alma comienza a anclarse cada vez más en el cuerpo fetal, reduciendo su facilidad para "salir" y explorar otros planos.
- El espacio se siente más limitado a medida que el feto crece, incrementando su sensibilidad a los estados anímicos de la madre.

2.3. Tercer Trimestre (27-40 semanas)

En el último tramo, el bebé está casi preparado para nacer. Las emociones maternas se reflejan en los patrones de sueño y actividad fetal: por ejemplo, madres con estados de ansiedad manifiesta pueden tener bebés más inquietos. Con la cercanía del parto, a menudo surgen miedos y tensiones que el feto asume como propios.

Visión desde la Terapia Regresiva

- Pueden aparecer decisiones "existenciales" del feto, como el deseo de no nacer, expresado a veces mediante vueltas del cordón umbilical.
- Estos patrones se detectan en regresiones y, si no se trabajan, pueden influir en la conducta del futuro adulto.

2.4. Conclusiones Provisionales sobre la Gestación

Las emociones y experiencias de la madre durante la gestación dejan huellas duraderas en el desarrollo del bebé. Por ello, es fundamental que las mujeres embarazadas dispongan de recursos y apoyo para manejar el estrés, estableciendo así una base sólida para la salud física y psicológica del niño. Este enfoque integral, que considera factores biológicos y emocionales, se fortalece con la Terapia Regresiva, la cual ayuda a desvelar y sanar vivencias tempranas de origen prenatal.

De este modo, comprender la gestación desde una perspectiva amplia ofrece a las familias y a los profesionales de la salud una manera más completa de abordar la maternidad. El cuidado emocional de la madre se convierte en un componente esencial para el desarrollo del bebé, y la Terapia Regresiva brinda herramientas valiosas para explorar y sanar aquellas vivencias primordiales.

3. El Parto

En las últimas décadas, la psicología perinatal y la neurociencia han profundizado en cómo las circunstancias del parto pueden afectar el equilibrio emocional del bebé y, potencialmente, su salud mental en el futuro. A continuación, se sintetizan algunos hallazgos e investigaciones claves.

3.1. Complicaciones en el Parto y Equilibrio Emocional del Bebé

- **Estrés materno**: Altos niveles de hormonas de estrés (cortisol, adrenalina) durante el embarazo y el parto pueden influir en la maduración del eje hipotalámico-pituitario-adrenal (HPA) del bebé, predisponiéndolo a mayor reactividad emocional y a sufrir dificultades conductuales.

- **Intervenciones médicas**: Cesáreas de emergencia o partos instrumentalizados (fórceps, ventosas) incrementan la carga de estrés tanto en la madre como en el neonato, dificultando la autorregulación inicial del recién nacido.
- **Importancia del contacto piel con piel**: La interacción madre-hijo inmediata favorece el apego seguro y la estabilidad emocional. Complicaciones como partos prolongados o uso excesivo de analgesia pueden interrumpir este proceso.
- **Parto traumático**: Vivencias muy estresantes pueden alterar el equilibrio hormonal de la díada madre-bebé, con repercusiones en la regulación emocional del neonato.
- **Periodos críticos**: El parto se considera un momento crítico para la maduración del cerebro social y las vías de regulación emocional.

3.2. Repercusiones a Largo Plazo

- **Estudios longitudinales**: Niños que experimentan partos traumáticos (nacimientos muy prematuros o con complicaciones severas) muestran mayor probabilidad de presentar síntomas de ansiedad o depresión en la adolescencia y adultez, existiendo correlaciones sólidas, aunque no deterministas.
- **Impronta temprana**: Situaciones estresantes durante el nacimiento pueden dejar huellas implícitas que derivan, en la adultez, en problemas de autoestima, regulación emocional y apego.

- **Factores de riesgo coexistentes**: Con frecuencia, un parto difícil coincide con otros factores adversos, como ambientes familiares complicados, apego inseguro, etc., lo cual dificulta aislar la influencia exclusiva del parto.
- **Intervención temprana**: El fortalecimiento del vínculo madre-bebé mediante contacto continuado, lactancia y acompañamiento emocional puede mitigar las consecuencias negativas de un parto complejo.

3.3. Conclusiones Generales sobre el Parto

1. **Correlación, no determinismo**: Si bien se han observado asociaciones entre complicaciones en el parto y el desequilibrio emocional del bebé, no suponen un destino ineludible. Factores genéticos y la calidad del cuidado posparto pueden modular estos efectos.
2. **Enfoque preventivo**: Mejorar los protocolos de atención perinatal, reducir intervenciones innecesarias y promover el contacto temprano y la empatía durante el parto contribuye a un desarrollo emocional más saludable.
3. **Investigación multidisciplinar**: La colaboración entre psicología, neurobiología y obstetricia resulta esencial para comprender en mayor profundidad las repercusiones del parto en la salud mental y diseñar intervenciones de prevención y apoyo más efectivas.

En conjunto, la literatura científica sugiere que los problemas o complicaciones ocurridos durante el nacimiento pueden repercutir en el equilibrio emocional del bebé y, en menor medida, manifestarse en la vida adulta como dificultades relacionales o emocionales. No obstante, una atención posparto de calidad y un apego seguro pueden contrarrestar tales efectos, favoreciendo una regulación emocional saludable a largo plazo.

Reflexión Final

La gestación y el nacimiento, abordados desde la óptica científica y la Terapia Regresiva, dejan en evidencia la influencia profunda que las vivencias maternas y las condiciones perinatales tienen sobre el desarrollo del bebé. El estrés, la ansiedad y otras emociones negativas pueden impactar en la configuración neurológica y emocional del feto; sin embargo, intervenciones preventivas, un entorno afectivo equilibrado y la posibilidad de explorar y sanar recuerdos tempranos mediante la Terapia Regresiva ofrecen un camino prometedor para optimizar la salud integral de la madre y del niño.

La Gestación Desde el Punto de Vista de la Psicoterapia Regresiva

La gestación es un período de encaje y anclaje en la carne de un Alma o *principio vital o consciente*. Se produce el milagro de la vida y la energía espiritual toma forma o presencia en nuestro plano físico. Esta encarnación del alma en el cuerpo puede verse interrumpida por numerosas causas conocidas o desconocidas, dando lugar a que el feto no llegue a nacer.

Un factor esencial es que el Alma no está totalmente encarnada en el feto que se está desarrollando hasta pasados varios años (siete según el budismo). A esto hay que añadir que el Alma no viene completa; es decir, que, aunque acabe por encarnar, esa parte encarnada no es su totalidad. El Alma puede venir ya fragmentada por determinadas experiencias traumáticas vividas antes de esa encarnación.

El Alma no es una tabula rasa cuando viene a la Tierra. Ya tiene sus experiencias pasadas experimentadas en otros cuerpos humanos y no humanos. Ya tiene un largo recorrido y sus aprendizajes realizados. Aunque podamos ver a un recién nacido como un ser débil al que debemos cuidar para que pueda sobrevivir, en realidad se trata de un Alma que puede tener más sabiduría y mayor bagaje que sus propios padres o cuidadores.

Durante la gestación el Alma entra y sale libremente de la barriga de su mamá. Es capaz de experimentar los mundos sutiles superiores no manifestados en este plano físico y de retener recuerdos de esos planos. Normalmente, con el nacimiento y el proceso de socialización que recibe el niño, los recuerdos de esa etapa anterior van difuminándose hasta caer en el más profundo olvido. No obstante, hay personas que sí pueden recordar experiencias prenatales y preconcepcionales.

Un Alma ha tenido ya muchas personalidades en sus vidas anteriores. En esta vida le toca desarrollar una nueva para adaptarse a sus circunstancias, pero las demás siguen de algún modo presentes en su inconsciente. La Terapia Regresiva es una magnífica herramienta para hacer consciente estas experiencias previas del Alma, inicialmente no conscientes.

Cada célula del embrión tiene su propia inteligencia. Dentro de cada célula también confluyen diversas inteligencias. Todas juntas forman el Alma individualizada que acabará siendo un adulto. En el interior de cada célula existe la información de todas las experiencias de los linajes de sangre que han creado la nueva vida física en este plano. Todos nuestros ancestros viven, de algún modo, dentro de nosotros, en cada una de nuestras células. Todo tiene un porqué y un para qué en clave consciencial. La Inteligencia del Universo está presente dentro de cada ser humano. Nosotros somos la continuidad en la vida de todos y cada uno de nuestros ancestros (epigenética del Alma).

Un hecho interesante constatado en nuestra práctica profesional es que el Alma del feto normalmente ya estaba allí. Cuando nos adentramos en una regresión, en ciertos momentos, desde la óptica del Alma, el Consultante puede tomar consciencia de que perteneció a su clan o linaje de sangre en una época pasada. Ya estuvo vivo en otro cuerpo siendo otra persona en su propia familia. Ese Alma ya contribuyó de algún modo como un eslabón más de una cadena que, de alguna forma, mantiene atados o esclavizados a una parte importante de los miembros de su familia.

Es muy sanador ver en consulta que el Alma del Consultante, al ir hacia atrás en el tiempo tridimensional en el que vivimos en esta realidad, comprueba por sí mismo que fue el bisabuelo o el tatarabuelo de sí mismo. Es decir, comprende, experimenta y siente que él, como Alma, contribuyó a todo lo que él mismo ha heredado. Esto despenaliza y desculpabiliza a sus mayores, sobre todo cuando han tenido experiencias duras y difíciles de digerir desde niños.

Recuerdo, hace ya unos años, vino a mi consulta un señor mayor con algo más de setenta años. Su motivo de consulta era que odiaba a su padre y no sabía a qué era debido. Nunca la había hecho nada malo y había sido un buen padre. Al regresionar la experiencia, llegó a la edad de seis años en la que el padre casi abusó de él. Eso fue lo que le separó de su padre y una vez en su inconsciente jamás volvió a recordarlo. En a parte final de la sesión, le solicité a su Alma, una vez realizado un profundo trabajo psico energético y psicoterapéutico de sanación, que retrocediera a la experiencia original que puedo causar ese conflicto entre su ambas almas. Su Alma le mostró una experiencia en la que él, en una vida pasada y siendo hombre, violaba a una mujer en presencia del hijo de ésta. Esa mujer fue reconocida por el Consultante como su padre de esta vida. Al finalizar la sesión, cuando se despedía de mí, el señor me dijo lo siguiente: *"ahora comprendo a mi padre. Con lo que yo le hice a él, lo poco que él me ha hecho a mí".* Fue una experiencia de profundo perdón y paz para el Alma de este señor.

El Alma del feto siente absolutamente todo lo que su madre experimenta. Conoce sus pensamientos, sentimientos, sensaciones, miedos, fortalezas, etc., en consecuencia, reacciona a todo lo que su madre está viviendo. La reacción del feto será inmediata a la experiencia de su madre. No puede discriminar entre lo que siente como Alma y lo que siente su mamá. Por lo tanto, puede adoptar como si fueran propias, las sensaciones, emociones, pensamientos y sentimientos de su madre. De mayor, puede reaccionar como si fuera su madre y no desde su propia adultez. Es más, puede que nunca llegue a ser adulto de verdad y se mantenga siendo una *copia* de su madre durante el resto de su vida.

El Alma del feto también percibe a su padre. Sabe si está o no presente en su vida. Es consciente del tipo de relación que une a su madre con él. Escucha las conversaciones que mantienen entre ellos. La energía masculina que aporta su padre es esencial para el futuro y correcto desarrollo del feto. Hay que trabajar con el padre también si queremos que la sanación del Alma sea total y exista un perfecto equilibrio entre lo femenino (que aporta su madre) y lo masculino. En definitiva, estamos ante un Alma mucho más consciente de lo que podríamos llegar a pensar.

Si no trabajamos a fondo de manera adecuada todas estas experiencias traumáticas antiguas relacionadas con los padres, el Alma del feto puede reaccionar de un modo totalmente desproporcionado. Cuando se haga adulto puede sufrir las consecuencias en forma de rechazo, odio, rencor y otros sentimientos negativos hacia alguno de sus progenitores. Finalmente, puede proyectar estas carencias y cargas en la propia vida hacia otras personas. Muchas de las depresiones, suicidios y enfermedades psicosomáticas se originan en este tipo de experiencias traumáticas tempranas.

Cualquier experiencia que el Alma del feto pueda experimentar en relación a su madre (mayormente) o a su padre (o sustitutos de ellos y también de personas cercanas) puede ser el catalizador para que se reactiven experiencias o memorias de su pasado y, curiosamente, también de cualquiera de sus ancestros. En consciencia expandida, vemos en nuestras consultas como la presencia de seres desencarnados o fragmentos de ellos (o propios del Alma del feto) inciden claramente en su vida de adulto. Es decir, que una vida anterior del propio Consultante es tan importante y digna de tenerse en cuenta como la presencia de cualquier otra alma desencarnada de su familia.

Pueden actualizarse memorias de todo tipo de experiencias traumáticas del pasado: vidas trágicas, muertes violentas, violaciones, incestos, abusos de otro tipo, suicidios, asesinatos, abortos, intentos de aborto, abandonos, traiciones, si fue o no deseado, si fue o no bienvenido por las familias correspondientes, conflictos entre los padres o con otros miembros de la familia, problemas económicos o de otro tipo, guerras, etc.

Durante determinadas experiencias impactantes para el Alma del feto durante la gestación, éste llega a tomar decisiones que pueden mantenerse durante toda su vida. Permisos, prohibiciones, determinaciones, decretos, postulados y similares son decididos en esos momentos traumáticos. Si no se tiene la oportunidad de revivirlos, profundizar en ellos todo lo necesario hasta agotar las correspondientes catarsis emocionales y energéticas, y alcanzar una comprehensión suficientemente profunda, no se produce la sanación de esas experiencias. Las cargas de todo tipo que se crearon se heredan y se mantienen hasta la muerte en esta vida. En su próxima encarnación, el Alma tendrá pendiente de sanarlas y poco a poco, de manera casi *milagrosa*, le irán sucediendo ciertos acontecimientos (oportunidades) para que las pueda acabar sanando.

El Trabajo del Terapeuta durante la Gestación

Trabajar profundamente la gestación puede ocupar, como mínimo, una sesión; aunque puede ser aconsejable hacer alguna más si el Consultante lo necesita. El Terapeuta deberá avanzar y retroceder durante dicho período cuantas veces sea necesario, a fin de hallar experiencias traumáticas que la mamá embarazada hubiera podido vivir. Como se ha visto anteriormente, durante el embarazo la madre experimenta vivencias emocionales intensas mientras transcurre su vida normal. Estas emociones impactan directamente en el campo energético y en el cuerpo físico del bebé, que no puede evitar sentirse inundado por estas energías.

El Terapeuta utiliza básicamente las mismas técnicas que para el resto de los trabajos en Terapia Regresiva. Se trata de trabajar a fondo la experiencia original que causó el conflicto que sufre actualmente el adulto. Esta experiencia en buena lógica está en su pasado. Todo el trabajo debe ser realizado en tiempo presente de modo que el Consultante lo experimente en su cuerpo de ahora. Cualquier experiencia traumática del pasado que el Alma haya experimentado, en esta o en cualquier vida anterior, y que no haya sido totalmente transmutada y sanada, no es pasado para el Alma, sino puro presente. De ahí la necesidad de trabajar en presente todo el trauma del pasado.

En buena lógica, se deberá trabajar de modo catártico y a fondo esa experiencia original traumática. El Consultante deberá experimentar y tomar consciencia de los momentos más claves, de sus reacciones en general, físicas, emocionales y mentales; así como de las repercusiones que todavía ejercen en su vida de ahora. Finalmente, se realizará el correspondiente trabajo energético, psico energético y psico terapéutico necesario para la correcta integración de la experiencia.

Hay muchos aspectos que deben ser tenidos en cuenta. Si el embarazo ha sido deseado o no, si la familia de la madre está contenta por ello, si cuenta o no la mamá con a la ayuda de su propia familia de origen, si el padre está o no presente en general, si el embarazo también es deseado por éste, también la respuesta positiva o no de su familia, los propios miedos de los padres, si tienen o no experiencia previa de embarazos anteriores, las condiciones económicas y sociales en general, la propia dinámica de la relación de pareja, enfermedades graves o de los padres o familiares clave de éstos, fallecimientos de familiares o personas cercanas a los mismos, si el feto viene acompañado o no de algún hermanito, si se produce el síndrome del gemelo evanescente (cuando uno de los gemelos muere durante el período fetal y el otro sobrevive), hábitos saludables o no de los padres, alimentación, orden mental, trabajo personal realizado, grado de felicidad y satisfacción consigo mismo, los niveles de estrés de los progenitores, etc.

Existe una gama casi infinita de circunstancias y eventos estresantes que influyen e impactan en el feto. Su desarrollo físico, psicológico y emocional depende en gran medida de ellos. Averiguar, a través de una regresión, todos estos factores es de vital importancia. En nuestras consultas encontramos experiencias traumáticas tempranas que corresponden a los padres y que influyen en el feto durante el resto de su vida adulta. El alma del feto absorbe como propias todas las emociones que vive su mamá, sus pensamientos, sus sensaciones y todo lo que siente a lo largo de toda la gestación.

Un factor determinante de cara a la sanación es llevar a nuestro Consultante al momento en que comienza a absorber como propias energías que pertenecen a la mamá. Esto también puede pasar con el papá, pero de un modo menos intenso y directo. Lo que piensa y siente la madre alcanza de modo irremediable al feto. Éste lleva a creer durante el resto de su vida que sus pensamientos, creencias, emociones y sentimientos son propios, cuando en un elevado porcentaje de casos realmente pertenecen a la madre.

Se heredan tendencias, culpas, creencias, emociones, sensaciones, modos de reaccionar ante ciertos acontecimientos, cargas de todo tipo y un sinfín de otras realidades kármicas y energéticas del clan familiar. En los ancestros se halla la raíz de muchos de los conflictos que padece el feto y que se reflejarán en su vida adulta. Tomar consciencia de esto y sanarlo es parte de lo que debe fomentar y conseguir el buen terapeuta. Todo lo que los ancestros no han conseguido transmutar, integrar y sanar, pasa por información genética a la siguiente generación. Esto es un proceso que se repite de forma interminable hasta que el adulto decide trabajarlo a fondo y sanarlo.

El enfrentamiento catártico profundo con los ancestros hasta la línea de los progenitores es clave en nuestro trabajo. Conseguir que el Consultante sea, en primer lugar, consciente de lo que no era es el inicio de la sanación. Establecer unas pautas de diálogo conscientemente elevado entre las almas implicadas en cualquier conflicto o carga energética heredada es parte de la Psicoterapia del Alma que los Terapeutas Regresivos practicamos dentro de la sesión. Trabajar la visión del alma (distinta a la visión del ojo del cuerpo humano) es un proceso que normalmente se realiza durante el trabajo catártico, una vez se han agotado ciertos procesos y se han trabajado aspectos clave de lo vivido. Trabajar el conflicto desde la óptica del alma (existen diversos modos de conseguir hacerlo) es fundamental y pone el broche de oro al trabajo terapéutico bien realizado. Resulta imposible resumir en un libro todos estos recursos, pero es bueno que tomemos consciencia de ellos, ya que no todas las formaciones que se ofrecen al público las reúnen.

Los Terapeutas Regresivos que son psicólogos o que tienen alguna formación adicional en alguna escuela psicoterapéutica, cuentan con ventaja a la hora de realizar esta parte del trabajo. La Asociación Española de Terapia Regresiva, en su afán de aportar nuevos recursos a sus miembros, ha diseñado un Curso Básico de Adquisición de Recursos Psicoterapéuticos para aquellos terapeutas que no gozan de la formación adecuada. Realizar una regresión no es un asunto baladí, sino que supone jugar con la salud de las personas. De ahí, que una capacitación profesional y un comportamiento ético impecable sean requisitos imprescindibles para el buen hacer en nuestro campo profesional.

Durante la sesión, el Terapeuta debe estar muy atento y buscar las experiencias que le hayan podido afectar. Pueden ser experiencias de su madre, de su padre, de otros adultos cercanos o propias del Alma del feto. Éstas suelen ser las más frecuentes: traumas en general; postulados, mandatos, permisos, prohibiciones, decretos, pactos, maldiciones, promesas o similares; pensamientos, sentimientos, sensaciones, creencias, decisiones y palabras o frases clave; comentarios, actitudes y acciones del equipo sanitario que atiende durante la gestación y también en el parto; las propias reacciones y sensaciones del feto durante estos eventos; aparición de cualquier tipo de entidades (Almas Perdidas, Ángeles, Guías, Maestros, etc.); lecciones recibidas o a aprender y el sentido profundo que para el Alma del feto tienen todas estas posibles experiencias.

El Trabajo del Terapeuta durante el Nacimiento

Nacer es posiblemente una de las experiencias más estresantes que el Alma pueda vivir. Es la culminación de su descenso al mundo físico y pueden ocurrir muchas cosas. Realmente está en juego la vida del feto y también la de su mamá. Lo que el Alma del feto experimenta durante su nacimiento está directamente relacionado con una serie de hechos traumáticos de vidas pasadas. Esas memorias se pueden actualizar durante el parto. De ahí la importancia de saber bien cómo trabajarlo.

Además de todas las experiencias traumáticas que se actualizan en el momento del parto, la más importante de todas es la rememoración de muertes anteriores por asfixia, aplastamiento, ahogamiento, horca, etc. La muerte tiene una relación vincular directa con el nacimiento. Es muy frecuenta que durante una sesión mientras se está trabajando el parto, el Alma del feto pueda estar experimentando al mismo tiempo alguna de sus muertas anteriores. No es de extrañar, que el Alma comience a relatar y experimentar una situación distinta a la que en ese momento se está trabajando en consulta.

Muchos de los obstáculos que tienen los adultos y que les impiden seguir evolucionando adecuadamente y avanzar en sus proyectos vitales tienen relación directa con este tipo de experiencias. En muchas ocasiones al trabajar y resolver estas experiencias del pasado, se resuelven en la vida actual los problemas que se padecen.

Normalmente, el parto se trabaja como consecuencia o a continuación de algún momento durante el período de gestación, aunque también el Alma del Consultante puede llevar al Terapeuta a trabajar directamente un momento traumático durante el propio parto.

Como Terapeuta me cuesta imaginar que este trabajo se puede realizar suficientemente bien sin que el Consultante esté acostado en una colchoneta sobre el suelo. En algunas ocasiones, el Consultante, literalmente, se sale de la colchoneta mientras revive su nacimiento. La libertad y la seguridad que ofrece una buena colchoneta no se obtiene de ninguna otra manera. Descártese trabajar sobre un sofá, una camilla, un sillón reclinable y similares. Nunca trabajar esto en altura, ya que el Consultante puede caer al suelo y sufrir daño físico.

El trabajo ha de realizarse lentamente, del mismo modo en que se trabajan los momentos más traumáticos dentro de una experiencia traumática, sobre todo cuando hay traumas. La forma de trabajar es la misma que ya se ha mencionado antes. Debe sentir lo que su madre está experimentando, las contracciones uterinas, sus esfuerzos y todo en general. El canal del parto debe ser vivido completamente, desde el principio al final. Debemos estar atentos a cualquier incidencia. El feto puede pasar por momentos muy angustiantes. Hay que ir paso a paso.

Todo lo que ocurre alrededor del parto es importantísimo: el equipo sanitario, la presencia o no del padre, los comentarios que se hacen mientras nace, qué ocurre una vez ha nacido, qué hacen con él, dónde le llevan, si está en buenas condiciones o no, si se lo dan a su mamá o no, etc. Cada una de estas posibles situaciones hay que trabajarlas lenta y profundamente y de manera minuciosa.

He visto muchas veces trabajar esto al Dr. José Luis Cabouli y él emplea un cojín con el que imita los movimientos de la madre. Si el trabajo se da en grupo, otras personas pueden ayudar también con más cojines. Es importante que la situación se asemeje lo máximo posible a la experiencia del canal del parto. Debemos de reproducir la misma situación que el feto experimenta cuando es parido. Cualquier momento realmente traumático deberá ser vivido del mismo modo que el resto de momentos traumáticos en otro tipo de experiencias. Es importante permitir y completar los momentos más catárticos hasta agotar las emociones.

También es importante para el adulto que tome consciencia de todo lo que su madre está experimentando en ese momento. Es habitual que todas esas emociones y sentimientos queden impregnados en el campo energético y en el cuerpo del recién nacido y que le influya durante el resto de su vida. Por supuesto, se trabaja todo de la misma forma que el resto de experiencias traumáticas durante la vida adulta, ya sea en esta vida o en alguna vida pasada. Para el Alma no existe este tiempo tridimensional y no importa si pasaron siglos, para el Alma sigue siendo un trauma y eso significa que existe una fragmentación de su energía que hay que recuperar. Hay que conseguir durante la terapia que suelte todo aquello que no le pertenece.

Otros factores a tener en cuenta y trabajar tienen que ver con si hubo o no anestesia general. Hay que ayudar a que el Consultante elimine los resquicios energéticos de la anestesia. Es increíble y muy sorprendente hacer esta parte del trabajo, ya que los Consultantes manifiestan que sienten el sabor de la anestesia. Igual ocurre cuando se eliminan medicamentos que por alguna causa tomó en el pasado. Vienen olores, sabores y todo tipo de sensaciones que actualizan corporalmente esa experiencia pasada.

Si el parto se hico con fórceps o algún tipo de instrumento de ayuda, se debe reproducir lo más fielmente la experiencia real. Suelen utilizarse las menos del propio Terapeuta para imitar el instrumento de modo que el Consultante sienta en su cabeza la presión y la tracción que se da dentro de una sala de partos.

Si se tuvo que realizar cesárea a la madre, el Consultante debe experimentar todas las sensaciones que experimentó. El corte que realiza el cirujano causa pavor y miedo en el Alma del feto. Hay que trabajar todo esto de un modo muy intenso y lento hasta que finalmente se produzca el nacimiento.

Por supuesto, el postparto es otro momento que puede resultar muy traumático. No es lo mismo que el recién nacido sea puesto en los brazos de su madre inmediatamente al nacer, que se lo lleven para limpiarlo. El amor y la consciencia de la sanitaria que haga ese trabajo es importante. Lo ideal no es lavar al recién nacido inmediatamente, sino entregárselo a su madre. Después, ya con ese primer contacto exterior con su mamá, se debería realizar toda la labor de limpieza.

La experiencia en la incubadora puede hacer revivir al Alma del recién nacido experiencias traumáticas de un pasado terrible. El uso médico de tubos, sondas y similares puede hacer revivirle experiencias de tortura de vidas pasadas, experiencias en otras dimensiones con seres no humanos, experiencias que como animales han podido vivir (en el II Curso Internacional de Entrenamiento Avanzado en Terapia Regresiva que organicé desde mi Centro Atma, tuvimos el placer de conocer al Doctor Pavel Gymgazov, Terapeuta Regresivo miembro de EARTH, cuyas estadísticas de consulta muestran que más del 60% de sus Consultantes experimentan experiencias como animales de vidas pasadas). Así que todas estas experiencias pasadas pueden reactivarse durante la sesión y el Terapeuta debe estar lo suficientemente preparado para conocer cómo gestionar adecuadamente su trabajo. De ahí la importancia de elegir alguna escuela de formación con unas garantías mínimas).

Finalmente, hay algo que todo buen terapeuta debe realizar antes de acabar el trabajo con la mamá. Es cortar el cordón energético (y umbilical) que une el Alma del recién nacido con la de su madre. Evidentemente, no es un corte físico, ya que en su día ya se hizo. Particularmente permito que sea el propio Consultante, siguiendo mis instrucciones, quien lo realice, ya que eso le empodera mucho más. Todo lo que el Consultante pueda hacer desde sí mismo durante la sesión, lo dejo en sus manos. Procuro tocarle físicamente lo mínimo posible y otorgarle el mayor número posible de herramientas con el fin de conseguir la mayor autonomía e independencia posibles entre él y yo, en calidad de Terapeuta.

Hay Terapeutas que prefieren hacer ellos mismos esta parte del trabajo y se encargan de que el Consultante sienta realmente en su cuerpo de modo físico el corte del cordón. Algunos suelen tirar una especie de pellizco un poco doloroso para que el Consultante pueda sentir realmente el corte. Otros utilizan otros recursos. En este caso, si el Terapeuta decide hacerlo por sí mismo, lo fundamental es que el Consultante lo siente físicamente. Por supuesto, esto va acompañado de ciertas frases que el Terapeuta va pronunciando para hacerle aún más consciente del trabajo energético y liberador de este acto terapéutico.

En relación a lo anterior, he aprendido a lo largo de estos años que existen hilos energéticos que sí son sanos y que siempre deben de existir entre el Alma de una madre y el Alma de un hijo. Mis instrucciones van en la dirección de no cortar nunca esos hilos energéticos y sí aquellos otros que tienen atrapada al Alma del Consultante o a una parte de ella. Esto debe realizarse siempre con el máximo respeto a los procesos evolutivos conscienciales de la mamá y del recién nacido (el adulto durante la sesión). Honrar a los padres, mayores y profesores es algo sagrado y presente en todas las tradiciones filosóficas y religiosas de la Humanidad. No es necesario estar de acuerdo ni aprobar el comportamiento de nuestros padres, pero sí es necesario el reconocimiento de que nuestra vida nos ha llegado a través de ellos y que, sin ellos, no estaríamos aquí.

La experiencia del perdón, desde el máximo respeto y consciencia, es algo irrenunciable que debe revivirse durante una regresión; si bien es cierto que jamás debe forzarse. Un perdón forzado por la buena fe de un Terapeuta inexperto es ineficaz. Si el Consultante no lo siente de verdad y si no ha llegado a una profunda comprehensión de todo lo que facilitó la experiencia traumática pasada relacionada con su madre, el perdón no es útil e incluso resulta contraproducente. El Alma del Consultante tiene que llegar al convencimiento sentido de que "perdonas es comprender que no hay nada que perdonar", que todos los hechos del pasado y del presente representan fielmente el verdadero desarrollo de todas las consciencias implicadas en esas experiencias traumáticas. Cada Alma es el instrumento inconsciente en el destino de las demás. Acusar y culpabilizar a otra Alma, sin ser consciente de la parte que pone el Alma del Consultante, no es ayudar realmente a la evolución de su consciencia.

El tema del aborto es una situación especial que el Alma experimenta de un modo muy traumático, sobre todo si es provocado y voluntario. En mi consulta utilizo las varillas de radiestesia para detectar si el Alma abortada es la misma que la del Consultante. Cuando no ha transcurrido demasiado tiempo entre el aborto y el nuevo embarazo, en muchas ocasiones, se trata de la misma Alma. Comprobar esta realidad del Alma otorga una paz a la madre Consultante que le ayuda a integrar la pasada experiencia abortiva e integrar el verdadero perdón del Alma. Las varillas radiestésicas tienen un margen de error, cuando realmente se sabe trabajar con ellas, de un 5-10%; eso quiere decir que durante la regresión hay que trabajar la experiencia, permitiendo libertad absoluta al Alma del Consultante, y comprobar la realidad de ese testaje.

Otro punto altamente interesante son los embarazos no deseados causados por descuido o por abuso. Aprendí de mi Maestro, el Dr. Cabouli, que los Terapeutas podemos promover un diálogo sincero entre el Alma del feto que no podrá encarnar y el Alma de la que no podrá ser su madre. Si es posible contar con el Alma del posible padre, entonces el trabajo será todavía más sanador. Hay que explicarle las causas por las cuales no es aconsejable que se quedé y nazca. Hay que rogarle que se vuelva al lugar desde donde vino y que abandone el cuerpo de su mamá. Lo normal será que el Alma, una vez entendidas las circunstancias, abandone ese vientre y se produzca un aborto espontáneo.

Todos los abortos que he trabajado en consulta durante los últimos 16 años realizados por mujeres han resultado traumáticos. Incluso después de haber pasado muchos años de ellos. Una cosa es entender cognitivamente las circunstancias que indujeron a la mujer a abortar y otra muy distinta es la asunción por parte del Alma de la que iba a ser mamá. Me he encontrado con mujeres que, a raíz del aborto, jamás pudieron perdonarse a sí mismas y que se *auto castigaron* de un modo cruel sin acabar de ser totalmente consciente. Hay que revivir el aborto hasta el fondo de modo que lleguemos a los postulados que la mamá se emite a sí misma mientras planea y lleva a cabo el aborto. Uno de los efectos no deseables es que el Alma del feto abortado pueda volver o quedarse adherido al campo energético de su madre y programe una futura venganza. En esos casos, puede volverse un *Alma Obsesora* con ganas de devolver el golpe. Cuando esto se detecta durante la sesión, el Alma del feto abortado se convierte en nuestro Consultante. El objetivo es que comprenda todo lo que ocurrió y lo acepte. Parta ello es imprescindible el trabajo energético y, en muchas ocasiones, sobre todo, el trabajo psicoterapéutico necesario. Agotar todo, como en todas las circunstancias, energéticamente y comprenderlo hasta el fondo, es la clave de la sanación de las Almas implicadas.

Existen otras muchas más situaciones terapéuticas que pueden darse durante una regresión. Hablar de ellas no es posible dentro de este capítulo introductorio. Aconsejamos a los lectores que, si sienten en su interior la necesidad de formarse en Terapia o en Psicoterapia Regresiva, elijan una de las escuelas de formación homologadas por AETR. Pueden abrir nuestra página web y hablar con cualquiera de ellas. Todas ofrecen ese mínimo de calidad que hará de la experiencia formativa algo que no podrá olvidarse nunca.

Tal como sucede con el trabajo general en regresión, el Terapeuta debe permitir la experiencia completa y profunda de la experiencia del nacimiento. El Alma o Consciencia Superior del Consultante sabe perfectamente qué mostrar para que el Terapeuta sea consciente de cuál debe ser su trabajo. La Exquisita Neutralidad del Ser deberá estar presente en la consciencia del Terapeuta para no intervenir influyendo la experiencia. Esto quiere decir que la experiencia es la que es y que debe ser permitida tal como es. Una vez tengamos una composición clara y firme de lo que realmente ocurre, entonces podremos tomar las decisiones más sabias y adecuadas para la transmutación y sanación del conflicto que se muestre.

Avanzar sin prisa durante el parto, ver qué está ocurriendo con la madre, si permanece o no consciente, si dilata o no lo suficiente, qué está pasando con el equipo médico, qué decisiones se toman durante ciertos momentos y que pueden marcar al alma del feto. Comprobar qué dicen las personas presente en el parto, también el modo en que lo dicen, las posibles complicaciones durante el propio parto, si viene con vuelta de cordón (algunos fetos deciden suicidarse), si está en posición adecuada para el parto, etc. Comprobar todos los posibles detalles permitiendo la experiencia catártica de los momentos más traumáticos forma parte del proceso.

En definitiva, aquí también nos encontramos con una tipología de situaciones conflictivas y problemáticas muy amplia. El modo en que vive todo esto el alma del feto es crucial y debe ser consciente para el Consultante, ya que en los momentos más traumáticos se experimentan reacciones físicas, emocionales y psicológicas que pueden influir al futuro adulto durante toda su vida. Pueden resultar prohibiciones, decretos, postulados, creencias y similares que permitan o no a la persona darse permiso para vivir ciertas experiencias. También para que se permita a sí mismo darse permiso para ser más creativo.

La Visión Final del Terapeuta Regresivo

Aunque resultan de sumo interés los hallazgos de los investigadores sobre el período fetal y el parto en relación a las repercusiones que tienen en el desarrollo físico, psicosocial y emocional, deseo hacer constar algunas ideas que tenemos claras los Terapeutas Regresivos.

Desde el punto de vista de la ciencia, todo lo que recoge el presente capítulo es innegable. No obstante, el alma tiene su experiencia que forma una larga biografía donde suceden una serie de acontecimientos vitales, algunos de una traumaticidad incuestionable, que se heredan de generación en generación.

Las experiencias de nuestros compañeros miembros de AETR se suman en este libro y nos ofrecen una perspectiva enriquecida por las situaciones reales en consulta. Cada alma tiene su propia forma de procesar los acontecimientos estresantes y cada experiencia debe ser agotada al máximo para conseguir que se disparen las reacciones no conscientes que terminan en convertirse en una especie de postulados que rigen la vida del futuro adulto.

Para que llegar a la sanación de los traumas vividos durante la gestación y el parto, es necesario que el Terapeuta goce de una cierta experiencia. Hay muchos aspectos que se aprenden durante una buena formación, pero también es cierto que existen innumerables circunstancias que se reflejan en hechos traumáticos que solo se aprenden a través de la práctica.

Es la práctica propia, no los libros ni otras formaciones, la que nos otorga el grado de la excelencia. Por supuesto, que acudir a otros grandes profesionales, aparte del profesor que nos formó, es de gran ayuda. También la asistencia a los Congresos, Seminarios y demás nos va a ir formando mejor, pero será finalmente el número de prácticas que realicemos (no solo los años) los que nos darán ese plus de seguridad que tanto bien hace al Consultante cuando sufre su conflicto y no haya modo alguno de superarlo.

Ciertamente, la Terapia Regresiva (para muchos de nosotros, Psicoterapia Regresiva) es la Reina de las Terapias. Esa frase, que viene de la escuela del Psicólogo holandés Hans Ten

Dam, es incuestionable para muchos de nuestros miembros. Fusionar la profunda catarsis que se vive con las técnicas aprendidas en la escuela hispanoamericana del Dr. José Luis Cabouli, junto con las de Hans, forman el cóctel perfecto para la realización de una Terapia del Alma de enorme efectividad. Agotar las emociones totalmente y facilitar la más profunda comprehensión del conflicto hacen de esta terapia una grandísima herramienta al servicio del desarrollo del Consultante

Carlos González Delgado
Presidente de la Asociación Española
de Terapia Regresiva (AETR).

Desvelando el Origen de unos Síntomas en un Taller Grupal

Por Beatriz Maeztu Herrera

Sobre la autora

Beatriz es de Cádiz (España), Licenciada en Psicopedagogía, Maestra de Educación Especial, con más de treinta años de experiencia, Facilitadora y formadora de Constelaciones Familiares, Sistémicas y Arquetípicas hace más de diez años, Terapeuta de Vidas Pasadas -formada con José Luis Cabouli-, Terapeuta de Brainspotting, Terapeuta LNT, Sanación cuántica Yuen, Facilitadora de Rituales Sistémicos sobre las Ruedas de la Vida, Acompañamiento al Duelo (Programa DOL), Formada en Gestalt, Psicoterapia Integrativa Transpersonal, Programa SAT, Mindfulness, PNL, Astrología, Chamanismo, Trauma y Presencia. Acompaña a personas en talleres grupales integrando diversas disciplinas y en grupos de crecimiento personal. Imparte Formación de Constelaciones y Supervisión.

Es miembro de la Asociación Española de Terapia Regresiva (AETR), de la Asociación Española de Brainspotting, de la Asociación Española de Terapia Gestalt (AETG) y miembro Didacta de la Asociación Española de Constelaciones Familiares y Sistémicas (AECFS).

Exposición Previa

Voy a exponer dos casos. Se dieron un fin de semana en dos talleres de *constelaciones integrativas*. Las llamo así porque integro, en el campo de las constelaciones, otras disciplinas (especialmente regresiones) en las que estoy formada y emergen, con frecuencia espontáneamente, cuando el alma de la persona lo necesita o las utilizo cuando siento que es más idóneo. En esta ocasión los facilité en Friburgo (Suiza) el 7 y 8 de diciembre de 2024.

Un taller de constelaciones es una reunión de almas para sanar, en la que se da un abordaje terapéutico individual, gracias al grupo de personas que participa cuando son convocados en el trabajo, guiado por la facilitadora que está centrada y conectada con algo más grande y al servicio del consultante. En un taller de constelaciones estamos todos en un estado expandido de conciencia y los planos se desdibujan con suma facilidad. Las personas que participan en la constelación están sentadas alrededor de un centro vacío donde se desarrolla cada sesión.

La sesión comienza con una breve entrevista y encuadre, el abordaje es muy variado cuando se combinan varias disciplinas. Si se utiliza el recurso de los representantes, se configura una imagen inicial con personas que están en el taller a quienes la facilitadora escoge, les pregunta si quieren participar y les pone (internamente o en voz alta, según sienta), la intención de lo que representan, de forma que las personas dejan su historia aparte y se ponen al servicio, abiertos, desde el vacío, observando lo que les llega y dejándose *mover* por ese impulso por el que son *tomados* y pueden mostrar sensaciones, emociones, movimientos lentos y, en no pocas ocasiones, la información inconsciente del consultante se evidencia en gestos, palabras, comportándose los representantes como un mensajero que recibe un mensaje y lo comunica, dándole forma a la experiencia que se vive que, con frecuencia, pone en contacto con el origen o el mensaje del asunto del consultante.

La información sale a la luz, porque está disponible en *el campo de las constelaciones* y se hace visible lo invisible. La facilitadora acompaña al consultante a: *reconocer lo que es,* a *recordar, a tomar contacto con la experiencia* que se muestra, a que se vea, se haga consciente lo que está a nivel inconsciente.

Sabemos que revivir el trauma original alivia los síntomas del paciente. Tanto en constelaciones como en regresiones, entramos a la experiencia profundizando en la emoción para llegar al origen que lo provoca, en todos los casos se necesita que el cuerpo experimente esas sensaciones y emociones, esto puede hacerse en primera persona o a través de representantes (de forma indirecta).

Envenenamiento Fetal (caso uno)

Introducción de la Terapeuta

En este caso surge una *regresión espontánea* en uno de los representantes de una constelación. Lo comparto porque resulta clave su testimonio para desvelar el origen del síntoma que abordamos. Aunque el contexto pertenece al de una constelación, puede apreciarse la parte correspondiente a la regresión que contiene la información más relevante que se da en este trabajo. Se trata de un caso de un niño de 5 años (que no está presente) y se aborda a través de la madre del pequeño y de los representantes que hicieron falta en el taller grupal. Es similar al trabajo de *regresión a distancia* o a través de otros. La información del niño y su sistema está disponible en el *campo cuántico*, de forma que los representantes acceden a esta información sin hacer nada en particular, puesto que los participantes están en un estado expandido de conciencia.

Sobre la Consultante

Ana (la llamaremos así) de treinta y dos años, madre de un hijo de cinco (Dámaso), vino a constelar un asunto que la angustia mucho sobre su hijo que, desde pequeño, ha estado haciendo un movimiento repetitivo de cabeza de derecha a izquierda (cuando le pregunto exactamente desde cuándo, dice *desde que nació*). A ella le gustaría poder ayudarlo a parar porque los niños en la escuela no siempre son amables y notan este movimiento, comenta que hace aproximadamente un año hizo una constelación a este respecto y mejoró por un tiempo, aunque un mes después, comenzó con el movimiento de cabeza de nuevo.

Ella ya no está en pareja, Ana y el padre de su hijo se separaron cuando el niño tenía 18 meses de edad. Su embarazo con Dámaso no fue fácil, lloró mucho, tuvo que ponerse inyecciones de heparina (anticoagulante) durante todo el embarazo, debido a una embolia pulmonar, fue muy duro para ella pincharse a diario. La relación con el papá de Dámaso no era buena en el momento del embarazo.

Cuando le pregunto por algún hecho relevante durante el embarazo, refiere que, cuando tenía seis semanas de gestación, tuvo un episodio que le marcó, estuvo con muchos vómitos, pasó un día terrible, la llevaron al hospital, era el día de su boda y no olvidará lo mal que lo pasó.

Durante el tiempo que dura la breve entrevista previa a la sesión de Ana, estábamos solamente la consultante, la traductora y yo, de modo que ningún participante del taller escuchó nada de lo que hablamos y cuando iniciamos la sesión, no compartimos el asunto que íbamos a trabajar: comencé abriendo una *constelación ciega*.

Para facilitar la comprensión de los diálogos y clarificar el proceso de la sesión, expongo en un cuadro el listado de las personas que finalmente intervienen en cada trabajo terapéutico, (además de la traductora y todo el grupo que sostiene lo que se mueve en el centro de la sala), le servirá al lector para consultar a lo largo de la lectura del caso.

Cuadro explicativo de los participantes en la sesión del **caso 1**:

Terapeuta (T) (Beatriz)
Consultante (C) (Ana, la madre del niño)
Representante del niño de cinco años (Rñ5)
(Dámaso, el hijo de 5 años de la Consultante)
Representante del Origen del Síntoma (ROS)
(El Origen del movimiento repetitivo de cabeza del niño)
Representante del Alma Fragmentada del bebé intrauterino (RAF)

Transcripción de la Sesión

El sábado 7 de diciembre de 2024, un grupo de personas nos reunimos en una sala de la Universidad de Friburgo (Suiza). Llegado el turno de Ana, tras la entrevista cuyos datos relevantes se recogen en el apartado anterior, comienza su trabajo y elijo un *Representante del Origen del Síntoma* (llamaremos así al movimiento de cabeza del niño) (ROS) y otro

Representante del alma del niño de 5 años (Rñ5) sin decir a ninguno lo que representan, nada más que a la consultante -la madre del niño- y a la traductora (la sesión se desarrollaba en la lengua materna de cada consultante -portugués, francés, alemán-, la traductora se ha formado conmigo en constelaciones y es la organizadora del taller junto con su pareja, yo no hablo ninguno de esos tres idiomas).

Al poner, como Facilitadora del taller, *la intención* a los representantes, previamente centrados, en presencia y apertura, la información del *sistema de la consultante* (y por tanto, de su hijo) les llega de forma inmediata y se comportan de forma distinta a quienes son realmente y se dejan *tomar por el campo cuántico*, es como si dejasen su historia en el asiento que ocupan y al incorporarse a la sesión de trabajo de la consultante, se comportan como un mensajero o una antena que recibe y transmite un mensaje que nada tiene que ver con ellos, sino con las personas que están trabajando (la consultante, Ana y el sistema al que pertenece).

El representante del niño de cinco años (Rñ5) se muestra de pie, rígido, con los ojos cerrados, la cabeza completamente inclinada hacia el suelo e inmóvil en una actitud de estar más en la muerte que en la vida y con cierto enfado.

La representante del Origen del Síntoma (ROS) se tumba en el suelo en posición fetal y empieza a hacer sonidos con la garganta, a toser, a ahogarse, expresa gritando con los ojos cerrados todo el tiempo y cara de mucho desagrado, me acerco, grita cuando le pregunto, mostrándose desesperada.

Terapeuta (T): ¿Qué está pasando?
Representante del Origen del Síntoma (ROS): es como veneno.
T: ¿Esto es en esta vida de Dámaso o en otra vida?
ROS: En esta, es algo que ha tragado que le está haciendo mucho daño.
T: ¿De dónde lo has tomado?

ROS: Del cordón que me alimenta, es ácido, me quema...
T: Muy bien, continúa, experimenta eso más profundamente, ¿cómo continúa eso?

La ROS escupe, le doy papel, comienza a expresar con gestos mucho desagrado... parece una situación muy crítica, como si estuviera muriendo envenenada.

Le pregunto a la consultante si reconoce esto como algo que hubiera sucedido en la gestación y nos comenta que con seis semanas de gestación pasó una fatiga muy grande... la llevaron al hospital, y le dijeron que fue una intoxicación alimentaria, fue una experiencia enormemente desagradable.

Cuando termina de escupir y se queda más tranquila, se incorpora y se sienta en el suelo (continúa con los ojos cerrados), encoge sus piernas, las abraza con sus brazos y comienza a hacer un movimiento lento de cabeza de izquierda a derecha y de derecha a izquierda. La madre, la traductora y yo nos miramos sorprendidas, porque esta participante del taller no sabía lo que le pasaba a su hijo, era realmente asombrosa la inmediatez y claridad de la información que mostraba la representante del origen del movimiento de cabeza del niño, localizado en el evento de la intoxicación alimentaria en el útero materno.

T: Continúa con ese movimiento, continúa, experimenta eso, sigue, sigue, sigue, siéntelo más profundamente, ¿qué está diciendo ese movimiento? acompáñalo de la voz…
ROS: (aumenta la intensidad de su respiración, su tensión y comienza a susurrar) no, no, no...
T: Muy bien sigue, sigue... ¿qué más?
ROS: no, no, no (dice subiendo el volumen de la voz) ... no quiero morir, no quiero morir, ¡No quiero morir! (grita) ... (fue tan evidente).
T: Eso es, eso es… muy bien, tranquila.

Deduzco que se trata de una experiencia traumática intrauterina en la que el bebé estuvo al límite y se sintió en peligro de muerte, por lo que debió haber una pérdida importante de energía, una fragmentación del alma, por lo que incluyo (sin que lo sepa) a un **Representante del Alma Fragmentada del bebé intrauterino (RAF)** que aparece muy serio, cabizbajo y un poco ausente, lo sitúo frente al Representante del niño de cinco años (Rñ5) a quien llama la atención y comienza lentamente a levantar la cabeza y a abrir los ojos y a establecer contacto visual con el RAF y se va suavizando la expresión de su rostro.

T: (Invito al Rñ5 a decir lo siguiente al RAF): «te veo y te reconozco como la parte de mi alma que creyó morir en aquella experiencia temprana... ciertamente, fue muy difícil seguir viviendo... te comprendo, quedarse allí no parecía ser seguro, pero fíjate, sobreviví... el bebé que fui se hizo grande... y nací y crecí y pude experimentar muchas otras situaciones buenas... ya pasaron cinco años y aquí estoy, vivo... ha sido muy difícil sin ti, por favor, ven a mí (dile extendiendo los brazos), te necesito para estar completo».

Rñ5: (El representante del niño se dirige al representante del fragmento perdido en aquella experiencia traumática –RAF- y repite poco a poco el relato anterior que le voy ofreciendo con pausas, dando tiempo para sentirlo).

T: (Me dirijo al Rñ5): abre un espacio en tu corazón, en tu pecho, para que esta parte de tu alma pueda habitarte y pueda reintegrarse contigo en una unidad... respira profundamente, tomando conciencia de que se van integrando todos los fragmentos de tu alma en una unidad.

Mientras, el RFA se va acercando y el Rñ5 lo abraza y se funden en uno, hay una emoción en el ambiente muy especial, muy nueva, muy genuina, como que algo de verdad se está reparando en ese momento en el alma del niño a través del trabajo de su madre y de los representantes de su alma. Aunque Dámaso (el niño) no está ahí presente, hay una cierta certeza de que algo ha sucedido a un nivel muy profundo y que le va a llegar esta información. Tras fundirse en un sentido abrazo lleno de emoción, se percibe fácilmente el cambio de energía, el Rñ5 está respirando profundamente, llenando sus pulmones, sintiéndose pleno, completo, abierto a la vida, con ganas de mirar, con curiosidad, con una chispeante sonrisa en la cara y luz en los ojos, comienza a moverse y dice:

Rñ5: Yo tengo ganas de jugar, de correr, de saltar...
T: Haz lo que necesites.

El Rñ5 coge al RAF, lo sube a su espalda (*en borricate* o *a caballito*) y comienza a dar saltos y a corretear por la sala, juegan los dos como niños felices y se divierten hasta que los llamo a la calma y continuamos.

T: (Me dirijo a la Consultante, la madre del niño): te voy a pedir que mires al ROS y le digas: «Te veo y te reconozco como el origen del movimiento de cabeza de mi hijo Dámaso. Gracias por lo que me has mostrado».

Consultante (C): (repite lo que le propongo dirigiéndose a ROS)

La ROS se siente reconocida, recibe el agradecimiento y se retira, pierde fuerza, se va alejando del núcleo de la constelación hasta sentarse en su silla. (Cuando esto ocurre es que lo que tenía que verse, ya se ha visto, lo que tenía que mostrar un representante, ya lo ha mostrado y, por tanto, su razón de ser, disminuye o desaparece. Cuando un síntoma se muestra y se identifica el origen y se sana, con frecuencia se retira el síntoma, lo hace espontáneamente en la constelación y el mensaje que lanza al *campo cuántico* es que puede disminuir o desaparecer en la vida real).

T: (Me dirijo a la Consultante): Dile al Rñ5 «Te veo y te reconozco como mi querido hijo Dámaso, ahora sé que lo pasaste mal desde muy pronto, lo siento, yo también lo pasé mal y no tenía ni idea de que te estaba afectando tanto, ahora quiero decirte que el peligro pasó, ya no hay nada que temer, puedes estar tranquilo, estás vivo, todo va a salir bien».
C: (Repite lo que le propongo, de este modo la madre se dirige al alma de su hijo a través del representante del niño).
Rñ5: Yo ya lo sé, yo estoy súper contento (dice a la madre el representante del niño sonriendo y tranquilo).
T: ¿Qué estás sintiendo?
C: Sorpresa, alegría y esperanza.
T: Lo dejamos aquí (doy por cerrada esta sesión).

Al terminar me dice la madre junto con la traductora que había un dato que no me había contado y es que el niño desde que nació, tiene grandes problemas de alimentación, se niega a probar nada nuevo, apenas come y es muy difícil el tema de la comida con él. Parece que todo adquiere comprensión.

Testimonio de la Terapeuta

Tiene sentido que por alimentarse de una sustancia que casi lo lleva a la muerte, el bebé desarrolle una aversión a la alimentación, en este momento al hacer consciente que esto tuvo un origen y que ese peligro ya pasó, sería previsible que mejorase el asunto de la alimentación del niño, porque a nivel inconsciente ha podido registrar que ese miedo a morir por algo que come tenía un origen y que realmente no murió.

Lo más sorprendente de esta constelación es la inmediatez con la que se muestra la información del *campo* de forma clara y precisa a través de un representante: el origen de los movimientos de cabeza del niño, que entra espontáneamente en regresión.

Pudimos observar un cambio muy significativo en la energía del representante del niño, cuando se coloca frente a él el fragmento perdido y se le invita a recuperarlo. Una vez incorporada su energía parecía otro.

Una vez más podemos comprobar que, en el campo de las constelaciones, lo que sucede es lo que el alma necesita, sólo hay que permitir que se muestre y saber acompañarlo. En este caso, el alma del niño necesitaba que se hiciera consciente el motivo que, a nivel inconsciente, estaba manteniendo ese movimiento de cabeza que distorsiona en su vida. Esa toma de conciencia le llega al niño, como nos cuenta su madre posteriormente.

También podemos apreciar que, con frecuencia, acudimos varias veces a diversas terapias en busca de ayuda para el mismo asunto y la obtenemos, pero al poco tiempo continúan los síntomas, como ocurre en este caso, que ya lo trabajó. Cada intervención continúa accediendo a otras capas de cebolla y se puede ir a un nivel más profundo. Puede haber mejoría, pero si no hay un cambio significativo, habría que indagar de nuevo. Es fruto de la multisimultaneidad, pues parte de nuestra energía queda atrapada en multitud de experiencias al mismo tiempo, de forma que cada asunto no está sólo relacionado con un evento sino probablemente con varios. Mi sospecha en este caso, es que puede haber una vida pasada del niño en la que murió envenenado e inicia esta vida de forma similar, como vemos en otras experiencias, por lo que sería recomendable abrirse a explorarlo, si pasado un tiempo no remiten los movimientos de cabeza.

Testimonio de la Consultante

Dámaso está bien. Unos días después de la sesión, todavía movía la cabeza, pero el movimiento era menos regular. Intento llamar su atención y distraerlo. El cambio más significativo que ha habido es que cuando le pregunto si acepta probar la comida, reacciona de manera muy diferente diciendo que sí, que lo va a probar, siento que ya no está tan cerrado como antes, aunque le cuesta comer.

Un mes después de la sesión está mucho mejor, realmente hay mucho menos movimiento de cabeza y lo que me parece genial, es que ahora el niño se da cuenta del movimiento, antes no se daba cuenta.

La Ansiedad de María (caso dos)

Introducción de la Terapeuta

En este caso de trata de una regresión individual directamente a la consultante, la realizo en la sala donde está el grupo e incorporo tres representantes como recursos para vivenciar más profundamente la experiencia, que enriquecen la regresión.

Como los representantes son *tomados por el campo* mientras la consultante está haciendo su trabajo de regresión, las representantes de la madre (RM) y los síntomas (RS) (que invito a participar desde el principio) y la representante del alma fragmentada (RAF) -que incorporo cuando la consultante dice que no tiene alma- van experimentando paralelamente sus propias sensaciones y recibiendo información y manifestándola, que en el caso de la RS aporta una clave importante al asociar lo que representa (la ansiedad, angustia, estrés de la adulta) con el momento exacto traumático del nacimiento donde aparecen por primera vez esas sensaciones en el bebé. Todo ello ayuda al desarrollo y comprensión de la regresión.

Sobre la Consultante

María es una mujer de treinta y ocho años, hija única, casada y madre de dos hijos de 8 y 3 años, viene con su marido a participar durante el fin de semana y a constelar en el taller grupal del domingo 8 de diciembre de 2024, el asunto es: «ansiedad, angustia, estrés», refiere una relación difícil con su madre y una sensación de tener un padre invisible. Como algo relevante de su biografía: su nacimiento fue difícil, tras hablar de su sistema familiar, su situación laboral, un accidente grave, diversas relaciones familiares conflictivas, le pregunto por el nacimiento, pues siento que es lo más relevante en relación al asunto que quiere tratar hoy y me dice que estuvo en la incubadora varias semanas por falta de oxígeno al nacer y que la sacaron con fórceps... parece evidente que el nacimiento difícil es lo más nuclear en este caso y está condicionando su vida, le pregunto si lo ha trabajado con anterioridad y parece que no, le propongo hacer una *regresión al momento de su nacimiento* y accede.

Cuadro explicativo de los participantes en la sesión del **caso 2**:

Terapeuta (T) (Beatriz)
Consultante (C) (María)
Representante de la Madre de la Consultante (RM)
Representante de los Síntomas (RS)
(ansiedad, angustia, estrés)
Representante del Alma Fragmentada del bebé intrauterino de María (RAF)

Transcripción de la Sesión

Llegado el turno de la siguiente consultante, tras la entrevista, cuyo extracto se recoge en el apartado anterior, comienza su trabajo. Colocamos en el suelo de la sala unas grandes colchonetas y le pido a María que se tumbe en posición supino con los ojos cerrados, respire profundamente... me siento en el suelo junto a ella y la traductora a mi lado (le traduce a ella mis consignas y a mí lo que la consultante dice). Le coloco una manta ligera por encima del cuerpo.

Como se va a recordar un nacimiento, decido nombrar a una mujer como **Representante de la Madre (RM)**, simplemente por incorporar la presencia y la energía de la madre a esta regresión, le pido se coloque sentada en una silla pegada a los pies de la colchoneta de la consultante.

Elijo a otra participante para que salga al centro de la sala, simplemente le digo que tome contacto con *lo que representa*, yo le pongo la intención - que es de **Representante de los Síntomas (RS)** que ha venido la consultante a trabajar: *ansiedad, angustia, estrés*- pero nadie sabe lo que representa.

La RM permanece en la silla muy en contacto con lo que experimenta la Consultante, respirando.

La RS se desplaza por la sala alrededor de la Consultante y Terapeuta, haciendo unos movimientos como de respiración consciente con sus brazos y acercándose cada vez más a la Consultante.

Terapeuta (T): Toma contacto con el asunto que te trae aquí, tráelo a tu cuerpo y a tu corazón y respira... Siéntete allí dentro del vientre de tu madre. ¿Qué está pasando allí dentro? (No responde).

Voy a colocar un almohadón sobre tu cuerpo, voy a contar hasta tres y, al contar hasta tres, te permitirás sentir las contracciones uterinas más profundamente y dejarás que tu cuerpo haga todo lo que tenga que hacer. ¿Qué pasa cuando comienzan las contracciones? (la consultante emite sonidos, gemidos, mueve ligeramente las piernas, llora, pero su cuerpo no se mueve de cintura para arriba, no se desliza en la colchoneta). ¿Qué estás sintiendo ahí?, estás en el canal del parto, siéntelo, ¿qué está pasando ahí?

Consultante (C): No tengo aire.
T: ¿Qué estás experimentando cuando no tienes aire?
C: No avanzo.
T: ¿Y cuáles son tus reacciones físicas cuando no avanzas?
C: Siento impotencia.
T: Eso es, siente la impotencia y ¿cuáles son tus reacciones emocionales?
C: Siento miedo.
T: Y cuando sientes miedo, ¿cuáles son tus reacciones mentales en ese momento?
C: Siento angustia.
T: Y esto de que no tienes aire, que no avanzas, sientes impotencia, miedo, angustia ¿de qué manera está afectando a tu vida adulta como María? ¿qué te hace hacer?
C: No termino nada.
T: Y esto, ¿qué te impide hacer?
C: Todo, todo es muy difícil (llora).
T: Fíjate, ahora tienes la oportunidad de terminar definitivamente y para siempre con todas estas sensaciones. Voy a contar hasta tres y a la cuenta de tres comenzarás a salir del canal del parto y comenzarás a respirar con tus propios pulmones, uno, dos y tres, adelante (presiono con el peso de mi cuerpo sobre el almohadón provocando que salga por sus propios medios): puedes salir de ahí, adelante, siente cómo puedes salir de ahí...

Fue muy significativo ver que no podía moverse, parecía que su cuerpo estaba realmente inerte a pesar de que estaba interactuando conmigo en el diálogo con llanto, con dificultad para respirar, tenía la atención puesta en el proceso, pero su cuerpo ¡no hacía nada! entonces recordé que en la entrevista me dijo que la sacaron con fórceps y cuando vi que su cuerpo no avanzaba nada, le pedí a la traductora (también formada como terapeuta) que pusiera sus manos sobre la cabeza apretando con los dedos imitando unas ventosas y tirase de la cabeza hacia fuera a ver si la ayudaba a desplazarse un poquito, para tener la sensación de que estaba saliendo del canal, que estaba naciendo, puesto que yo le mantenía un cojín enorme encima de su cuerpo y una ligera manta con la que le había cubierto hasta ahora, cuando le retiré la manta de la cabeza, su cuerpo seguía sin moverse, continuamos experimentando el momento del nacimiento de María, y mientras le cogen la cabeza con *las ventosas* y tiran de ella para ayudarla a nacer, continúo preguntándole y me responde:

T: ¿Qué está pasando ahora?
C: No tengo fuerzas.
T: Y cuando no tienes fuerzas, ¿dónde está tu alma?
C: No tengo alma, no tengo alma (dice llorando).
T: Voy a contar hasta tres y a la cuenta de tres vas a saber dónde está tu alma, en ese momento, cuando no puedes nacer, fíjate bien, tu alma sabe, ¿dónde está tu alma?
C: No lo sé.

Entonces termino de masajearle el cuerpo con el almohadón encima suya y voy desplazándolo hasta retirarlo hacia los pies (como si ya hubiera nacido) y su cuerpo seguía inmóvil, le retiro la manta de encima del cuerpo y sujeto la sudadera a la altura del ombligo y le explico:

T: Aquí está tu cordón umbilical, voy a contar hasta tres y lo voy a cortar.
C: No consigo cortar, estoy ahí atada y no consigo cortar (llorando).

Cuando se nombra como responsable de no cortar el cordón, la invito a compartir el acto de cortar (para aumentar la conciencia sobre este hecho).

T: Sí puedes, vamos a hacerlo juntas, yo voy a ayudarte, vamos a cortar el cordón umbilical para salir definitivamente de ese momento traumático, ayúdame con tu mano, yo voy a tirar de aquí y a la cuenta de tres yo tiraré y vamos a cortar el cordón y comenzarás a respirar por tus propios pulmones: uno, dos y tres... (no puede colaborar).
T: Te recuerdo que está aquí María, la adulta que ha venido a trabajar, este es el trabajo de tu alma y ahora lo vas a hacer, yo estoy aquí para ayudarte. Ahora tienes una oportunidad para salir de ahí.
C: No tengo alma, no tengo alma, no tengo alma... (continúa llorando).
T: Vale.

Está claro que el sufrimiento fetal fue tan grande, que su alma se ha fragmentado, por lo que llamo a una participante para que sea la **Representante de su Alma Fragmentada (RAF)**, le pido que se acerque, se siente en un cojín en el suelo cerca nuestra y vaya tomando contacto con lo que representa, yo le pongo la intención.

T: ¿Dónde naciste? ¿Naciste en un hospital?
C: Sí.
T: Muy bien. Voy a contar hasta tres y a la cuenta de tres irás a ese momento del nacimiento y vas a buscar donde está tu

alma, cuando ya no tienes fuerzas y no puedes nacer, vas a ir ahí a encontrarla, uno, dos y tres, estás ahí, fíjate bien ¿Dónde está tu alma?

C: En un pasillo. Está allí en un pasillo del hospital (dice gritando y llora desconsoladamente).

T: Muy bien, ya sabes que tienes alma, que está ahí y luego más tarde vas a recuperarla, pero primero hay que salir de ahí, hay que terminar de nacer...

C: No puedo, no puedo, no tengo alma.

T: Bueno, pero tú naciste, no te quedaste en el canal del parto, tu cuerpo salió, tú estás aquí, aunque sientas que hasta el día de hoy estás sin alma, tu cuerpo está, aquel día salió, eso es lo que vas a recordar y vas a hacer todo lo que necesites hacer, para terminar definitivamente y para siempre con esa sensación de angustia, de miedo, de estrés, de ansiedad, ... Así es que ahora voy a agarrar el cordón con esta mano, voy a contar hasta tres, voy a tirar y tú cortas el cordón: uno, dos y tres (tiro y finalmente, corta el cordón) Y empiezas a respirar profundamente, eso es, más y más profundamente, sintiendo el aire en tus pulmones, todo el oxígeno está ahí fuera para ti...

T: Eso es, eso es, comienza a respirar con tus propios pulmones, sintiendo que estás viva en este cuerpo de esta niña bebé, que se llama María que está inconsciente, has nacido sin poder respirar en el momento de nacer, estabas sin aire e inmóvil y te llevan a la incubadora, ahora estás sanando esa experiencia. Fíjate bien, visualiza la incubadora y agradece internamente a la incubadora que te cuidó y te proporcionó lo que necesitabas para sobrevivir. (La Consultante lo agradece internamente). Y ahora, date cuenta también de que, durante todo ese tiempo en el que estuviste en la incubadora, te faltó el contacto de tu madre, te faltó el calor de la madre, la ternura de la madre... ¿Qué sientes en ese momento?

C: Quiero mamar y mamá no está, no encuentro la teta de mamá (llora desconsoladamente).
T: Y cuando no encuentras la teta de mamá, ¿cuáles son tus reacciones físicas?
C: Estoy ansiosa.
T: Y cuando estás ansiosa, ¿cuáles son tus reacciones emocionales cuando quieres el pecho de mamá y no lo encuentras?
C: Estoy ansiosa.
T: Y cuando estás ansiosa, ¿cuáles son tus reacciones mentales en ese momento?
C: Me quedo bloqueada.
T: Y esto de que estás ansiosa, te bloqueas, fíjate de qué manera está afectando a tu vida de adulta como María, ¿qué te hace hacer?
C: No me deja avanzar, todos los caminos en mi vida son muy duros, hay muchos obstáculos.
T: Y esto de que no puedes avanzar y hay muchos obstáculos ¿qué te impide hacer?
C: Me bloquea, me estresa, me pone enferma.
T: Eso es, fíjate como ahora al hacer consciente de dónde viene ese bloqueo, esa angustia, ese miedo, estás reconociendo que eso empezó ahí, pero en realidad te salvaste y ese peligro pasó, respira profundo, eso es, (tose)...

Durante este diálogo, la **Representante de los Síntomas** (RS), que no sabe lo que representa y que estaba alrededor de toda la situación haciendo unos movimientos como de respiración consciente, en este momento, empieza a echarse encima del cuerpo en posición supino de María y se coloca encima en prono, se tumba y se acuesta dejando su cuerpo completamente encima y su cabeza en el pecho de María. Esto parece indicar que los síntomas que ha venido a trabajar la consultante (ansiedad, angustia, estrés) vienen de ahí, de ese momento del nacimiento.

T: ¿Qué está pasando ahora contigo y con “esto”?
C: Me pesa mucho, estoy cansada.
T: Claro, llevas toda la vida cargando con esto, ella representa tu angustia y tu ansiedad.
C: No puedo más, es muy pesado.

Entonces le propongo que le digas: «Te veo y te reconozco como la representante de mi angustia, mi ansiedad y mi estrés, ya sé de dónde vienes y quiero dejarlo definitivamente y para siempre ahí donde comenzó».

C: (Repite dirigiéndose a RS y añade): y ya no puedo más, ya no quiero más, ya no quiero más (llora, empuja a la RS que se va deslizando hacia los pies, se levanta y se va a otro lugar de la sala, lejos de ella).
T: Toma consciencia de que al cortar el cordón cortaste con todas las sensaciones que ya no te pertenecen, eso es y ahora continúa... «Y ahora quiero dejarlo, ahora me puedo alimentar por mí misma».
C: (Repite dirigiéndose a RS. Poco a poco la RS se va retirando del centro de la sala y desaparece de la escena).
T: ¿Qué estás sintiendo?
C: Tenía frío, pero ya se está pasando.

Entonces invito a la Consultante (C) a llamar a esa parte del alma (RAF) y a explicarle lo que ha ocurrido y pedirle que vuelva con ella.

T: Dile: «te veo y te reconozco como la parte de mi alma que se fue de mi cuerpo cuando, creí que estaba muerta al nacer sin oxígeno en mis pulmones, lo siento, sé que lo pasaste mal, que sentías que iba a pasar algo terrible, pero fíjate, las máquinas y las personas que trabajan en el hospital me salvaron y tengo que decirte que el peligro ya pasó, ahora estoy viva».

C: (Repite dirigiéndose a RAF y añade): Es como si no me perteneciera.

T: Bueno, pues dile... «apenas te conozco, ya pasó mucho tiempo, han pasado treinta y ocho años, ha sido muy difícil sin ti y ya estoy muy cansada, ahora te necesito, por favor ven a mí, regresa conmigo ahora, te necesito para estar completa, por favor, regresa conmigo, ahora yo voy a ocuparme de ti, el peligro ya pasó».

C: (Se dirige a RAF y repite poco a poco, hay resistencias...).

T: Dale confianza, abre los brazos, acógela en tu pecho, abre tu corazón...

La Consultante se esfuerza entre lágrimas y cuando viene el alma se abrazan, pongo una canción muy emotiva que habla de rescatar el alma, le pido que respirando profundamente le diga «Y ahora recupero mi energía y mi poder».

C: (Repite dirigiéndose a RAF. Y la acompaño a seguir tomando contacto y sentir profundamente en este momento).

T: (Me dirijo a RAF): ¿qué está pasando aquí?

RAF: Tenía frío, pero ahora no.

C: Yo también estoy sintiendo calor. (Es señal de que están en contacto energéticamente).

T: (Me dirijo a la representante de la madre, RM): ¿qué está sintiendo la madre todo este tiempo?

RM: La he estado acompañando con mi alma todo el tiempo, pero necesito acercarme a su cuerpo.

Cuando María la escucha llora y dice:

C: Cuando mi primer hijo nació y me lo pusieron encima yo no pude sentir nada y dicen que es la mejor sensación del mundo (llorando) siento un dolor muy grande como si yo no pudiera amarlo... (parece que se ahoga entre el llanto, las mucosidades, tiene dificultades para respirar).

T: Vale, te voy a pedir que te sientes, te incorpores un poco y saques fuera todo eso que te impide respirar (tose, escupe, se suena los mocos...), eso es, deja salir todo eso.

Se sienta sobre la colchoneta y comienza a escupir, como si vomitara (le acercamos una papelera y papel) la acompaño a que esté tranquila.

T: (Le pido a María que le diga a la representante de la madre, RM): «mamá, te necesité mucho y no estabas y no aprendí el amor de madre en tus brazos, me faltó mucho y hoy voy a dejar esas sensaciones definitivamente aquí».
C: (Repite dirigiéndose a la RM).
T: (Le pido a la RM que le diga a la Consultante): «te entrego la energía de madre que no te pude dar el tiempo que te separaron de mí porque estuviste en la incubadora, te entrego toda mi energía de madre, la energía de los primeros besos, caricias, la energía del calor materno, la energía de mi voz, la energía de los cuidados, de los mimos y la energía del contacto físico del amor de madre que te faltó, te lo entrego ahora».

La RM repite dirigiéndose a la Consultante y acompaña las palabras del movimiento de su cuerpo, extendiendo sus brazos, entregando a su hija la energía con sus brazos y sus manos extendidas.

María toma la energía de la madre y la invito a abrir un espacio en su pecho para alojar esta energía de la madre que está recuperando ahora y la incorpore al resto de su energía... Se deja abrazar por la Representante de la madre y le pongo una canción maternal que la acompaña a acunarse mientras le propongo que sienta en su cuerpo el contacto con la madre y llora.

T: ¿Qué estás sintiendo ahora?
C: Estoy más tranquila.

Se levanta y una vez que damos por terminada la sesión, invito a su marido, presente en la sesión, a acercarse y se abrazan y la acompaña a su sitio y se sienta para descansar y después de unos minutos de descanso, continuamos con otro trabajo de otra persona, le pido a ella que haga lo que necesite, lo que prefiera, salir o quedarse, estar en silencio... y no la elijo para trabajar como representante en las siguientes constelaciones.

Al final del taller cada día, cuando se han hecho regresiones, hago una armonización grupal para todos.

Testimonio de la Terapeuta

Considero que este trabajo que acompañé a hacer a María de vivenciar los momentos críticos y las dificultades que conllevó su llegada a la vida, poder experimentar profundamente el momento traumático de su nacimiento, identificar que perdió una parte importante de su alma en aquella experiencia, recuperarla y poder cortar el cordón y salir definitivamente de ese atrapamiento en el que estaba, ha sido muy sanador y reparador para ella.

Testimonio de la Consultante

Me gustó mucho mi regresión-constelación, fue muy intensa y muy importante para aprender cosas de mí. Inmediatamente después de la sesión me sentí muy tranquila, en los siguientes días me sentí como una nueva persona. Ahora estoy mucho menos ansiosa que antes de hacer la constelación. Mil gracias por tu ayuda. Estoy muy agradecida al universo por haber aparecido en mi camino y tengo mucho deseo de volver a encontrarme con Beatriz de nuevo.

Contacto

Beatriz Maeztu Herrera
Teléfono: + 34 659 167 735
beatriz@constela.es
www.constela.es
Facebook: www.facebook.com/Beatrizconstelaciones
Instagram: @beatrizconstela

Mi Vida Sí es un Milagro

Por Carlos González Delgado

Sobre el Autor

Licenciado en Psicología por la Universidad de Málaga, Colegiado AO-11251, Usui Shiki Ryoho Master (The Reiki Alliance), Logoterapeuta y Analista Existencial (Asociación Española de Logoterapia en colaboración con la Fundación Viktor E. Frankl de Buenos Aires, Argentina), Master en Contabilidad y Análisis Económico-Financiero (Escuela Superior de Investigación y Técnicas Empresariales), Graduado Social (Escuela Social de Granada), Funcionario en excedencia de la Diputación Provincial de Málaga, Fundador y Director del Centro Atma de Cártama, Málaga (sede física de AETR), Director de los programas de radio "Aula Abierta" y "Aula Nocturna" (Onda Libre Málaga) y del programa "Serendipia" (Radio Mijas Costa del Sol, Málaga), Colaborador de Mindalia tv, Terapeuta en Vidas Pasadas (formado por el Dr. José Luis Cabouli).

Organizador y Profesor del I y del II Curso Internacional de Entrenamiento Avanzado en Terapia Regresiva (2023 y 2024), Autor de la obra "Terapia Regresiva Básica" (2021), Coordinador y Coautor de las obras de AETR "El Alma sin Velo" (2022), "Terapia Regresiva y Almas Perdidas" (2023) y "Terapia Regresiva y Consciencias no Humanas" (2023), "Terapia Regresiva y Espacio Entre Vidas" (2025), "Terapia Regresiva, Gestación y Nacimiento" (2025) y "Terapia Regresiva Infantil" (2025). En estos años, Carlos se ha convertido en un gran divulgador de la Terapia Regresiva y, junto al resto de miembros y colaboradores de la Junta Directiva, ha conseguido que AETR sea todo un referente internacional en Terapia Regresiva.

Presidente de la Asociación Española de Terapia Regresiva desde su fundación en el año 2019. Pionero en fusionar los métodos de trabajo de la escuela hispano americana, basada en las enseñanzas del Dr. José Luis Cabouli, con los de la escuela europea, basados en las enseñanzas del Psicólogo holandés Hans Ten Dam. Formador de Terapeutas en Psicoterapia Regresiva desde el año 2014. A día de hoy, su Escuela de Formación "Centro Atma" es una de las nueve escuelas reconocidas por AETR en Argentina y España.

Sobre la Consultante

Sonia es una Psicólogo Infantil de gran experiencia en su campo y con un alto compromiso en su vida en general hacia los demás y su propia familia. En el momento de realizar esta terapia está formándose en Psicoterapia Regresiva en el Centro Atma (mi propia escuela de formación en esta disciplina).

Transcripción de la Sesión

Terapia que va a realizar Carlos a Sonia online siendo 3 de mayo de 2021.

T: Sonia, ¿cuál es tu motivo de consulta?
C: Mi vida es como una ambivalencia. A veces soy muy tiro para delante con todo, persistente, positiva, le doy poca importancia a las cosas, intento sobresalir, no toco suelo, no me dejo llorar, no me dejo caer, lucho con coraje, en exceso y no me dejo ayudar. Otras veces, me vuelvo insegura, ansiosa, chiquitita, me bloqueo y siento necesidad de protección.
T: Y esto, ¿cómo se traduce en tu vida real?
C: Físicamente, cuando estoy en plan exigente siento nerviosismo y ansiedad y cuando estoy en el otro plano, me siento insegura y se me refleja en el estómago. En épocas de ansiedad no soy capaz de comer y adelgazo. Muchas comidas me sientan mal y no puedo cometer excesos. A veces sufro de migrañas y dolores de cabeza. Creo que es como un autocastigo, no me dejo fluir, siempre estoy en tensión, en alerta, y no logro relajarme, descansar o disfrutar de lo que estoy haciendo.

En este momento, realizo a la consultante una serie de preguntas de tipo legal que siempre es necesario realizar y que constituye un acuerdo vinculante para ambas partes sobre el uso del vídeo de la sesión y otros asuntos. Además, ofrezco una serie de información terapéutica para que la Consultante tenga bien claro el trabajo que va a realizar y la actitud que lo puede favorecer.

T: Retrocede a lo largo del infinito tiempo de tu Alma a una experiencia relacionado con tu motivo de consulta y dime lo primero que te venga a la conciencia. Ponles palabras a tus sensaciones.
C: Oscuridad, pero no es completamente negra, es como si hubiera nubes. Tengo el cuerpo rígido como una tabla y siento un nudo en el pecho y ganas de llorar, pero, como siempre, no me lo permito.

T: Toma consciencia simplemente de todo, ¿dónde estás cuando vives todo esto?
C: Me vienen varios recuerdos. Uno es de hace tres años cuando estoy en el hospital y mi padre está muriendo de cáncer. Siento impotencia en el pecho y es como un nudo al saber que se va.
T: ¿Estás sola o acompañada?
C: Estoy con mi madre y mi hermana. Mi padre ya no habla y expide un olor raro, como putrefacto. Le cojo la mano, le acaricio y le digo que todo va a ir bien, que voy a cuidar de mis hermanas y de mi madre y que él siempre va a estar con nosotros.

Esto significa que la Consultante y posiblemente otros miembros de su familia están reteniendo al Alma de su padre en este plano de la realidad.

C: Está respirando agitadamente y sigo hablándole en su oído diciéndole que confíe en mí y en este momento se muere. Ellas lloran y yo las consuelo, pero me siento impotente y me da mucho miedo lo que vaya a pasar después. Hay mucha gente en el pasillo y os hacen salir. Se lo están llevando y yo tengo ganas de llorar, pero sigo dura como una estaca.
T: Muy bien, repite lo último.
C: Sigo dura como una estaca... y rígida (se lo hago repetir varias veces).
T: Sigue.
C: Tenemos que bajar. Nos llaman para hablar de qué tipo de féretro y otros detalles para el entierro.
T: Fíjate, hasta aquí, ¿cuál es el momento más terrible de esta experiencia?
C: Cuando se marcha, volver a perder un padre.
T: ¿Has perdido a un padre anteriormente?

C: Sí, nací sin padre. Mi madre estaba embarazada de mí cuando mi padre murió en un accidente. Luego mi abuelo me crio que también murió joven, antes de tiempo y ahora, el padre que me ha criado, que es mi padrastro, también ha muerto.
T: A la cuenta de tres vas a retroceder a los instantes previos en los que estás a punto de perder a tu último padre, tu padrastro, y me dirás lo primero que te venga, 1, 2, 3...

La consultante revive todo el proceso de la muerte profundizando cada vez más en la catarsis con la ayuda del Terapeuta.

T: ¿Cuáles son tus reacciones físicas?
C: Mucha rigidez en el cuerpo. Está duro como una estaca y siento un vacío en el estómago.
T: ¿Cuáles son tus reacciones emocionales?
C: Impotencia e impaciencia, pero sobre todo siento miedo y soledad.
T: ¿Cuáles son tus reacciones mentales?
C: No sé lo que va a pasar ahora, que no puedo caer, que me necesitan y que tengo que tirar yo para adelante.
T: ¿Algo más?
C: Mucha tristeza hacia mi madre.
T: ¿Cómo es para ti eso?
C: Que se vuelve a quedar sola, ¿por qué la vida la trata así?, siento mucha tristeza y no puedo caer porque me siento responsable de ella.
T: ¿Te resulta familiar lo de sentirse responsable de tu madre?
C: Sí, llevo sintiendo eso todo toda mi vida, desde pequeña.
T: ¿Algo más?
C: Sí, por una parte, tengo la seguridad de que vamos a salir adelante, pero la responsabilidad me ahoga un poco.
T: A la cuenta de tres irás a las experiencia más antigua que puedas recordar en la que estás sintiendo cosas muy pare-

cidas a éstas y me dirás lo primero que te venga a tu conciencia, 1, 2, 3...

C: Me viene algo que escuché una vez.

T: ¿Sí?

C: Me viene una situación en la que mi abuela materna está metida en la cama porque tiene depresión y no quiere levantarse, no quiere vivir. Y mi madre es pequeña, mi madre tiene seis años.

T: A la cuenta de tres te vas a permitir en conciencia expandida conectar con esa experiencia que tu mamá está viviendo en ese momento con tu abuela materna y me vas a decir lo primero que venga a tu conciencia, aunque parezca una locura o una tontería, 1, 2, 3...

C: Pues mi abuela está en la cama y veo a mi madre, chiquitita, con su carita ahí de niña pequeñita. Le dice, mamá rica, levántate. Le pide por favor que se levante, pero mi abuela no le contesta y mi madre llora.

En consciencia expandida la Consultante puede vivir y sentir una experiencia que es de su madre, pero que le afecta también a ella. El vínculo entre una madre y una hija facilita esta realidad terapéutica.

T: ¿Puedes sentir todo lo que siente tu mamá?

C: Si puedo, ella siente mucho dolor en el pecho y mucho desamparo, soledad y hasta rechazo. También siente miedo a estar sola, a que su madre no se levante. La presión que siente en su pecho es como un nudo.

T: ¿De qué color sientes que son las energías que siente tu mamá en este momento?

C: Es como agua sucia, grisácea.

T: Y ahora, a la cuenta de tres, como Sonia, vas a ir a un momento en el que estás en la barriguita de tu mamá y, en conciencia expandida, vas a ir a un momento marcante o significativo para ti y me dirás lo primero que venga a tu consciencia, 1, 2, 3...

C: Rigidez e incomodidad, como tener que estar rígida y con un dolor punzante, más que en el pecho, en el corazón.?

T: ¿Qué más siente tu cuerpo en este momento?

C: Se siente frío e indefenso.

T: ¿Cuántos meses tiene tu cuerpo en este momento en la barriga de tu mama?

C: No sé, pero me veo formada ya, tengo mis bracitos y piernecitas y me puedo mover, pero es como si no quisiera moverme, estoy rígida, como si no quiero dar ruido (le hago repetir varias veces esta frase de forma que lo pueda sentir muy conscientemente).

T: Fíjate, todo esto, ¿cómo crees que te afecta en tu vida de adulta?, ¿qué te hace hacer?

C: Cuando tengo esa inseguridad me hago chiquitita y no creo en mí porque creo que no puedo.

T: Y todo eso, ¿qué te impide?

C: Fluir completamente. Me condiciona.

T: Muy bien, sigue en consciencia expandida dentro de la barriguita de tu mamá y dime, ¿qué más ocurre?

C: Siento mucha rigidez e incomodidad y un dolor punzante en el corazón.

T: ¿Puedes sentir todo lo que siente tu mamá?

C: Sí, vienen a buscarla y su cara es como de shock. Le dicen que mi padre ha tenido un accidente y que está muy grave. Se va otra vez al hospital y él está en coma. Mi mamá se queda allí varios días y yo no sé qué hacer y me siento muy incómoda, rígida e impotente, además de un nudo de presión y de miedo.

T: ¿Cómo es la energía de tu mamá y de qué color la sientes?

C: La noto ausente, sin energía, como si se hubiera vaciado y siento que la tengo que llenar yo (le hago que repita esta frase varias veces).

T: ¿Qué más sientes en este momento?
C: Responsabilidad, eso es, que tengo que levantarla.
T: Avanza un poco más y dime, ¿qué más ocurre?
C: Le dicen que ya no hay nada más que hacer y se marcha regresa a la casa. Se siente totalmente vacía, desinflada, ausente y se mueve por inercia, sin fuerza.
T: ¿Cuántos meses tienes en este momento en la barriguita de tu mamá?
C: Tres meses. Soy pequeñita, pero estoy formada ya.
T: Avanza un mes más y dime tus primeras sensaciones.
C: Ya no hay tanta rigidez y hay más tranquilidad, pero mucha tristeza.
T: ¿De qué color sientes esa tristeza?
C: Negra, como el luto y la oscuridad y siento como me envuelve esa energía.
T: ¿De dónde viene esa energía que te envuelve?
C: De los ojos de mi mamá y me llega por el cordón.
T: Entonces, ¿esa energía es tuya o de mamá?
C: Es de mamá (esto es algo fundamental, que tome consciencia que no es su energía) y no puedo evitar que me alcance porque me siento completamente ligada a ella.
T: Avanza hasta el quinto mes y dime, ¿qué ocurre?
C: Siento más tranquilidad, pero también una pérdida de ilusión, como si no le importara. Se toca la barriga y sabe que estoy ahí, pero no le intereso porque tiene una pena mayor.
T: Avanza hasta el sexto mes, ¿qué ocurre?
C: Me entra hambre y tengo una sensación de vacío en el estómago, pero hay más calma.
T: Avanza hasta el séptimo mes y dime, ¿qué ocurre?
C: Me empiezo a encontrar bien y ahora sí que puedo flotar, no estoy tan rígida.
T: ¿Cómo se siente mamá ahora?
C: Más en calma.
T: Avanza hasta el octavo mes y dime, ¿qué ocurre?

C: No me puedo mover ya tanto ya que ahora tengo menos espacio, pero estoy bien, aunque siento flojera y falta de energía.
T: ¿Es tuya esa flojera o de mamá?
C: La siento yo, pero creo que viene de ella.
T: A la cuenta de tres vas a ir a los instantes previos a tu nacimiento y me dirás lo primero que venga a tu consciencia, 1, 2, 3...
C: Sé que toca salir y yo quiero, pero ella está asustada y no quiere. Se siente sola y con dolor porque le viene grande este momento y a mí me llega su miedo. Es como indecisión.
T: ¿Que sientes tú exactamente?
C: Pues eso, indecisión.
T: Avanza lentamente y dime, ¿qué ocurre justo antes de tu nacimiento?
C: Me está costando, pero salgo y vuelve la rigidez. Siento el frío del mundo y me da miedo.
T: Muy bien, retrocede un poco antes de salir y dime, ¿cómo te preparas para nacer?, ¿qué está pasando antes de entrar en el canal del parto?
C: Hay resistencia, pero a no puedo estar más aquí y al final empujo: Tengo que sacar la cabeza de alguna manera. Voy saliendo y siento ese frío.
T: ¿Qué hace mamá en este momento?
C: Ahora sí ayuda. Ya empuja porque quiere que se acabe ese dolor hasta que al final me sacan. Sí, ya estoy fuera.
T: Muy bien, vas a retroceder al momento inmediato anterior a cuando vas a entrar en el canal del parto y avanzarás tranquilamente. ¿Qué está pasando?
C: Cuando empieza a salir la cabeza me viene una sensación de ahogo, de falta de aire. Tengo ganas de llorar, pero no lo hago. Estoy ahí con el cuerpecito rígido otra vez. Siento miedo a no controlar, a no tener esa protección, a estar fuera. Me resisto a salir por eso y me pongo rígida, pero al final debo salir y empujo. Aquí dejo de llorar, me rindo y salgo.

T: ¿Qué hacen contigo cuando sales?

C: Noto frío porque... creo que no me envuelven ni nada y me están mirando. Es como vengo... soy muy chiquitita y nací amarilla. Tengo mal aspecto y bajo peso.

T: Fíjate, a lo largo de todo este tiempo en la barriguita de tu mamá, ¿cuál es para ti el momento más terrible de esta experiencia?

C: El momento del vacío, cuando ella se abandona, cuando está en el hospital y no tiene ganas y se mueve por inercia.

T: Muy bien, retrocede justo al instante previo en que ella se abandona y dime, ¿qué está ocurriendo?

C: Es cuando le dan la noticia y se va para el hospital. Ahí todavía está nerviosa. Pero todavía está como con ímpetu. Incluso diría que en el hospital también, pero cuando le dicen ya que ya no hay nada que hacer, entonces ella se abandona.

T: Muy bien, en este momento, ¿cuáles son tus reacciones físicas?

C: Siento dolores en el corazón, como un pinchazo que viene por la espalda, como tener algo ahí clavado.

T: Siéntelo, ¿cómo si fuera qué cosa?

C: Como tener un puñal ahí clavado por la espalda que te llega al corazón.

T: ¿Qué otra cosa sientes?

C: Vacío en el estómago, como un revuelto y la rigidez y un pinchazo en la espalda, como un puñal clavado.

T: Y cuándo tu cuerpo experimenta todo esto, ¿cuáles son tus reacciones emocionales?

C: Tristeza, vacío, tristeza, vacío, miedo, soledad y desamparo.

T: Cuando sientes todo esto, ¿cuáles son tus reacciones mentales?

C: Me pregunto: ¿por qué siempre a mí?, ¿qué va a pasar ahora? Y siento miedo y presión por tener que controlar esto. Responsabilidad de tener que dominar e impotencia por no poder hacer nada.

T: Fíjate, todas estas emociones y sensaciones que sientes cuando estás en la barriguita de tu mamá, ¿de qué forma te afecta y qué te hace hacer como adulta?

C: Me hace estar en alerta continuamente y me impide descansar. Por un lado, a veces me dejo llevar por la pena, la rabia, la impotencia. Si tengo que llorar, voy y lloro, pero no me dejo caer. Automáticamente me obligo a tirar.

T: ¿A qué otra cosa te obliga?

C: Me condiciona mucho la relación con mi madre. A veces me siento yo su madre y que la tengo que proteger.

T: ¿Te obliga a algo más?

C: Ese sentimiento de inseguridad que tengo a veces, creo que puede ser de ahí, de esa responsabilidad que me cogí que al igual que no me tocaba. Y a veces me hace estar pensando si estoy haciendo o no bien las cosas; también estoy continuamente pensando en qué dirán, pero no qué dirá la gente de fuera, sino los de dentro. Necesito que siempre estén orgullosos y me admiren. Como llegar al nivel, dar la talla y a veces me colapsa la inseguridad por eso.

T: ¿Te resulta esto muy cansado?

C: Sí, es agotador.

T: ¿Eso te mantiene en tensión?

C: Sí, totalmente.

T: ¿Te obliga a controlar las cosas?

C: Sí, tengo que controlarlo todo siempre y no puedo soltar ese control.

T: ¿De qué otro modo te está afectando esto en tu vida de ahora?

C: Son demasiados duelos, me condicionan y no me permiten salir de ahí. Es extraño, pero no puedo soltarlos, necesito agarrarme a ellos. Me sigue influyendo mucho en las tomas de decisiones. Quiero tenerlo todo siempre controlado y me causa indecisión hasta el punto que cada decisión es a vida o muerte.

T: ¿Repite esto último?
C: Cada decisión es a vida o muerte (se lo hago repetir varias veces).
T: Debe ser difícil relajarse sintiendo toda esta presión, ¿verdad?
C: Sí, mucho.
T: ¿Te afecta todo esto de alguna otra forma?
C: Sé que soy capaz, que tengo confianza en mí, que soy persistente y que al final consigo las cosas, pero cuando tardan me causa como un autocastigo a mí misma, como no poder fallar y hasta que no llego al objetivo final, es como una vergüenza conmigo misma. Es como una carga, una alta exigencia, control, rigidez, responsabilidad, como que no puedo dejarme fluir.
T: ¿En qué parte de tu cuerpo sientes esa carga?
C: Aquí, justo donde me siento ese puñal, en el corazón, en el pecho. Además, siento dolores en la espalda.
T: Y todo eso (le hago un repaso de estas cosas), ¿qué te impide?
C: Básicamente, vivir sin ataduras, vivir como quiero sin pensar en los demás sin hacerles daño y sin pensar si estará o no bien. Tomar decisiones sin tener que dar tantas vueltas en base a lo que mi corazón quiere.
T: Y verte obligada a estas otras cosas (le hago otro repaso), ¿qué más impide que no me hayas dicho ya?
C: Hacerme cargo muchas veces de mis otras responsabilidades; la prioridad es siempre ella. Necesito que me admiren, dar el nivel y todo esto me resulta muy costoso. No puedo mostrarme sin tapujos, sin miedos, ni expresar emocionalmente todo lo que siento. Me condiciona y no me permite salir de ahí, es como si una parte de mi aún estuviera viviendo todos estos duelos. Soy consciente que estoy ahí anclada.

A lo largo de esta transcripción se han resumido las innumerables respuestas que la Consultante está ofreciendo para no extender demasiado el capítulo, así como también las preguntas que voy realizando como Terapeuta.

T: ¿Qué te impide tener que estar viviendo todavía todos estos duelos?
C: Me impide perder el miedo al futuro, soltar, confiar en la vida. Pues eso, el estar pensando que cuando algo está en calma piensas, uff, a ver qué va a pasar ahora.
T: ¿Esos duelos que vives son solo tuyos o también son los de mamá?
C: No, muchos son de mamá. Siento la energía de sus duelos en mi pecho, donde tengo el nudo, en el estómago, toda esta parte del tronco. Estoy atrapada en las emociones y eso me impide sentirme libre, hacer las cosas sin miedo y sin presión, quererme, soltarme y disfrutar de las cosas libremente.
T: Muy bien, ahora repasa tu primera infancia hasta las 7 o 8 años y simplemente toma consciencia de lo que tu Alma te muestre. Observa atentamente lo que refleja el rostro de esa niña que eres tú, ¿qué sientes ahora?
C: Esa niña me transmite alegría porque yo soy alegre, he sido una niña alegre y tengo un bonito recuerdo de mi infancia, pero al mismo tiempo me transmite tristeza y responsabilidad, como de que ya no disfrutaba. Además, me viene un sentimiento que he tenido siempre, que es como una necesidad de que me cuiden. Por un lado, no me dejo cuidar, porque yo tiro con todo, soy como la que tira del carro, pero luego necesito que me protejan, que me cuiden.
T: A la cuenta de tres vas a visualizar a tu mamá y en conciencia expandida vas a hablarle a tu mamá desde tu niña anterior, la de la barriguita y la de sus primeros años de vida. Dile todo lo que tu corazón siente. Solo la verdad sana y tú tienes la oportunidad en este momento de decirle todo lo que tu alma necesita decirle. Ahí la tienes.

C: Mamá, yo intento ser positiva siempre, tirar del carro y darte la visión optimista, pero me agoto de estar siempre dándole vueltas a todo. Tú eres la madre y tienes que ser el modelo, pero es al revés. Me faltó tu cuidado y tus abrazos. No te puedo reprochar nada, siempre te has desvivido por todos nosotros, pero te ha faltado esa conexión más emocional, ese cuidado, esa afectividad. Sabes querer, pero no sabes expresarlo y, sobre todo, lo que más me ha angustiado en mi vida es el verte negativa, siempre buscando el pero, siempre con la visión victimista. Tener que hacer el esfuerzo de no caer y darle la vuelta para tirar del carro ha sido un peso para mí; y, aunque soy adulta, es un peso que me sigue condicionando mi vida.

T: ¿Cómo sientes ese peso en tu cuerpo?

C: Pues eso, en la espalda, en el pecho, en tirar y tirar, la espalda, el estómago. Es como cuando estás exhausto, no tienes fuerzas y tienes que seguir tirando. Eso y la rigidez, es como que tener que aguantar el peso y no poder relajar el cuerpo.

T: ¿En qué momento de tu vida asumes esa carga?

C: Me viene el momento en el que se abandona, pero siento que es desde el momento de la concepción. Mi madre es una persona dependiente emocional y delega su responsabilidad en el momento que ella sabe ya que está embarazada.

T: A la cuenta de tres vas a ir justo a ese momento, al momento de la concepción y me dirás lo primero que te muestre tu Alma, 1, 2, 3...

C: No me viene imagen, pero sí una clara conciencia de que yo ese pacto lo tenía con ella. No es que asumiera por pena esa responsabilidad, la asumí porque yo quería asumirla.

T: ¿Qué deseas hacer ahora con esa responsabilidad?

C: Deseo devolverle esta responsabilidad.

En esta parte de la terapia la Consultante realiza un trabajo psico-energético de gran calado y de una larga duración que resulta imposible reflejar en este capitulo por su larga extensión. Mantiene un profundo diálogo con el Alma de su madre y va poniendo en orden una serie de cuestiones hasta que acaba sintiéndose totalmente en paz con su madre, a la que finalmente le devuelve toda esa energía.

Durante todo este diálogo ayudo a la Consultante repasado todas las notas que he ido tomando a lo largo de la sesión para que no quede ningún asunto sin la correspondiente sanación.

La Consultante realiza un trabajo de limpieza energética exhaustivo siguiendo mis instrucciones, le devuelve a su madre las energías que ya no necesita de ella, transmuta las que siente que debe transmutar y acaba por tomar toda la energía del amor femenino que no pudo tomar de su madre en su momento. Me aseguro de que todo esto esté bien realizado antes de dar por finalizada la sesión y le doy una serie de instrucciones a la Consultante para que ella misma pueda hacer este trabajo sola en casa en caso de que algún resto energético no se hubiera trabajado del todo.

La Consultante libera su cuerpo del puñal energético que sintió durante la sesión y siente una profunda liberación cuando lo hace, además de cortar el cordón energético que ataba su alma a la de su madre, dejando intactos los hilos energéticos que sí eran sanos entre ambas.

En esta parte de la sesión y respetando las creencias y sentimientos de la Consultante, se acude a la ayuda del Arcángel Miguel para hacer esta parte del trabajo. El modo de hacerlo por su larga extensión no puede reproducirse en este capítulo.

La Consultante acaba por sentir plenamente y acepta bendecir todo lo que ha vivido con su madre, aceptando que los hechos pasados reflejaron fielmente el verdadero desarrollo de sus respectivas consciencia y que ninguna pudo haberlo hecho de otro modo. Reconoce, comprendiéndolo y aceptándolo, que no había nada que perdonar, que realmente el perdón era comprender esta circunstancia. Manifiesta sentirse profundamente en paz con ella misma y con su madre.

Acaba todo su trabajo con una armonización psicológica, emocional y energética con el color blanco que le ha venido a su consciencia para hacer esta parte final del trabajo. Esto implica la realización de un nuevo trabajo energético completo y también minucioso a lo largo de todo su cuerpo físico y energético.

Se completa la sesión realizando un profundo trabajo con la niña interior de su pasado hasta completas una fusión con su adulta de hoy.

Finalmente se acaba la sesión programando a futuro el trabajo que la Consultante debe realizar con el objetivo de materializar en su vida cotidiana toda la sanación que en el plano de su Consciencia Superior ha realizado a lo largo de este regresión.

Finalmente, como Terapeuta, y con la aceptación de la Consultante, acabo el trabajo reforzándola utilizando frases y enseñanzas de Paramahansa Yogananda, las cuales provocan un profundo sentimiento de paz y agradecimiento en ella. Además, le ofrezco una serie de instrucciones y sugerencias de trabajo diario relacionadas con lo que su Alma ha trabajado durante la sesión.

Reflejar todos los diálogos que han hecho falta para toda esta parte final del trabajo no es posible por problemas de espacio.

Testimonio de la Consultante

Rubí, 22 de Diciembre del 2024.

En unos meses hará 4 años de esa que fue mi primera terapia regresiva y que ha supuesto una catapulta en mi vida en todos los sentidos. Con ese gran trabajo se activó un proceso en mí que ha dado un vuelco en mi mundo interno y externo. Causalmente, y digo causal y no casualmente porque no creo en las casualidades, hace 2 meses que me realicé mi décima terapia regresiva, y culmina lo que allí se abrió, marcando sincrónicamente el cierre de un ciclo y dando paso a un nuevo comienzo. Es por ello que voy a ir asociando lo que sentí en esa primera regresión con la décima realizada, en la que la sintomatología física era exactamente la misma.

En mi terapia con Carlos mi motivo de consulta fue esa ambivalencia que he sentido toda mi vida, unida a una responsabilidad que como se aprecia en la terapia parecía venir desde mi gestación. En definitiva, siempre había sentido como un nerviosismo interno, una defensiva, un estar alerta, que a pesar de ser consciente de la fuerza interior que tenía para salir adelante en las adversidades, me hacía vivir desde la inseguridad, el miedo y el control.

Literalmente en mi vida me había focalizado en la responsabilidad, en construir, en salir adelante y "sacar adelante" a los míos y eso me hacía estar en defensiva, en control, en modo supervivencia. Esto llegó a agotarme energéticamente, literalmente "mi energía estaba siempre fuera de mí", pero lo más grave es que me había desconectado completamente de mi niña interior, de mi energía femenina y de la conexión con mi mundo emocional. No me permitía caer, era conmigo mismo como un padre autoritario y una madre exigente que me sometían a tener que hacer, dar y demostrar constantemente mi fortaleza y capacidades.

Ya en el inicio de la terapia siento claramente la rigidez en mi cuerpo, algo a lo que estaba completamente acostumbrada, pero también el vacío en el estómago y la molestia en el corazón que irradiaba desde la espalda como un puñal. Es una sintomatología que viene del momento de mi gestación en la que mi padre fallece y mi madre se abandona, teniendo que asumir una responsabilidad que me abruma y me hace vivir con constantes nubes negras. Estos síntomas que me causa esa herida de abandono por el duelo de papá y el doble abandono al sentir que mamá no está en condiciones de maternar, se repetían en mi vida cada vez que tenía un nuevo duelo o sentía la amenaza/incertidumbre de poder tenerlo en el futuro. Ahí entendí muchos de los problemas físicos y emocionales que he tenido en mi vida (molestia pecho/corazón, ansiedad, migrañas), pero también de donde venía la tendencia a disociarme a la mente: para no sufrir no me dejaba sentir, me iba a la mente a buscar soluciones, "piensa, piensa, qué puedo hacer...", como cuando sólo era un bebé y debía "levantar" a mamá.

Me sorprendió muy intensamente el poder vivenciar la escena en que mi madre era pequeña y sentía también el abandono de su mamá. Esto me hizo comprender mucho más a mi madre, a la par que fui consciente del patrón que se repetía en la familia, algo que me ha sido infinitamente útil para cambiarlo y que no se perpetúe en los descendientes, puesto que he podido redefinir mi maternidad respecto a mi madre y a mis hijos. Ha sido fundamental para poder trabajar internamente la inversión de roles y no seguir alterando el orden natural, ya que estaba en parentificación completa (ejerciendo de padre y madre de mi entorno, pero abandonándome a mí misma).

Lo de "volver a perder un padre", ha sido la película de mi vida, tras esa terapia aún no entendía muy bien por qué se repetía esa historia y lo significativo que era para mi alma esa frase. En esta última regresión que me han realizado, he tenido la ocasión de unir todas las piezas del puzle: mi padre biológico fue en una vida pasada mi padre también. Era el jefe de una tribu Maya en la que se realizaban rituales de sacrificio. Sin contar más detalles, porque se dilataría la historia y se me ha pedido un testimonio no un capítulo, resumiré con que me sacaba el corazón como ofrenda para recuperar el honor de la tribu, pues yo no me había "comportado" como un miembro honorable. Para ello, clavaba un puñal de obsidiana en mi pecho mientras yo estaba rígido en una mesa de piedra. La sintomatología de rigidez, de estaca, esa sensación de puñal clavado, el vacío en el estómago...provenían de esa experiencia de mi alma y se activaron obviamente durante mi gestación al fallecer mi padre.

Mi responsabilidad con mi madre y el sobre maternar a todo mi entorno venían obviamente del sentimiento de deuda para recuperar la pertenencia y el honor "en mi tribu", en mi familia. Y es a lo que me dediqué en mi vida como Sonia, a vivir desde la herida de abandono y rechazo, buscando siempre complacer y tener la aprobación, entregando para ello mi corazón en excesiva empatía y priorizando el amor de los demás al mío propio. Debo resaltar que con la carga y la responsabilidad que me quedó al fallecer mi padre, sentía enfado hacia él por haberme dejado, algo que vivía como una traición (obviamente unido al acto de sacrificio de esa vida pasada). El miedo a la traición convivía con el miedo al duelo y a la pérdida, pero sin ser consciente estaba vibrando en eso: duelo, rechazo, traición, deuda y carencia... Lo que estaba determinando muy gravemente mi mundo interno, viviendo disociada de mí misma y de mis emociones para no sufrir, y a la par, también condicionaba mi mundo externo en el que me focalizaba constantemente y me disociaba a la mente para controlar y prever nuevas desgracias. De ahí esa frase: "vergüenza conmigo misma si no llego al objetivo", estaba viviendo desde esa herida activa de esa vida pasada, que en esta vida se reflejaba en el miedo al abandono por no ser suficiente y la necesidad de control absoluto.

Obviamente todo esto me ha llevado a la conciliación con papá y con mamá, lo que ha permitido reequilibrar mi energía masculina y femenina e integrarlas, algo que es la base de la salud física, emocional, mental y energética.

Así pues, sintetizando, he de agradecer a Carlos eternamente por ser el activador de mi proceso con esa terapia, que fue la apertura de la puerta de mi inconsciente y también la apertura de mi corazón para empezar a drenar todo el dolor que me tenía atrapada. Si no hubiera iniciado este proceso tengo la seguridad de que hubiera acabado enfermando, pues estaba en extremos de entregar mi energía en el mundo externo, disociada, descuidando y no nutriendo (de ahí también mis síntomas habituales con el estómago) mi mundo interior, mi parte femenina, mi niña interior. Esto era una forma de autocastigo que además atraía externamente más duelos y dramas. Al final me sumía en una rueda victimista de sufrimiento.

Me he liberado de todo esto, asumido que todos somos víctimas y victimarios, que la herida de abandono me la hice yo misma al no atenderme internamente. He aprendido responsabilidad emocional conmigo y el prójimo, a ser justa conmigo y con los demás y a obrar en beneficio de todos, equilibrando la balanza del dar y el recibir.

Me siento más conectada que nunca, y eso me ha permitido alinear cuerpo, emociones, mente y acción. Ya no vivo en modo supervivencia, estoy en paz y cuando hay guerra externa consigo conectar con mi interno para que no me lleve la vorágine. Ya no vivo atrapada en el dolor del pasado y en el miedo al futuro. Esta capacidad de introspección de la que estaba tan desconectada me ha permitido también reconocer y activar mis capacidades y dones para usarlos en mi trabajo como profesional de la salud. La mente ya no gana la batalla a mi corazón, es una aliada. Y todos estos cambios internos, toda esta sanación interna, ha catapultado importantes cambios personales y profesionales, siento que estoy recogiendo frutos que estaban bloqueados por mis heridas gracias a todo el trabajo iniciado ese 3 de mayo del 2021.

Gracias Carlos.

Contacto
Carlos González Delgado
www.terapiaregresiva.net

Una Lucha Constante

Por Claudia Celia Cuervo Espinosa

Sobre la Autora

Desde pequeña quería "sanar a las personas", era un sentimiento que venía con ella. Su abuela materna y alguna que otra tía abuela sabían muchas cosas de chamanismo que utilizaban para curar o para aliviar algunos pesares corporales o" del alma", como ellas decían. Uno de los eventos que marcó profundamente su vida fue un accidente automovilístico, cuando tenía tres años en donde su madre quedó inconsciente varios minutos (realmente murió unos minutos). Un día, pasados ya muchos años de este evento, en una conversación, su madre le mencionó todo lo que vio y sintió esa vez y todo lo que mencionaba era una experiencia que hoy en día se conoce como Experiencia Cercana a la Muerte (ECM). A partir de esto, la curiosidad por aquello que no podemos ver o sentir se hizo muy presente en la vida de esa niña curiosa que confirmó muchas cosas que su alma ya sabía.

Nació en México (aunque se siente gallega de corazón) y, lo que ya estaba escrito en su alma, la llevó a emigrar a diferentes países hasta llegar a España dónde empezó a llevar a cabo su despertar en el mundo de la energía y el alma. Buscando esa forma de "ayudar" a las personas estudió en la Universidad Nacional Autónoma de México (UNAM) y se licenció como Química Farmacéutica Bióloga, especializándose como Bioquímica Clínica. En ese momento pensaba que trabajar en el área de investigación de enfermedades respiratorias (asma, cáncer de pulmón, tuberculosis y otras inmunodeficiencias respiratorias) podría darle "eso" que anhelaba; sin embargo, decidió emigrar a Canadá donde se especializó en los temas de adicciones y enfermedades físicas discapacitantes y ahí se dio cuenta de que las personas solo pueden sanarse cuando toman responsabilidad de ellas mima y para ello necesitaban equilibrar su cuerpo, mente y espíritu. Cuando llegó a España, es donde verdaderamente empezó a andar el camino y no precisamente el de Santiago.

Buscando esta triada (cuerpo, mente y espíritu) empezó a estudiar Terapias Energéticas de Sanación Activa. Akáshica y Cuántica, Maestría de Registros Akáshicos, Constelaciones Familiares, Terapia Sistémica, Mediumnidad, se formó como Máster Practitioner en PNL e Hipnosis Ericksoniana, se certificó en Descodificación Biológica Original, es estudiante de las Leyes Biológicas del Dr. Hamer, hizo un Máster en Hipnosis Clínica y Psicosomática y fue, en el módulo de regresiones, cuando escuchó por primera vez el nombre Cabouli, y "algo" le dijo que ese era el camino que tanto había buscado, así que se formó como Terapeuta de Vidas Pasadas con él.

Forma parte activa de la Asociación Española de Terapia Regresiva (AETR) y desde hace un año es la Coordinadora del Grupo de Traductores e Intérpretes que, de forma voluntaria, prestan un inestimable servicio a la comunidad.

En coautoría con otros colegas de AETR ha participado en el libro "Terapia Regresiva y Consciencias no Humanas".

En esta vida, según su apreciación, se trata de hacer consciente todo aquello que nos mueve sin saber cómo, todo aquello que hacemos sin saber por qué o peor aún, para qué. Lo sutil y lo energético ha estado siempre presente en su vida y la terapia de vidas pasadas le ha permitido comprobar y corroborar que muchos de los sufrimientos que aquejan a las personas tienen, muchas veces, una mano extraña que mueve los hilos sin que seamos conscientes de ello. La terapia de vidas pasadas, junto con otras técnicas de sanación, abre las puertas de lo no consciente y traen conciencia, luz, amor, paz y descanso al alma.

Sobre el Consultante

Omar tiene 52 años. Es Médico Veterinario y trabaja como Asesor Técnico Comercial para una empresa multinacional de alimentación animal. Es muy bueno en lo que hace, llega a sus objetivos de ventas, sin embargo, se siente atorado, apretado, porque, aunque tiene muy buenos resultados en su trabajo, sus ganancias son muy limitadas y no hay forma de salir de lo mismo: "hay que apretarse un poco el cinturón". Es mellizo con una hermana y tiene otra hermana que es mayor que ellos. Nació prematuro (6 meses y tres semanas) y tuvo que estar en incubadora durante 15 días. Su hermana melliza nació 10 minutos antes que él y estuvo un mes en incubadora. De una relación anterior, que no terminó muy bien, tiene un hijo ya adulto con el que lleva una relación "de amigos" y, de su relación actual, tiene un niño de casi tres años. Vive en una población pequeña que le permite disfrutar de la calma y tranquilidad cuando se encuentra en casa con su familia. En lo que respecta a su vida laboral, comenta que nunca le ha gustado estar "encerrado" en una oficina, ni en ningún lugar en el que no pueda moverse, así que, en todos los trabajos que ha tenido, necesita estar en la carretera, se ha organizado de tal manera que viaja durante la semana y los fines de semana procura estar en casa.

Acude a terapia porque se ha dado cuenta de que en su vida cae en ciertos ciclos que son muy repetitivos, principalmente, en sus relaciones personales, laborales, de amistades, con las mismas sensaciones de falta de espacio, de que no puede hacer nada más, de acostumbrarse a la falta de movimiento y, sobre todo, acude porque hace poco tiempo falleció su madre, después de una larguísima enfermedad. Omar menciona que toda esta situación con su madre lo descolocó porque al principio no entendía lo que le pasaba y, por ello, no tuvo tacto, ni tiempo ni forma de comunicarse de una manera eficiente con ella. Omar se siente muy enfadado, aunque no acierta a decir a qué se debe ese enojo, piensa que es porque no entendió ni la enfermedad ni los últimos días de su madre. Siente mucho dolor en el pecho y en la garganta, también en las manos, siente como si estuviese cargando un gran peso que no puede quitarse.

Transcripción de la Sesión

Sesión a distancia, 11 de octubre de 2024.

Terapeuta (T): Ahora, háblame un poco sobre tu madre.

Consultante (C): Siento mucho su partida, no está ya conmigo, no he podido cerrar completamente su ausencia (empieza a notarse una ligera emoción en su voz). Era una mujer muy trabajadora, muy alegre, una gran madre. Por un lado, pienso que estuvo bien que partiera porque su enfermedad le causaba mucho sufrimiento y muchos dolores. Yo no entendí su enfermedad, no aceptaba que estuviera así. No entendí por qué le había pasado eso

T: ¿Qué sientes ahora que me estás diciendo esto?

C: (Empieza a llorar). Se me cierra la garganta al hablar y me duele, me duele la cabeza y me duele el pecho (se queda en silencio un momento). Siento mucha rabia.

T: Dime, ¿en qué parte de tu cuerpo sientes esa rabia?

C: En las manos, las siento muy pesadas, muy rígidas, muy cansadas.

T: Ahora, vas a conectar con esa emoción que estás sintiendo y vas a ir aumentando su intensidad. Siente ese dolor en la garganta y en la cabeza y esa rabia que se acentúa en las manos y al contar a tres irás a la primera vez en la que estabas sintiendo eso... dolor, rabia. 1, 2, 3... ¡Ahora!

C: Estoy flotando. No hay luz...

Ha conectado con alguna experiencia de su vida pasada (que puede ser en la línea de su vida o en otra vida). Es necesario averiguar dónde se encuentra.

T: Dime, ¿cómo es el lugar donde te encuentras?

C: No tengo cuerpo, veo algo como una bola brillante de color morado y una de color verde que juegan entre ellas, se mezclan, hacen como remolinos, como una nebulosa.

T: ¿Qué estás sintiendo?

C: Mucha tranquilidad, estoy en un lugar oscuro, es un lugar muy agradable, tibio, cómodo.

T: Muy bien. ¿Dónde estás?, ¿estás sólo o hay alguien más ahí?

C: Estoy en la barriga de mamá. Creo que estoy solo.

T: ¿Qué edad tienes?, ¿cómo es estar en la barriga de mamá?

C: Veo una luz verde y morada. Siento mucho gusto, felicidad y alegría. No tengo un cuerpo todavía.

T: Muy bien. Siente toda esa felicidad y alegría. Y dime, ¿qué función tienen esas luces que ves?

C: Son dos luces que están entrando por la barriga de mamá. La verde... (hace un silencio).

T: ¿Qué le pasa a la verde? Continúa.

C: Es como si fuera parte de mí, como si me perteneciera y la otra luz está ahí esperando.

T: Como si supieras, lo primero que te venga, ¿a qué o a quién espera?

C: Creo que es a alguien que debe estar aquí también.

T: ¿qué está sintiendo mamá?

C: Creo que mamá ya sabe que está embarazada, aunque es solo su intuición.

T: Le hago ir a los primeros dos meses de vida intrauterina donde sigue sintiéndose tranquilo y a gusto. Mencionando que siente a su madre tranquila y contenta. Expresa que todo está bien y que se encuentra en paz. Cuando le hago ir al tercer mes de embarazo, pasa lo siguiente:

C: No escucho nada, me duelen las manos y estoy apoyado en algo. (Aquí aparece por primera vez la mención del dolor de manos)

T: Y, si supieras, ¿en qué estás apoyado?, ¿cómo es esa sensación?

C: Se siente cómodo. Creo que es...mi hermana.

T: Dime, ¿le pertenece a ella ese color morado que mencionaste anteriormente?

C: Sí, ella tiene el color morado y yo el verde. La estoy sintiendo, la sostengo.

T: ¿Cómo es eso que la sostienes?

C: Nos separa una capa transparente (entendemos que es la placenta), sin embargo, yo puedo tocarla y la tomo con mis manos porque es muy pequeña. Los dos estamos buscando tener más espacio. Estamos un poco apretados. Oigo el latido del corazón.

T: ¿Es el corazón de tu hermana?

C: Es el corazón de mi madre. Ahora ya le han confirmado que está embarazada y que somos dos.

T: ¿Qué está pensando tu mamá cuando sabe que son dos bebés?

C: Está contenta, aunque un poco preocupada porque somos dos, tiene miedo.
T: ¿Qué dice tu padre cuando se entera de que son dos bebés?
C: Está muy feliz. Él quiere tener un niño y ahora existe la posibilidad de que sean dos.
T: ¿Qué es lo que le preocupa a mamá?
C: Es mi madre quién dice. ¿y si no nacen?, ¿y si muero en el parto?, ¿quién los va a cuidar? ¿quién la va a ayudar?
T: ¿Cómo se siente mamá cuando dice todo esto?
C: Muy nerviosa, preocupada, angustiada. Tiene mucho miedo.
T: ¿Cómo te afectan todos estos sentimientos y emociones de tu madre?
C: Yo le digo "yo te ayudo mamá, no es difícil". Me siento responsable, le digo que vamos a salir adelante, que sí lo vamos a hacer. Qué no se preocupe ni se angustie. Le prometo que no sé cómo lo voy a hacer, pero que se va a hacer. Vamos a estar bien. Y siento angustia, nervios que se me van a las manos.
T: ¿Qué pasa con tus manos?
C: Tengo que sostener a mi hermana. La estoy sujetando muy fuerte porque es muy pequeñita. No está bien y la agarro fuertemente porque se puede ir. Siento mucho cansancio en las manos y no importa, no la voy a dejar ir, se lo he prometido a mamá. (Aquí está nuevamente la mención a la promesa que le ha hecho a su madre)
T: En este momento Omar llora desconsoladamente y sigue repitiendo... si la suelto, se puede ir. La pierdo. Le digo a mamá que la estoy sosteniendo. Le digo a mamá que la voy a ayudar, que nos espere, que nos acepte. Somos dos, pero la vamos a ayudar. Siento angustia, miedo en todo el cuerpo, se me sacude el cuerpo, como una descarga y me muevo mucho, no estoy en paz.
T: Siente todo eso en tu cuerpo. Hazlo consciente. Esa angustia y ese miedo, ¿son tuyos?

C: (Duda un poco antes de contestar). Creo que son de mi madre.

T: Bien, con tu imaginación, vas a colocar estas emociones en un cofre blindado y después volveremos a ellas. ¿Dónde sientes esa angustia y miedo?

C: En las manos y en el pecho.

T: Le pido que sienta profundamente todas las emociones y sensaciones que está experimentando para que su mente vaya rescatándolas y así poder trabajarla posteriormente. Vas a avanzar al siguiente mes de tu vida intrauterina. 1, 2, 3... ¿Qué está pasando?

C: Ya no siento que cargue nada, me siento más ligero y contento.

T: ¿A qué se debe que te sientas contento y ligero?

C: Oigo que mamá está cantando. Me hace feliz escucharla y muevo mucho los pies. Tiene bonita voz. Mi hermana está tranquila.

T: ¿Cómo se siente esa felicidad en tu cuerpo?

C: Como una onda cálida que me hace sentir tranquilo y seguro.

T: Muy bien. Siente esta felicidad profundamente y ese bienestar que causa en ti. Guarda esas sensaciones de felicidad, tranquilidad y seguridad en alguna parte de tu cuerpo, la que elijas. Volveremos a ellas más tarde.

T: Y tu padre, ¿dónde está?

C: No lo escucho. Más bien, lo escucho muy pocas veces. Sólo sé que mamá se siente más nerviosa cuando él no está. Por ahora todo bien.

T: Bien. Le pido que avance al quinto mes de vida intrauterina y donde me hace saber que todo sigue bien, aunque se siente un poco más apretado porque están creciendo y sigue sintiendo a mamá contenta. Le hago ir al sexto mes de vida intrauterina a la cuenta de 1, 2, 3... ¡Ahora!

C: No oigo a mi padre. ¡No está! ¡Lo extraño!

T: ¿Dónde está tu padre? ¿Qué sientes?

C: Mi papá viaja mucho por trabajo. Mi madre le dice que no se preocupe, que todo va bien con el embarazo, faltan tres meses para el parto. Sigo apretado, pero creo que ya me acostumbré. Estamos más apretados que antes. Es muy incómodo porque está mi hermana, aunque aún cabemos. Me gusta oír cantar a mi mamá y cómo nos acaricia. Eso me encanta.

T: ¿Qué te hace sentir oír el canto de tu madre y las caricias a su vientre?

C: Yo me siento muy feliz. Me hace sentir que mamá está esperando por nosotros y que sí me escuchó cuando yo le prometí que lo iba a hacer (esa fue su promesa "No sé cómo lo voy a hacer, pero se va a hacer").

T: ¿Qué más?

C: Ya falta poco para los siete meses, hemos crecido un poco más. A mí se me ha envuelto el cordón umbilical en el pecho como si trajera una cartuchera y me está apretando cada vez más y más. Estamos más apretados que antes. Mi hermana también está incómoda, pero es más pequeña y a mí me duelen los pies y las piernas. "Ya no cabemos aquí", "ya no puedo", "ya no se puede estar aquí".

T: Repite eso

C: "Ya no cabemos aquí", "ya no puedo", "ya no se puede estar aquí".

T: ¿Qué sientes en tu cuerpo cuando dices esto?

C: Me duele el pecho y la cabeza. Siento apretada la garganta.

T: Siente todo eso, más y más. Hazlo consciente, ¿qué más está pasando?

C: Hay que salir ya. Ya no puede estar uno aquí. Mi hermana no quiere salir, ella está a gusto, pero yo no, ya no quepo. Soy más grande que ella, ella es muy pequeñita.

T: Sigue.

C: Le digo que salga y no quiere, no me hace caso, no quiere salir porque tiene miedo... (observo que a Omar se le cierran los puños y frunce el ceño. Durante la sesión, el Consultante realiza una serie de gestos y micro gestos, lenguaje no verbal, a los que el Terapeuta debe estar muy atento).

T: ¿Qué está pasando? ¿Qué sientes?

C: Siento mucha rabia, no se da cuenta que no cabemos. Tengo ganas de empujarla y sacarla.

T: ¿Dónde sientes esa rabia?

C: En las manos. Quiero empujarla.

T: Siente esa rabia, más y más. ¿Tiene algún color o alguna forma?

C: Es de color negro y parece una escoba.

T: Bien, ¿recuerdas el cofre blindado donde dejaste las emociones de mamá? (Omar asiente). Coloca ahí también esa rabia de color negro que parece una escoba, después volveremos a ellas. Ahora dime, ¿qué más está sucediendo? (le hago esta pregunta porque noto que se agita nuevamente).

C: Algo le pasa a mamá, siento como una electricidad que pasa por mi cuerpo y una sensación de miedo y angustia.

T: Siéntelo. ¿Es esto tuyo?

C: Es de mamá. Algo le pasó a mi hermana y mamá se ha asustado muchísimo.

T: ¿Hablas de tu melliza?

C: No, de mi hermana mayor. Creo que ha tenido un accidente y mi madre está muy asustada y se culpa por lo que le pasó. También está muy enfadada porque no puede moverse como antes, está más pesada. Se siente muy culpable y llora mucho.

T: ¿Le ha pasado algo grave a tu hermana?

C: Un accidente leve, pero mamá se ha asustado muchísimo.

T: ¿Cómo te afecta todo esto que está sintiendo tu madre?

C: Siento mucha agitación, me muevo más y eso hace que el cordón se me ajuste más al pecho. No me puedo mover libremente. Mi hermana tiene miedo, tiembla y se me acerca más, me quita espacio.

T: Hasta aquí, ¿dónde está tu alma cuando está sucediendo esto?

C: Se está integrando poco a poco por el cordón umbilical, aunque momentos como estos hacen que no sea continuo.

T: ¿Qué quieres decir con que no es continuo?

C: Cada vez que mi madre se angustia, o se siente triste o sola, el alma disminuye su acceso, es como si se hiciera más ligera y le costara más entrar.

T: Y ¿cómo te afecta esto?

C: Parece como si me fuera llenando a medias. No entra toda la luz y me voy quedando a la mitad.

T: Bien, haz consciente esto. Avanza a otro momento significativo, 1, 2, 3...

C: ¡No está mi hermana!

T: ¿Cómo es eso?

C: No está. Ya se fue, salió.

T: ¿Quieres decir que ha nacido? ¿Han completado los nueve meses de gestación?

Hago esta pregunta sabiendo que una gran mayoría de embarazos gemelares suelen durar entre 35 y 37 semanas. Por lo general, nacen de forma prematura antes de las 37 semanas de gestación.

C: No, mi madre se asustó mucho con el accidente de mi hermana y se le adelantó el parto. Mi hermana ya salió. Ya no la tengo encima. Ya no estoy apretado. Todavía me molesta el cordón que tengo enredado en la barriga y en el pecho, me aprieta y me duela la cadera.

T: Avanza hasta el momento de tu nacimiento al contar tres. 1, 2, 3...

C: Algo me está apretando nuevamente. Estoy temblando. Escucho a mamá que dice "fuera, fuera". Siento mucho dolor en la cabeza. Tengo miedo, me duele el pecho y siento que voy a explotar... (se ve el esfuerzo que está realizando). Salí. Ya no estoy apretado.

T: ¿Quién te recibe?

C: Me recibe el médico, mamá me ve y se pone feliz porque soy un niño. Papá no está. No veo a mi hermana. A mí me llevan a una especie de caja transparente, que es muy fría y donde me siento solo. No veo a mi hermana.

Es una sesión llena de emociones, nacieron entre la semana 30 y 31 de la gestación, con muchos momentos que deben ser resueltos para que pueda recuperar la energía que perdió durante su vida intrauterina. Primero le pregunto sobre cuál ha sido el momento más difícil de esta experiencia y la manera en la que reaccionó de manera física, emocional y mental.

C: El momento más difícil para mí fue el tercer mes, cuando mi mamá no sabía qué hacer, ya que sentí que no me quería y eso me originó mucho miedo y rabia porque lo único que pedía era que me quisiera, que me aceptara como soy. Que me diera la opción de demostrárselo.

Aquí hay que aclarar que la madre de Omar nunca pensó en abortar a sus hijos, él asumió que su madre no estaba muy contenta con el hecho de que fueran dos y porque ella pensaba y sentía que iba a ser más complicada la crianza de tres niños pequeños (la hermana mayor tenía un año y meses). Es importante recalcar lo que se asume y se cree.

T: Y todas estas sensaciones y emociones, ¿cómo han afectado tu vida adulta?, ¿qué te hacen hacer?
C: Hacen que esté buscando una aprobación constante, no estar seguro. Me hacen aguantar, esperar y que así es todo, apretado, "ya me acostumbré".
T: Y ¿qué te impiden hacer?
C: Impiden que me desarrolle, que mejore como persona, como profesional, me impiden tener éxito (porque siente

que no lo merece). Me impiden dejar ir a mi mamá porque yo le dije que iba a ayudarla y no ha sido así. Me impiden hacer las cosas por mí, me impiden crecer, quitarme una atadura. Me impiden liberarme, seguir adelante.

T: ¿A quién te sientes atado?

C: A mi madre y a mi hermana

Le indico que tome consciencia de todo esto. Esta fase es muy importante porque Omar se está dando cuenta de la influencia tan potente que tiene toda su vida intrauterina en su vida adulta y toda la emocionalidad que esto involucra.

T: Contaré hasta tres y volverás atrás en el tiempo, unos minutos antes de tu nacimiento, estás ahí y vas a sentir todo más profundamente, dejarás que tu cuerpo haga todo lo necesario para salir de ahí definitivamente 1, 2, 3..., ¿qué experimentas cuando comienzan las contracciones?

C: Mi hermana nació y ahora es mi turno. Yo estoy confundido, como si eso que sintió mi madre al asustarse me anestesiara, algo me empuja y me obliga a salir (esto que menciona que le empuja, son las contracciones uterinas).

T: ¿Qué está diciendo mamá cuando está sintiendo las contracciones?

C: Dice, "fuera, fuera" pero no lo dice con la boca. Lo está pensando.

T: ¿Qué parte de tu cuerpo va a salir primero?

C: Me colocó en el canal de parto y entra primero mi cabeza, me está costando porque tengo cada vez más apretado el cordón umbilical en el pecho. Es muy estrecho esto. Me duele la cabeza. ¡Creo que voy a explotar! (aquí está esta sensación otra vez) ... salí.

T: ¿Qué experimentas cuando estás pasando por el canal?

C: ¡Qué apretado!

T: ¿Qué sientes al salir?

C: Ya no me aprieta nada.
T: ¿Cómo te enroscas en el cordón?
C: Hay muy poco espacio y me muevo mucho y, cada vez que lo hago, me voy envolviendo con el cordón hasta que se me cruza en el pecho y ya no lo puedo quitar.
T: ¿Quién te recibe?
C: Me recibe el médico que me quita el cordón que traía enroscado en el cuerpo y le dice a mi madre, "es un niño". Mamá me ve, está cansada y muy feliz. Papá no está. Ni tampoco veo a mi hermana. Estoy muy bajo de peso y me colocan en una incubadora. Me siento solo y me tengo que aguantar.
T: Esta experiencia de tu vida uterina hasta tu nacimiento, ¿te resulta familiar en tu etapa adulta?
C: Sí. En mis relaciones laborales y románticas me siento apretado, al día. Pienso que, es lo que hay y no hay de otra.
T: ¿Esto qué te hace hacer?
C: Parece somo si me encontrara en una zona de confort, siento conformismo, estancamiento, dependencia. Mucho cansancio.
T: Y todo esto, ¿qué te impide hacer?
C: Seguir creciendo como persona. Fluir, volar.
T: ¿Cómo está afectando todo esto tu vida de adulto?
C: Es una lucha constante. Sentí que no era aceptado y por eso tenía que aferrarme a no salir, a no soltar. Aguantar hasta poder salir.

Llega ahora el momento de reequilibrar esa vida intrauterina. Trabajar los mandatos que se mantienen presentes en la promesa hecha a la madre, romperla y procesar la rabia que surgió de sentirse atado, limitado. Lo invito a localizarla en su cuerpo y a romper con esa energía, él está de acuerdo en hacerlo. La energía está mayoritariamente en las manos y en el torso. Lo guío para que haga este trabajo energético y la arranque toda. Es un proceso que lleva unos minutos hasta que finalmente siente que ya está toda fuera. Le hago expulsar energéticamente cualquier indicio de líquido amniótico o meconio que puede haber aspirado al nacer y cualquier medicamento que se le haya administrado durante los días que estuvo en la incubadora.

Le pido que imagine delante de él a su familia de origen (mamá, papá, hermanas). Es el momento para hablar con cada uno de ellos y decirles todo aquello que no pudo o que no fue consciente de decir. (Este es también un momento con una elevada emocionalidad y reencuentro). Pide a cada uno de ellos la energía que le pertenece y que necesita para seguir su vida adulta. Devuelve todo aquello que no le pertenece (emociones, sensaciones, pensamientos). Utilizo frases sanadoras para que empiece su camino en la toma de su madre y su padre y vaya tomando su lugar. Habla con su alma para hacerle ver que ahora puede procesar las situaciones de otra manera y la necesidad que tiene de que se integre completamente en él. Una vez hecho el reequilibrio le pregunto ¿Estás dispuesto a cortar el cordón umbilical?
C: Sí. Es el momento de hacerlo.

T: Procede a cortar el cordón umbilical. Respira profundamente tomando consciencia de que al cortarlo tú ya eres un hombre libre, independiente y responsable de tu vida. Siéntete vivo, fuerte, seguro. Respirando y sintiendo en tu cuerpo como Omar. Al cortar el cordón, has cortado con toda la fuente de donde provenían todas esas sensaciones, emociones y pensamientos que no te pertenecían ni te pertenecen ya. Al cortarlo, te has convertido en un ser libre e independiente y responsable de tu vida.

Armonizamos con un color y al preguntarle cuál escoge dice automáticamente ¡Verde!

Testimonio del Consultante

Yo estaba a gusto en la panza de mamá, independientemente de lo que vino después. Ese dolor de manos era por estar protegiendo mi espacio y se iba haciendo menos y menos. Yo no me había dado cuenta de que venía con una hermana. Ahora entiendo que agarré a mi hermana porque no me quería quedar solo. Y entiendo ahora que yo la he defendido desde siempre. Soy más consciente. Antes dejaba que todos me utilizaran y lo permití porque no quería que me rechazaran. Porque nos educaron con chantajes y miedo, si no haces esto, entonces no tendrás lo otro y eso me hacía ser como el tapete donde todos limpian sus zapatos sucios. Estoy aprendiendo a decir no y a poner mis límites. Ya hay un pasito más, ya es un paso adelante. Y voy a seguir con las regresiones porque sé que me hacen mucho bien. Muchísimas gracias.

Testimonio de la Terapeuta

Quise compartir esta sesión, que no es la primera que hace Omar. Él ya ha trabajado algunas más con cargas emocionales muy intensas y con grandes revelaciones que le han sido de ayuda para seguir su propio proceso. Posiblemente, es esta apertura la que ha permitido que el desempeño de la sesión se hiciera con cierta fluidez. Aún queda mucho por trabajar, sin embargo, muchos aspectos de la vida de Omar han mejorado. El dolor de manos desapareció; así como una gran mayoría de sus molestias corporales que, si no desaparecieron del todo, aminoraron considerablemente. En una sesión ulterior, pudo trabajar el duelo no resuelto que tenía por su madre y su padre. Y seguimos en el camino.

La terapia regresiva en el período de gestación es muy importante para entender todas esas memorias que se han quedado grabadas en el individuo durante su subsistencia en el vientre materno y que rigen muchas de las acciones de nuestra vida. Es recomendable que este trabajo se realice adecuadamente, paso a paso, sin celeridad. Muy probablemente, siempre que el Consultante lo quiera, serán necesarias varias sesiones para completar el proceso. Es importante recalcar que los resultados satisfactorios se dan en personas que se hacen responsables de su proceso y toman la batuta de su vida.

Como seres humanos tenemos muchos proyectos en esta vida. Una vida que va en piloto automático. Haciendo lo que las autoridades, la sociedad, nuestras amistades y nuestras familias esperan y quieren de nosotros. Dándole prioridad a placeres efímeros que creemos mitigarán o enmascararán nuestra soledad, nuestros miedos, nuestros vacíos, nuestras heridas emocionales que nos siguen como una sombra fiel y asfixiante. Nuestros padres planean cómo vamos a nacer, cuándo, qué nombre llevaremos en honor a familiares que son admirados, honrados desde el desconocimiento de sus historias sombreadas con secretos, mitos y fantasías. Formamos nuestras propias familias desde este conocimiento, desde esta energía, repitiendo la historia mal contada de nuestros ancestros que es la que nos condiciona el paso por esta realidad. Por lo tanto, es nuestra responsabilidad hacer un nuevo guion de nuestra vida, más conscientes, más fuertes y con la certeza de que, aun haciéndolo diferente, seguimos perteneciendo.

Buen camino.

Contacto

Claudia Celia Cuervo Espinosa
WhatsApp: +34 608594496
c.c.cuervo@gmail.com

Una victoria para Victoria

Por Gabriela Cynthia Legoratti

Sobre la Autora

Gabriela, médium de nacimiento, curiosa e inquieta, realiza un largo y silencioso recorrido para intentar comprender qué le sucede. Sintiéndose diferente y sin saber a dónde ni a quién recurrir, decide estudiar psicología en la Universidad de Buenos Aires, carrera que abandona decepcionada por no encontrar lo que esperaba. Continúa su búsqueda dentro de la educación formal y se gradúa como Licenciada en Estudios Orientales en la Universidad del Salvador (Arg).

Aún sin respuestas y con la avidez por acompañar a otros, sigue atravesando estudios formales, se laurea como Counselor (consultor psicológico) especializándose en Desarrollo Personal y se entrena en Terapias de Avanzada (basadas en las neurociencias para trabajo de trauma). Gracias al proceso llevado hasta aquí, es que comienza a darle un claro y abierto espacio a su habilidad mediúmnica y se habilita a dar lugar al más allá.

Conoce al Dr. José Luis Cabouli y con ello se abre la puerta que anhelaba. Con él se forma como Terapeuta en Vidas Pasadas y continúa como supervisora durante varios años en la escuela del Lic. Marcelo Beloqui.

A esto, le suma su desempeño como Terapeuta de Liberación Espiritual por el Grupo de Estudios Mediúmnicos de Argentina -GEMA- del cual es parte.

Pudiendo dar forma, poner en palabras y comenzar a sanar su alma, continuó adquiriendo herramientas en diversos abordajes de escucha y acompañamiento integrándolos a su práctica profesional. Es así Focusing Trainer/FOT (Focusing Institute New York, USA), Sanergista (Centro de Investigación de Bioenergética, USA), Consultora Astrológica Humanista y Kármica, Sonoterapeuta (BCN, España), Consteladora Familiar Individual. También se formó en Neuroplasticidad Cuántica, Medicina germánica, Física Cuántica y PNL, que sumó a las que traía de Meditación, Numerología, Tarot, Flores de Bach, Reiki, Registros Akáshicos, Péndulo y Radiestesia. Cursa actualmente el doctorado en Medicina Tradicional China. En su afán de actualización continua realiza, entre otros, el Curso Internacional de Terapia Regresiva (Centro ATMA-AETR), el seminario internacional con el psico-oncólogo Dr. Martin Roesch (Centro ATMA-AETR) y el de Terapia Regresiva en la Infancia con la Lic. Sonia Tapiador Coello.

Funda y dirige ESPACIO X en 2019, donde lleva a cabo su formación en Estados Expandidos de Consciencia y Regresión a Vidas Pasadas (homologada con AETR de la que es miembro activo como parte de la Junta Directiva) y hace entrenamientos en Estados Expandidos de Consciencia; realiza talleres abiertos al público en general y seminarios de especialización en Terapia Regresiva. Mantiene encuentros privados de desarrollo profesional y despliegue personal con una mirada biopsicoespiritual.

Es co-autora del libro "Terapia Regresiva y Consciencias No Humanas".

Sobre la Consultante

Victoria tiene 32 años y es profesional de la salud. Su madre, viuda y con dos hijos, queda embarazada de un hombre cuya mujer ya espera un hijo. Tiene una infancia marcada por la sensación de ser diferente y no ser elegida y, a la vez, de estar atrapada en una situación de la que no va a poder salir ilesa.

Introducción de la Terapeuta

Acompaño a Victoria en su proceso de desarrollo personal hace algunos años. Si bien desde el inicio reprocesó traumas y transformó creencias negativas, sea a través de la terapia regresiva que con otros abordajes, pasó un largo tiempo hasta que decidiera ahondar en su nacimiento. El hecho de que esta no fuera su primera experiencia, hizo que el trabajo fuese muy fluido y dinámico a pesar de las diversas intrusiones que aparecieron durante la facilitación.

Transcripción de la sesión

Buenos Aires, 20/12/2023

Invito a Victoria a dejar que la experiencia fluya, más allá de tener información sobre su nacimiento, aunque parte de lo que experimente le parezca extraño. En una atmósfera de confianza y con el campo unificado de consciencia activo, realizo un pedido de protección y asistencia para estar guiadas y custodiadas por la luz durante el encuentro.

Acompaño a la consultante con mi voz a recorrer un túnel imaginario detrás de sus ojos hasta llegar a una puerta que, al abrirla, develará el escenario del proceso de gestación.

Terapeuta (T): Cuando cuente a tres vas a estar momentos antes de encarnar como Victoria y me vas a contar qué sucede, 1, 2, 3... ¡estás ahí! ¿Cómo es el espacio dónde estás?

Consultante (C): Es raro, claro y grisáceo. Es una sala de preparación. Me estoy despidiendo. Hay un Ser muy grande con una túnica blanca. Me da confianza y me pregunta si quiero ir, pero yo no quiero ir.

T: ¿A qué se debe que este Ser te pregunte si querés ir o no?

C: Me presiona para ir a sanar. Es demasiada presión. Como si no hubiese terminado mi experiencia anterior, algo que quedó inconcluso de una experiencia en la que sufrí mucho... me veo como en un hospital muriéndome.

T: ¿Esta es justo la experiencia anterior?

C: No.

T: ¿De qué modo influye esa experiencia en la preparación para esta vida como Victoria?

C: En esa vida morí de cáncer en la sangre y estaba sola. Ahora tengo que venir a unir a la gente desde lo sanguíneo y desde lo afectivo. Estoy aún apegada a una parte de la experiencia anterior.

T: ¿Que quedó atrapado que elegís a venir a sanar en esta experiencia?

C: Morí joven y no quiero que nadie más vuelva a pasar por eso, de que no haya una cura. Muero triste y hay una parte que quedó atascada en esa experiencia con mucha angustia y mucha tristeza. No quiero volver a experimentar estar sola y no poder unir. Justamente me está pidiendo eso, que una y que sane bien.

T: ¿Te lo pide o lo propones vos?

C: Lo propuse yo en algún momento, pero ahora me lo pide. Lo acepto porque es venir a sanar a esa parte de mi alma que está atrapada ahí, a no volver a estar sola como en esa experiencia y accedo, pero con mucho miedo.

T: Avanza.

C: Me muestran a mis padres. A mi mamá la conozco y tiene que ver con esa experiencia anterior. No es mi mamá en esa vida, pero vuelvo a elegirla. A mi papá lo conozco de otra experiencia. Me dicen que el camino no va a ser muy fácil y que tengo mucho que sanar y que limpiar. Me aturde el tema de saber cómo va a ser mi concepción porque no va a haber una unión ni una familia. Siento que ya empiezo mal.

T: ¿Elegís a tus padres?

C: Yo elijo a mi mamá y ella elige a papá.

T: ¿Estás de acuerdo en aceptar esta experiencia?

C: No sé si lo elijo. Sé que tengo que sanar y enseñarles a las personas que se puede estar mejor.

T: ¿Es parte de tu propósito?

C: Ese es mi propósito y también tengo que aprender a ser madre. En mis otras vidas no fui muy buena madre. Me imponen que tengo que tener tres hijos. No quiero hacerlo, pero me dicen que no voy a conocer el amor verdadero si no tengo hijos. ¡Es un chantaje! Me enoja. No siento que sea mi misión y, al final, me resigno.

T: ¿Quién te dice todo esto?

C: Este Ser Superior que tengo al lado, pero se transforma y ahora lo veo más grande y oscuro.

T: Fijate bien...

C: Es una parte de mi alma que no volvió la luz, es el fragmento que quedó atrapado en esa experiencia anterior que está eligiendo todo esto (y que actúa como obsesor kármico).

Un obsesor kármico es una energía, alma desencarnada o fragmento de un ser vivo que realiza una acción persistente perjudicial hacia un alma encarnada o en proceso de encarnación, fundamentando su proceder en una deuda generada en un suceso de una vida anterior.

T: ¿De qué modo se hace presente?

C: Está con mi mamá y se relaciona con el encontrar el amor verdadero en la maternidad que para mí es un no absoluto.

T: Voy a contar a tres y vas a estar con la parte principal de tu alma, la que decide venir a este plano como Victoria y me vas a contar qué sucede, 1, 2, 3... ¡estás ahí!

C: Es un espacio blanco. Estoy ansiosa porque llegó mi momento de volver y contenta porque voy a volver a ver a mi mamá.

T: ¿Quién decide que es momento de encarnar?

C: Los maestros guías. Estoy en un espacio calmo y de purificación, donde me siento libre. No hay que preocuparse por nada. Hay claridad. Es el espacio donde ya estás descansada después del proceso de aprendizaje, es un recreo antes de continuar. Solo estás ahí, vienen y te lo comunican. También me presentan al Guía que me va a acompañar en mis primeros años de vida.

T: ¿Cómo es este proceso?

C: Se va dando todo naturalmente. Ya sé quiénes serán mis familiares, que vengo a unir y a trabajar sobre mí misma. Me dicen que voy a tener una vida larga, que elegí seguir evolucionando mi alma y ayudar a otros a seguir evolucionando y sanando.

T: ¿Cómo será ese camino?

C: Va a ser difícil porque voy a tener que aprender a confiar en mí misma pero que a mi alrededor no habrá confianza. Voy a llegar en un momento en el cual nadie me espera. No me alegra, pero elegí a mi mamá, que ya me cuidó bien y sé que lo va a volver a hacer, estoy confiada en ese sentido.

T: ¿Cuál es el siguiente paso?

C: Encarnar. Tengo que irme de ese espacio. Me acompañan hasta un plano y después empiezo a caer como con un paracaídas y llego bruscamente. Tengo miedo. Me cuesta encarnar. Estoy y no estoy. Llego y me desilusiono con lo que encuentro y no quiero entrar adentro de la panza de mi mamá.

T: Bajas antes de la concepción. ¿Cuándo decidís entrar al vientre de mamá?

C: Mis padres discuten y quiero acompañar a mi mamá.

T: ¿Cómo te afecta eso en tu vida de adulta?

C: Tengo que ser la madre de mi madre. Me hace estar pendiente y me cuesta mucho ser hija. Ahora estoy tratando de ser hija y correrme de ese lugar de protección que hice siempre con todo el mundo.

T: Cuando cuente a tres me vas a contar cómo hacés para entrar en la panza de mamá, 1, 2, 3... ¡estás ahí!

C: Entro por acá (señala el costado). No quiero moverme para que no se den cuenta que estoy.

T: ¿De qué modo te afecta eso?

C: No puedo expresarme ni mostrarme, quiero pasar desapercibida.

T: ¿Cómo está mamá cuando estás ahí adentro?

C: Acelerada. Se tiene que ocupar de mis hermanos y yo siento que voy a ser una molestia.

T: Y esto, ¿qué te hace hacer?

C: No puedo pedir ayuda.

T: ¿Qué sucede en el momento en que mamá se entera que estás ahí adentro?

C: Está como de 4 o 5 meses. Se preocupa porque se lo tiene que comunicar a mi papá, pero él quiere que mi mamá aborte porque tiene una hija recién nacida con otra mujer.

T: ¿Cómo se siente mamá cuando se lo tiene que decir a papá?

C: Está triste y yo siento culpa.

T: ¿Y esa culpa es tuya o de él?

C: Es de él. Yo me siento arrepentida de haberlo aceptado como padre.

T: ¿Cómo afecta eso en tu vida?

C: No puedo tener una relación fluida con mi papá, siento enojo y rechazo. Lo quiero apartar de mi vida tal cual él quiso apartarme y hacerme desaparecer. Esto me impide tanto relacionarme bien con él como tener una pareja.

T: ¿Qué siente mamá cuando se da cuenta que vos estás ahí?

C: Está preocupada y angustiada. Y yo siento que molesto y me quiero ir. Me intento suicidar.

T: ¿Cómo haces eso?

C: Me doy dos vueltas de cordón. Estoy arrepentida de haber elegido lo que elegí. Está mi Guía y alguien oscuro que se me pegó en el camino en mi bajada.

T: ¿Es esta oscuridad o ese fragmento tuyo el que te instiga a que hagas la vuelta de cordón?

C: Es esa parte. El Guía quedó como cancelado. Ese fragmento incide directamente sobre mis decisiones y sensaciones. También influencia a papá. Hace que se pelee con mi mamá y que no esté contento por mi llegada.

T: ¿Cómo te sentís cuando papá se pelea con mamá y no puede estar contento por tu llegada?

C: Me siento triste. Además, papá quería un varón y eso también me pone triste. Al final dice que está bien, me acepta (sollozando) y eso me alivia y me siento más libre.

T: Cuando diga tres vas a avanzar y vas a compartir algún hecho significativo que hayas experimentado dentro de la panza de mamá, 1, 2, 3... ¿qué está pasando?

C: Mi mamá tiene que decirle a su suegra y a su ex cuñada que está embarazada y está nerviosa porque mi mamá enviudó. Hay miradas bien feas hacia mi mamá cuando plantea como es el panorama con mi papá y la desaprueban. Está enojada y se siente humillada, pero decide llevar a término su embarazo igual. Me siento confiada, sé que me va a cuidar, pero mi tía me da mucho miedo.

T: ¿Ese miedo es tuyo o es de mamá?

C: Ese miedo es de mamá. Empiezo a ver atrás de la gorda (la tía) que aparece Raúl, el papá de mis hermanos (fallecido) y ese miedo sí es mío.

T: ¿Qué hace esa energía ahí atrás?

C: Quiere apropiarse de mi cuerpo. El fragmento de mi experiencia anterior hace un trato con el alma de este señor. No quiere que yo nazca, pero si nazco quiere que yo cuide a mis hermanos. Lo hace a cambio de dejarme con vida, pero me amenaza.

T: ¿Lo de la doble vuelta de cordón es antes o después de esto?

C: Es después de esto. No quiero hacerme cargo de mis hermanos. El fragmento está tomado por esa energía y yo quiero zafar, entonces intento suicidarme. Pero interviene un ser luminoso y me arrepiento.

T: Ese ser luminoso, ¿es un ser de luz o es un ser Inter dimensional?

C: Es un ser Inter dimensional que me dice que yo voy a poder sanar y avanzar con mi propósito, que me va a ayudar para que esa parte no me moleste.

Un "ser de luz" es una entidad espiritual que existe en un plano superior de consciencia y está más allá de la dimensión física. Se caracteriza por emitir una energía luminosa, de ahí que se denomina ser de luz, lo que le permite interactuar con los seres humanos de manera sutil, no invasiva y de amor incondicional, brindándoles orientación y protección.

Un "ser Inter dimensional" en cambio, pertenece a otros planos sutiles -y también de consciencia- que interfiere con los seres humanos con consentimiento implícito o explícito, en general, bajo engaño. Logra llevarlo a cabo sea a través de órdenes telepáticas o colocando adminículos o similares, con la intención de manipular la voluntad, las emociones, las cogniciones y, algunas veces, la biología del ser humano, en beneficio propio.

T: ¿De qué modo lo va a hacer?

C: Él se encargaría de Raúl para que yo pueda estar tranquila y libre, pero a cambio tengo que experimentar mucha tristeza.

T: Cuando te lo pide, ¿coloca algún adminículo? (Un anclaje energético).

C: Sí, atrás en el cuello.

T: ¿Qué pasa después?

C: El alma de Raúl se aleja, ya no lo veo tan pegado a mí. Yo voy creciendo. Está todavía el fragmento que espera para incorporarse cuando salga.

T: ¿Cuál es el momento más significativo dentro de la panza de mamá?

C: Cuando veo al papá de mis hermanos.

T: ¿Cuáles son tus reacciones físicas?

C: Me pongo tensa. Tengo miedo.

T: ¿Cuáles son tus reacciones emocionales?

C: Siento mucha angustia, no elegí esto.

T: ¿Cuáles son tus reacciones mentales?

C: No sé cómo voy a sobrevivir.

T: ¿Cómo afecta esto tu vida de adulta como Victoria?

C: Me cuesta tomar decisiones, elegir lo que quiero y confiar en mi al ciento por ciento.

T: Cuando cuente a tres, vas a avanzar al momento en que comienzan los cambios que te van a llevar a nacer y te vas a permitir experimentar tu nacimiento, 1, 2, 3... ¿cómo comienza todo esto?

C: Ya es momento de salir, no aguanto más estar acá dentro.

T: ¿Qué le pasa al cuerpo de mamá cuando no aguantas más?

C: Se empieza a contraer y me quiere expulsar, es algo natural que empiecen esos movimientos. Estoy con mis dos vueltas de cordón y me aterra saber cómo voy a nacer. A mi mamá la ponen en una habitación esperando a que dilate. Mis abuelos se van y mi mamá se queda con mis dos tías y lo llaman a mi papá que está en otra ciudad. Yo quiero salir, pero la enfermera dice que falta ¡y ni siquiera la palpa! Mis tías se violentan y yo no sé qué va a pasar, me estoy asfixiando, ya no puedo respirar porque cada vez la presión aumenta y las contracciones también y siento que me voy a morir. Empiezo a tragar placenta. Mi mamá se pone en posición de pujo y una de mis tías ve salir la cabeza.

T: ¿Qué sentís vos con todo eso?

C: Que me están dejando morir. Hay algo o alguien que no me está dejando nacer. ¡Ese algo es el papá de mis hermanos! (asombrada).

T: ¿Cómo hace eso?

C: Está poseyendo a la enfermera y mientras tanto mi tía está sosteniendo mi cabeza. De la nada aparece un médico y ahí nazco, pero me cuesta respirar.

T: De este proceso de nacimiento, ¿cuál es el momento más significativo?

C: Cuando mi mamá está con contracciones, ya me está saliendo la cabeza y me estoy ahogando.

T: ¿Cuáles son tus reacciones físicas?

C: Me duele el cuerpo.

T: ¿Cuáles son tus reacciones emocionales?

C: Tengo miedo a morirme.

T: ¿Y tus reacciones mentales?

C: No puedo creer que elegí esto.

T: ¿Cómo te afecta todo esto en tu vida de adulta como Victoria?

C: Me hago chiquita para no sufrir, me impide ser adulta.

T: Te vas a permitir hacer tu nacimiento más profundamente y vas a dejar que tu cuerpo haga todo lo que sea necesario para terminar con estas sensaciones para siempre, 1, 2, 3... ¡adelante! (incentivo para que pueda decir).

C: Tengo que salir de acá, mamá ya no aguanta más, la estoy molestando.

T: ¿Y eso cómo te afecta en tu vida de adulta como Victoria?

C: Me cuesta integrarme y estar en grupo.

T: ¿Qué dicen tus tías?

C: Que me voy a morir y yo tengo miedo, estoy asustada y mamá también.

T: Voy a contar a tres y me vas a mostrar cómo hacés para pasar por el canal de parto cuando no podés respirar y esa energía no quiere que salgas, 1, 2, 3...

C: Me tira como para abajo (tose) y hago fuerza para salir, pero no puedo respirar (llora). Ahí está mi tía que me tiene la cabeza, se relaja el cuerpo, pero me cuesta respirar y tengo mucho frío. No sé dónde estoy.

T: ¿Dónde está tu alma cuando no sabes dónde estás?

C: Una parte está viendo desde arriba.

T: ¿Qué porcentaje está dentro?

C: Sólo un treinta por ciento está adentro del cuerpo.

T: Y, la parte que está afuera, ¿qué hace?

C: No sabe qué hacer y también están el alma de Raúl que se quiere apropiar de mi cuerpo y el fragmento, pero ese está ahí afuera.

T: Y, la energía Inter dimensional, ¿qué hace?

C: Me pone algo en el cuello. Después me llevan para revisarme. Me siento muy débil.

T: ¿Cuál es el momento más significativo de la salida del cuerpo de mamá?

C: Cuando veo el cuerpito que está sin alma.

T: ¿Cuáles son tus reacciones físicas?

C: Estoy sola.

T: ¿Cuáles son tus reacciones emocionales?

C: Mucha tristeza y miedo.

T: ¿Cuáles son tus reacciones mentales?

C: Tengo mucho miedo.

T: Todo esto, ¿cómo te está afectando en tu vida de adulta como Victoria?

C: Me cuesta mucho confiar en las personas porque tengo miedo que me lastimen. No me deja ser libre.

Realizo la maniobra de corte el cordón indicándole que con ello va a cortar con la fuente de donde provenían todas esas sensaciones es una nueva oportunidad para su alma y continúo.

T: ¿Qué dice mamá cuando salís?
C: Está contenta.
T: ¿Cómo te recibe papá?
C: Todavía no llegó. Mamá está estresada y yo tengo miedo.
T: ¿De quién es ese miedo?
C: Es del papá de mis hermanos que está atrás mío.

Terminamos de distinguir sensaciones y emociones propias de las ajenas. Continuamos la experiencia con la recuperación energética y liberación de todas esas energías que interfirieron durante su gestación y nacimiento. Para ello, la consultante pide energía uno a uno y en silencio a su madre, a su padre, a su tía y a la enfermera. Solicitamos asistencia espiritual para que, la liberación de energías ajenas a su campo, se tornase más eficaz, segura y serena. Pedimos al Arcángel Miguel que, con su red de luz, aparte la energía de Raúl (padre de sus hermanos) y la ayude a recuperar energía (resopla mientras lo hace). Pedimos al Arcángel Portador de Luz que la asista en el momento de elevar el fragmento de vida pasada y a los Médicos de Luz que borren todas las improntas que ha dejado en sus cuerpos sutiles y físico: un anclaje que permitía que el fragmento estuviese unido a esta experiencia de vida actual y cuya manifestación física era una litiasis renal que, luego de la regresión, desaparece.

Pedimos a los Médicos Intergalácticos de Luz que retiren el adminículo implantado en la cabeza y, luego de romper el consentimiento dado bajo engaño, retiran también el anclaje del estómago. Continúa con la recuperación energética de los fragmentos de su alma que quedaron en los espacios físicos haciendo hincapié en la integración de ese setenta por ciento que quedó por fuera al momento de nacer. Tras mi invitación, la consultante elije el color verde para el momento de la armonización (ocasión de restauración de los cuerpos sutiles y cuerpo físico), repite la fórmula de autoafirmación tres veces para sellar su soberanía, se realiza el anclaje de virtudes y la toma de consciencia del aprendizaje.

Testimonio final de la Consultante

Decidí realizar este trabajo, porque sabía que mi concepción fue inesperada, no deseada, y mi nacimiento dificultoso y poco cuidado.

Revivir mi nacimiento, me permitió comprender que muchas de las creencias que tenía y sensaciones que experimentaba, fueron adquiridas durante mi gestación.

Y gracias a tan maravilloso trabajo, hoy puedo elegir y sentir por mí misma.

Testimonio final de la Terapeuta

Después de mucho dudarlo, Victoria logra sobreponerse a la angustia que le provocaba tomar la decisión de trabajar su gestación y nacimiento debido a las circunstancias concretas ya conocidas en torno a él. Luego de la regresión, hizo consciente que no todas esas emociones eran suyas, sino que también las había de sus padres, además de otras energías involucradas como el alma perdida del padre de sus hermanos, un fragmento propio de una vida pasada que llega a esta como obsesor kármico y un ser Inter dimensional. Una victoria para Victoria haber sobrevivido tras tantas situaciones y energías adversas.

Este trabajo marcó un antes y un después en su proceso. Los avances en su despliegue personal son maravillosos. Además de reconfigurar el vínculo con su padre, su madre y sus hermanos, hoy se muestra una mujer decidida, empoderada, capaz de avanzar con claridad y seguridad hacia su misión en esta vida.

Contacto

Gabriela Cynthia Legoratti

Teléfono: +5491136074077

espaciox.info@gmail.com

Web: www.unespaciox.ar

Instagram: @unespaciox @gabrielalegoratti

El Origen de Todo

Por Leopoldo Ceballos del Castillo

Sobre el Autor

Leopoldo nació en Madrid en 1978. Es Licenciado en Psicología por la U.N.E.D y en Ingeniería Informática por la University of Lincoln (Inglaterra).

Antes de dedicarse profesionalmente a la psicología se centró en el mundo empresarial, como fundador y director de distintas empresas, además de ser socio fundador de la Asociación TOC de Madrid.

Fue tras su formación con el Dr. José Luis Cabouli cuando se centró en cuerpo y alma en lo que es su principal ocupación: Terapeuta de Terapia Regresiva, terapeuta de pareja y psicólogo. Hasta la fecha ha realizado más de 4.000 regresiones, encontrando en ellas una fuente infinita de sabiduría y sanación.

Es coautor en los libros de la Asociación Española de Terapia Regresiva: «El Alma sin velo», «Terapia Regresiva y

Almas perdidas» y «Terapia Regresiva y Consciencias no Humanas», y autor de otros libros en solitario.

Se ha formado, además, con diferentes maestros internacionales en el I y II «Curso Internacional de Entrenamiento Avanzado en Terapia Regresiva» y en otros seminarios. Asegura que esta profesión le hace sentirse feliz, realizado y en constante crecimiento. Participa activamente en la Asociación Española de Terapia Regresiva, de la que es Tesorero, colabora en diferentes periódicos como La Vanguardia o El periódico, imparte talleres y ofrece conferencias en colaboración con diferentes asociaciones.

Hace ya varios años, tras un taller de «El femenino herido» impartido por José Luis Cabouli, descubrió que sanar el femenino permite la reconexión con las emociones, la creatividad y la comunicación. Este trabajo representa esta sanación y sus resultados son sorprendentes. La relación que se da entre una madre y el ser que crece en su vientre puede condicionar toda una vida.

Sobre la Consultante

Antonia (Toñi) es una mujer mayor, o como se identifica ella misma, una vieja amargada, harta de la gente y del mundo, iracunda, compulsiva, grotesca y borracha. Le gusta leer, viajar, la historia y ver documentales. Es culta y muy consciente de todo, pero se odia visceralmente, se rechaza y maltrata con la comida, el alcohol y el aislamiento. Ha tenido varias parejas en su vida, tanto masculinas como femeninas, intentando encontrar en ellas un amor externo, sentirse mimada y querida. Al percibir cualquier mínimo indicio de traición se encoleriza con familiares, amigos o conocidos, se aísla y siente un profundo rencor que solo alivia con la meditación. «*Realmente me sorprende que haya gente que quiera seguir a mi lado*» me dice al hablar de algunos amigos que aún conserva. No sabe qué trabajar durante la sesión, pero me indica que tiene siempre una amargura en el pecho y la garganta, desde hace años, desde siempre. Empieza la sesión a distancia en plena pandemia y aislamiento del año 2020.

Transcripción de la Sesión
Sesión a distancia. Abril 2020.

La sesión comienza inmediatamente, sin necesidad de introducción alguna, tiene las emociones a flor de piel, incomodidad y angustia en el pecho y garganta. Muchas personas se sorprenden de que una sesión pueda empezar en el mismo momento de cerrar los ojos, pero sucede habitualmente. A pesar de lo corto e intenso del texto, esta parte de la sesión duró casi 90 minutos, durante los cuales se produjo una gran descarga emocional, con periodos prolongados y sucesivos de gritos y llantos.

Terapeuta (T): Fíjate, ¿dónde sientes toda esta angustia?
Consultante (C): La siento en el pecho y la garganta, como si tuviese algo que me ahoga.
T: ¿A qué se parece?
C: Oscuridad, odio, rechazo, violencia, ira y desorden.
T: ¿Cuáles son tus reacciones emocionales cuando sientes la oscuridad, el odio, el rechazo, la violencia, la ira y desorden en el pecho y la garganta?
C: Siento un asco profundo.
T: ¿Dónde está el centro del asco?
C: En la garganta, como si fuese algo viscoso. ¡Petróleo!
T: Muy bien, ahora voy a contar hasta tres y a la cuenta de tres irás a la experiencia original en la que sientes esta sensación en el pecho y la garganta, este asco, la oscuridad, odio, rechazo, violencia, ira y desorden; sea donde sea y sea cuando sea. 1, 2, 3..., ¿dónde estás?

C: Es oscuro, estoy aplastada y comprimida.
T: ¿Dónde estás cuando «estoy aplastada y comprimida»?
C: Como en una cueva.
T: Descríbela.
C: Es pequeña y blanda, muy oscura... caliente.
T: ¿Cómo son las paredes?
C: Viscosas.
T: ¿A qué se parece?
C: Yo diría que estoy en el vientre de mi madre.
T: Bien y, ¿cómo te sientes al estar ahí?
C: Muy rechazada, con toda esa oscuridad y ese odio.
T: Y en ese momento, ¿qué le está pasando a tu mamá?
C: Está oscura también, su vida es horrible.
T: ¿A qué se debe que su vida sea horrible?
C: Se siente sola, no soporta a mi padre, le odia.
T: ¿A qué se debe que no le soporte y le odie?
C: No le gusta, no quiere estar con él.
T: ¿Qué siente a su lado?
C: Asco y rechazo. Y me odia a mí; odia tenerme dentro.
T: ¿Qué le está pasando a tu mamá en ese momento? ¿A qué se debe que sienta eso hacia ti y hacia tu papá?
C: Está en una habitación con él, mi padre está ahí, haciendo sus cosas, pero siento que mamá le odia.
T: ¿Qué sientes tú cuando «mamá odia a papá, siente el asco, el rechazo y me odia»?
C: Yo me odio, no me gusto, no sé qué hago aquí. Me siento desconectada de todo, engañada y traicionada. Yo no quería estar aquí.
T: Y, ¿qué siente tu mamá cuando tú sientes «me odio, no me gusto, estoy desconectada, engañada y traicionada»?
C: Tampoco se gusta, se da asco, está engordando y está gorda y fea. Se siente sola y despreciada.
T: Y, ¿qué sientes tú cuando mamá no se gusta, se da asco, se siente sola y despreciada?

C: Yo creo que me siento igual, como me he sentido siempre. Sola y despreciada.
T: Entonces. Fíjate, esta soledad y desesperación ¿son tuyas o de tu mamá?
C: Son mías, siempre me he sentido así.
T: Pero, en ese momento ¿son tuyas o de tu mamá?
C: De las dos.
T: ¿Quién las siente primero?
C: Mi madre.
T: Entonces, ¿son tuyas o de tu mamá?
C: Son suyas, pero yo las siento también.
T: Bien, toma consciencia, que esas sensaciones no son tuyas y son de tu mamá. Y, entonces, este «me odio, no me gusto, desconectada, engañada y traicionada», ¿son tuyos o de tu mamá?
C: Son míos, yo no quiero estar aquí, no quiero nada de esto.
T: Fíjate, ¿qué es lo que no quieres tú?
C: Estar aquí, en el mundo.
T: Y, ¿qué siente tu mamá cuando no quiere estar embarazada, está engordando, está fea, sola y despreciada con tu papá en esa habitación?
C: Lo mismo que yo.
T: Entonces, todas estas sensaciones ¿son tuyas o de tu mamá?

En este momento hay un «click» en la cabeza de Toñi, acaba de entender que está sintiendo lo mismo que su mamá y que todo este paquete emocional es exactamente igual al que está sintiendo mamá.

C: Son... de ella.
T: Y, el asco, el rechazo, el odio a tu papá ¿son tuyos o de tu mamá?
C: ¡Son suyos! Ella es la que se siente así, todo esto es suyo (dice entre lágrimas y suspiros).

T: Eso es, toma consciencia, que esas sensaciones no son tuyas y son de tu mamá. Ahora te voy a pedir que sientas el corazón de tu mamá y los pensamientos de tu mama. Dime, ¿tu mamá quiere a tu papá en ese momento?

C: No, le odia y siente mucho rechazo.

T: Y, en ese momento, ¿a qué se debe que tu mamá está con tu papá?

C: ¿Porque está embarazada de mí? ¡No!, es todo por mí, por eso me odia y me rechaza (llorando).

T: Pero, toma consciencia, este odio y este rechazo ¿son tuyos o de tu mamá?

C: Son suyos (llorando y gritando).

T: Entonces. ¿quién siente mamá que «me odia y me rechaza»?

C: Es ella misma, ella se odia y se rechaza, no le gusta estar así. ¡Todo esto es suyo! ¡Mamá se odia y yo me odio!

T: Eso es, toma consciencia, que todas esas sensaciones no son tuyas y son de tu mamá. Ahora voy a contar hasta tres y a la cuenta de tres irás a la experiencia en la que tu mamá siente por primera vez el asco, el rechazo, el odio, desconectada de todo, sola, engañada y traicionada. 1, 2, 3..., ¿dónde estás? Lo primero que te venga.

C: Estoy muy tensa y tengo mucha angustia.

T: ¿Dónde está tu mamá cuando sientes la tensión y la angustia?

C: Está con papá, ¡están fornicando!

T: ¿Qué sientes en ese momento?

C: Mucho asco, rechazo, me cierro.

T: Y, ¿qué siente tu mamá cuando tú sientes «asco, rechazo, me cierro»?

C: Lo mismo, es lo que siente cuando está con papá.

T: ¿A qué se debe que se sienta así?

C: Ella no quiere, la está forzando.

T: ¿Qué sientes cuando la está forzando?

C: Yo siento mucha ira y mucha rabia, quiero defenderla, pero no puedo hacer nada.

T: Y, ¿qué siente mamá cuando tú sientes ira, rabia y quiero defenderla?
C: Lo mismo, quiere defenderse, pero no puede, él es más fuerte. ¡Ay Dios mío! ¿Cómo es posible? ¿Cómo le hace esto a mamá?
T: Fíjate, quiero que vayas un instante antes de que esto empiece. 1, 2, 3..., ¿qué ves? Lo primero que te venga.
C: Ahora están bien, mamá está a gusto.
T: Sigue.
C: Pero él quiere hacer algo, quiere estar con ella y mamá no.
T: Sigue.
C: Entonces la toca y mamá se resiste. ¡Dios mío!, la está forzando.
T: Y en ese momento, ¿mamá quiere a papá?
C: Sí.
T: Y, ¿papá quiere a mamá?
C: No, sólo la desea, es basto y primitivo.
T: Fíjate, ahora quiero que veas de qué manera todas estas sensaciones están afectando a tu vida como Toñi; este «Yo me odio, no me gusto, no sé qué hago aquí. Me siento desconectada de todo, engañada y traicionada». ¿Qué te hace hacer?
C: Es como me siento con todas las personas, siento que no estoy bien conmigo y no estoy bien con nadie. Soy muy desconfiada y rencorosa, a la primera que me hacen no me vuelven a ver. Lo siento con todos salvo algunas personas muy especiales.
T: Y esto, ¿qué te impide hacer?
C: Fluir con las personas, soltar el rencor.
T: Y esto otro, «Mucho asco, rechazo, me cierro» ¿Cómo está afectando a tu vida? ¿Qué te hace hacer?
C: Siempre he tenido problemas con las relaciones sexuales, los hombres me atraen, pero luego me cierro y me duelen las relaciones, por eso voy con mujeres son más tiernas y puedo relajarme.
T: Y esto, ¿qué te impide hacer?

C: Fluir y sentir mi sexualidad plena.

T: Y esto otro, «mucha ira y mucha rabia, quiero defenderla, pero no puedo hacer nada», ¿cómo está afectando a tu vida? ¿Qué te hace hacer?

C: Es mi ira, cuando me sale es incontrolable.

T: Y esto, ¿qué te impide hacer?

C: Estar tranquila y escuchar a los demás.

T: Muy bien, estás haciendo un gran trabajo. Ahora te voy a pedir que te pongas boca abajo en la cama, con las manos a la altura del pecho y las palmas hacia fuera, como si fueses a hacer flexiones. (Se prepara) Ahora te voy a pedir que le dejes tu cuerpo a tu mamá, para que ella pueda, a través de ti, quitarse todas estas sensaciones. ¿querrías dejarle el cuerpo a tu mamá para que todo esto acabe?

C: Por supuesto.

T: Entonces, a la cuenta de tres irás al momento en el que papá quiere hace algo y tu mamá no. Le vas a dejar tu cuerpo a tu mamá para que, a través de ti, haga todo lo que no pudo hacer en ese momento porque él era más fuerte.
(en este momento ya hablo directamente con la madre)

Vas a apartarlo, golpearlo, insultarlo, vas a hacer todo lo que no pudiste hacer en ese momento. 1, 2, 3..., adelante ¡Apártalo! (Se oyen golpes y empujones), ¡Golpéalo!

C: (Le golpea), ¡Que no, que no quiero! ¡Vete! ¡Apártate! ¡Que he dicho que no!

(Mi maestro José Luis Cabouli, usa un cojín que pone sobre el consultante para que pueda quitarse al agresor de encima, pero como trabajo a distancia esto es imposible y esta postura funciona de la misma manera. Se puede ver que la terapia ofrece el mismo resultado presencialmente y a distancia si existe voluntad y se cuenta con los recursos adecuados).

T: Eso es, ¿qué ves ahora en su mirada?

C: Desconcierto.

T: Dile, me quitaste mi energía, me quitaste mi poder, me quitaste mi poder femenino, y mírame cómo acabé, mira cómo acabaron nuestros hijos. (Lo repite), ¿Qué ves en su mirada?

C: Tristeza, vergüenza, arrepentimiento.

T: Repite, devuélveme toda esa energía, la necesito, es mía y la quiero de vuelta ahora. (Lo repite y recibe la energía).

T: ¿Qué ves en su mirada ahora?

C: Se siente liberado.

T: Dile. Cuando te llevaste mi energía femenina, me dejaste todo tu asco, el odio y el rechazo que sentías hacia ti mismo por haber hecho esto a una mujer que te amaba, la vergüenza y la culpa. Te llevaste lo mejor de mí y dejaste tus miserias. Me traicionaste y engañaste. ¿qué ves en su mirada?

C: Que tengo razón.

T: Devuélvele entonces todas esas sensaciones, haz una bola con el odio, el asco, el rechazo, la vergüenza, la culpa y la soledad. Entrégaselo todo. ¿Lo reconoce?

C: Sí, para él es normal sentirse así, siempre ha sido un desgraciado.

T: Bien, toma consciencia, que todas esas sensaciones no son tuyas ni son de tu mamá. Son las que sentía tu papá cuando le hizo eso a tu mamá, y tu mamá las cargó, y tú le ayudaste a cargarlas todo este tiempo.

Ahora aléjate de tu mamá, recupera el control de tu cuerpo y ponte otra vez boca arriba. ¿qué ves en la mirada de mamá?

T: La veo serena y sonriente. ¡Dios mío! Nunca la he visto así.

[...]

La sesión continua con el protocolo normal para el vientre materno, aunque hubo que hacer un trabajo extra con la abuela materna, que también colaboró en el trauma al obligarle a casarse con el hombre que la forzó.

En el vientre materno las almas en proceso de encarnación sienten como suyas las sensaciones y emociones de la madre. Esto resulta confuso, en especial cuando también se incluyen otras emociones ajenas a la misma. Aquellas emociones que sentía su mamá al estar conviviendo con ese hombre, las manifestaba Toñi en su día a día. Se sentía forzada, engañada y traicionada, tal como su madre. Sentía ira, rabia y odio que se desataban con una furia imparable, lo mismo que sintió su mamá cuando quiso defenderse de la agresión y no pudo. Se sentía sola y despreciada, tal como lo hizo su mamá cuando su propia madre, la abuela de Toñi, la despreció por el embarazo, la culpó y obligó a compartir su vida con su agresor.

Por otro lado, durante una agresión o un abuso sexual el agresor siente emociones muy desagradables. Hemos visto cómo la mamá sentía rechazo hacia su cuerpo y hacia sí misma, asco y odio. Normalmente las víctimas de una agresión sexual se sienten sucias, culpables y manifiestan asco hacia sí mismas. Esto es la energía del agresor, que se traspasa hacia la víctima.

Finalmente, todo esto se condensa en el bebé, en este caso Toñi, obligándole a comportarse a la vez como víctima y victimario o agresor.

Madrid, septiembre de 2024.

Testimonio de la Consultante

Pedí a Toñi que escribiera sus impresiones acerca de lo ocurrido en la sesión y el resultado son estas líneas.

«Lo que salió en la sesión fue terrible, jamás lo hubiese sospechado. Siempre sentí que mis padres eran unos amargados porque eran así y no porque compartiesen un evento tan terrible. No fue posible corroborarlo porque mis padres fallecieron muchos años antes de la sesión, pero en mi interior sé que fue así, y cuando lo compartí con mis hermanos todos entendieron y sintieron que era cierto. Esto me permitió comprender la traición y el engaño que he sentido siempre. Mi madre lo sintió por duplicado, en su pareja y su propia madre, y yo en todos los que conocía.

También entendí mi sexualidad, el rechazo que sentía cuando me tocaba un hombre y me cerraba.

Y sobre todo la rabia y la ira, lo a gusto que me quedé cuando lo aparté no lo sabe nadie, parecía que toda esa rabia llevaba esperando años y después se disipó. A ver, me sigo enfadando, pero la ira está muy atenuada y en muchos momentos es controlable.

Para mi esta sesión fue un antes y un después, y le sucedieron muchos descubrimientos más. Seguí trabajando con Leopoldo en dos ocasiones, también con otros profesionales y por mi cuenta. Aún me quedan muchas cosas, pero me siento en paz y sé que esta sesión fue el paso que necesitaba mi alma para empezar a sanar. Muchas gracias».

Contacto
Leopoldo Ceballos
leopoldo.ceballos@cop.es
www.terapia-regresiva.com

La Foto
Por Marcela Alejandra Pazos Pérez

Sobre la Autora

Marcela Alejandra, nació en Argentina. Es hija de españoles y actualmente vive parte en España y parte en Argentina. Es Licenciada en Turismo.

A raíz de una enfermedad terminal, diagnosticada a sus 30 años, su alma sintió que la curación real consistía en encontrar el verdadero origen de porqué había enfermado. En esa búsqueda, eligió formarse como Terapeuta de Vidas Pasadas con el Dr. José Luis Cabouli en el 2006 y halló a través de esta técnica las respuestas que necesitaba.

Sanó su cuerpo y, desde entonces, se ha dedicado con pasión a la práctica y acompañamiento terapéutico integral en el trabajo del alma, combinando y aplicando en sus consultas todas las disciplinas en las que se ha instruido.

Comenzó su camino chamánico de la mano de Foster Perry, siendo en la actualidad Organizadora en Argentina y Latinoamérica de Golden Hummingbird, InC: (USA). Es egresada del programa de tres años de la Foundation of Shamanic Studies de Michael Harner. Fue iniciada por maestros Q´eros de los Andes, a donde viaja desde hace quince años guiando grupos espirituales. Sus sesiones de Terapia Regresiva se combinan con la curación chamánica, basándose en la exploración y curación de las heridas del alma.

Su instrucción se completa con otras múltiples disciplinas. Es Astróloga, Master Reiki Usui y Tibetano. Estudió y practica Cábala Mística, Geometría Sagrada, Numerología, Biodecodificación, Terapia Floral, Radiestesia, Tarot Evolutivo, Vitki (lectora de Runas), Registros Akáshicos, Terapia con cuencos.

Ofrece consultas y formaciones presenciales y virtuales en Argentina y España. Unió sus dos pasiones, el turismo y el trabajo holístico integral, organizando retiros y viajes espirituales a distintos lugares del mundo.

Es fundadora de su sitio La Visión del Chamán, y de la Escuela Holística Integral donde imparte la Formación Avanzada en Terapia Regresiva con prácticas chamánicas, Homologada por la Asociación Española de Terapia Regresiva, AETR.

Es miembro activo de la junta directiva de la AETR y co autora con otros compañeros de la asociación de los libros "Terapia Regresiva y Consciencias no Humanas" y "Terapia Regresiva y Espacio Entre Vidas".

Es autora del libro y Oráculo medicinal "Corazón Chamánico" donde cuenta en sus páginas un recorrido íntimo y revelador, acompañado de un mazo de 54 cartas, con ilustraciones únicas, acuarelas especialmente pintadas para este propósito. Estas cartas no son meras imágenes; son *portales hacia el alma, mensajes y medicina para el espíritu*. A través de ellas, accedes a fragmentos de su historia, a lecciones y experiencias que han marcado su viaje en la sabiduría ancestral.

Sobre la Consultante

Lucía es una mujer de 50 años divorciada, tiene una hija de 18 años y un hijo de 16. Hace 8 años que no tiene pareja y le pesa la soledad, y si bien manifiesta querer rehacer su vida amorosa, se contradice aclarando: "quizás es mejor que sea así, porque no sirvo para estar en pareja"

Le pregunto a qué se debe que afirma esto y me contesta que lo siente así, ya que ella es la tercera generación de mujeres separadas en la familia, y lo acepta como una profecía.

Dice sentirse quebrada, y con temor a comprometerse emocionalmente con alguien, lo que le genera una profunda tristeza que le oprime el pecho y no le permite respirar bien.

Transcripción de la Sesión

Julio 2024, Buenos Aires.

Luego de entrevistar a Lucía y que me contara la razón de su consulta, la invito a recostarse y la guío en una relajación profunda, para que acceda a un estado de conciencia ampliado al momento donde sintió más profundamente todas estas sensaciones que manifiesta.

Terapeuta (T): ¿Dónde estás?

Consultante (C): En la casa de mi abuela, mirando unas fotos, y tengo una en mi mano donde hay una mujer con un vestido con miriñaque. Estoy mirando esa foto como fascinada.

T: ¿Quién es la persona de la foto?

C: Es hermana de mi bisabuela. Ella se casó con un hombre terriblemente malo.

T: ¿Cómo es eso?

C: El la maltrataba verbalmente, le gritaba y la hacía sentir una inútil, a veces la castigaba obligándole a hacerle su comida pero que ella se fuera a dormir sin cenar, y muchas cosas más y como no lo aguantó más, un día se tiró encima un bidón de queroseno y se prendió fuego.

T: ¿Quién te contó esa historia?

C: La hermana de mi abuela con la que yo viví.

T: ¿Qué te genera cuando la ves en esa foto?

C: Ella vestida de dama antigua, me genera amor y tristeza.

T: ¿Esta sola en la foto o está con alguien más?

C: Está sola, decían que era muy hermosa.

T: ¿Qué edad tenías cuando te cuentan esto?

C: Siete años más o menos.

T: La historia es muy fuerte para una niña tan pequeña. Esa mujer que se casó con un hombre muy malo, terriblemente cruel, y que no puede soportarlo y se prende fuego.

C: Si. (Solloza). Ella era muy joven, ni siquiera tuvo hijos. Y tan hermosa. Yo siento algo muy intenso.

T: ¿Qué sentís? ¿Qué le pasa a tu cuerpo?

C: Creo que siento un poco de admiración de que haya elegido morirse antes de vivir esa vida triste y sometida.

T: Entonces sentís admiración. ¿Es mejor quemarse viva a estar sola o vivir así?

C: Es que, tiene que haber sido muy terrible para que sea mejor quemarse... tiene que haber sido imposible de medir el sufrimiento.

T: Quiero que estés ahí bien presente con siete años, cuando te están contando esta historia y que me cuentes como lo vivís.

C: Estoy en la casa de mi bisabuela. Está mi tía, la hermana de mi abuelo y está mi mamá. Y creo que está mi hermano jugando por algún lado. Estamos viendo fotos, pero yo tengo esa foto en la mano. No me acuerdo de las otras.

T: Tienes esa foto en la mano, ¿y qué es lo que ves?

C: Veo a esa mujer con ese vestido de dama antigua, y pienso que yo debo haber vivido en esa época y que fui muy feliz.

T: ¿Piensas eso en el momento que miras la foto?
C: Sí. Y entonces pregunto quién es y la tía me cuenta.
T: ¿Cómo te lo cuenta ella?
C: Como si nada, como una historia, como un cuento, como algo que le pasa a otro.
T: Y tú que sientes cuando te va contando que se casa con un hombre tan malo, ¿qué te sucede a vos?
C: Siento su terrible dolor y me da mucha pena. (Comienza a llorar).
T: Imagino tu dolor. ¿Nadie pudo hacer nada por ella?
C: Nadie hace nada... siento mucha compasión hacia ella. Y me cargo esa mochila desde esa única vez que vi esa foto.
T: Seguí.
C: Pienso que debe haber tenido un dolor insoportable.
T: ¿Y puedes sentir el dolor de ella?
C: Si, pero pienso que yo soy más fuerte.
T: ¿Qué sucede luego?
C: Guardamos la foto, pero no la vuelvo a ver. No sé dónde quedó la foto y tampoco me acordé de esto nunca más, hasta ahora.
T: Y fíjate, en ese momento que ves la foto y me dices que te cargas ese peso, esa mochila, ¿cuál es la emoción más fuerte que te genera ver esa imagen?
C: Por un lado, siento esa emoción que te genera la música clásica, tiemblo, creo que es amor. Y siento admiración y compasión.
T: ¿Y el cuerpo cómo lo sentís? ¿Cómo sentís ese amor, esa admiración, esa compasión en el cuerpo?
C: En el pecho, como una presión.
T: Entonces sentís esa presión en el pecho, sentís ese amor, esa admiración, esa compasión. Y ¿cuál es tu reacción mental?, ¿qué es lo primero que piensas?
C: ¡Pobrecita mía!

T: Ahora vas a permitirte ir más atrás, a donde todo comenzó. Dónde sentís esa opresión en el pecho, ese amor, admiración, compasión y piensas pobrecita. Más atrás.

C: Soy un bebé y nací para esto.

T: ¿Y dónde estás?

C: En la casa donde nací.

T: ¿Estás en la cuna?

C: No. Me sostienen, pero no sobre algo, me tienen alzada como en el aire.

T: ¿Quién te sostiene así con las manos en el aire?

C: Mi abuela. Me mira... con tristeza.

T: Eso es. Y fíjate, esa mirada que te observa con tristeza y tú qué piensas, nací para esto. ¿Para qué naciste? ¿Para qué cosa?

C: Para ayudarlas. Para que no les pase nada a todas ellas.

T: ¿Qué es lo que les pasa a todas ellas?

C: Tienen una vida muy fea.

T: ¿Y cómo es esa vida tan fea?

C: Es triste, violenta, miserable, pobre.

T: Y tu mamá, ¿dónde está?

C: Está por ahí atrás.

T: ¿Está contenta tu mamá que llegaste a su vida?

C: No.

T: ¿Cómo es eso?

C: No está contenta, está preocupada por mi papá.

T: ¿Y qué le preocupa de tu papá?

C: Lo que hace con otras mujeres.

T: ¿Y entonces? ¿No se ocupa de vos?

C: Sí, se ocupa. Pero creo que preferiría que yo fuera varón.

T: ¿Cómo es eso?

C: Porque los varones no sufren tanto.

T: ¿Así que los varones no sufren tanto?

C: Para mi abuela y para mi mamá, no.

T: Entonces te das cuenta siendo bebé que tu rol es tratar de que no les pase más a todas estas mujeres, una vida fea, triste, violenta. Fíjate cuando te das cuenta de esto, ¿cómo lo sentís?, ¿hay algo que te decís?

C: Si, me digo, está bien, yo puedo.

T: ¿Aceptas eso?

C: Sí.

T: Y fíjate eso cómo afecta a tu vida hoy. Aceptar que viniste a esta familia para que esas mujeres no tuvieran una vida triste, violenta, miserable y que eso no les suceda nunca más. Donde además eres mujer y dices que los varones no sufren tanto. Fíjate todo eso, ¿cómo afecta tu vida hoy?, ¿qué te hace hacer?

C: Pasarle el mismo miedo a mi hija y a mi hijo.

T: ¿Cuál miedo?

C: Miedo a sufrir. Me parece que mi hijo sufre menos. Pero mi miedo es por ambos. Y siento que ya no puedo con esto. Esta mochila que cargo me hace sentir una profunda tristeza.

T: ¿Y qué te impide hacer este miedo?

C: No puedo respirar.

T: Y cuando no puedes más y no puedes respirar, ¿cuál es la emoción más fuerte que sientes?

C: Siento que los amo, siento tristeza, pero también siento que los abandono.

T: ¿Qué te impide hacer todo eso?

C: Me impide estar disponible para mis hijos, me impide concentrarme en mi carrera profesional. Eso es. Me impide tener una pareja buena que valga la pena.

T: Entonces para terminar con todo esto, ya que todo comenzó al nacer, vas a ir al momento de tu nacimiento para reescribir ese contrato que has hecho con vos misma y nazcas de una manera diferente, renovada. Voy a pedirte que te coloques en posición fetal y estés en la panza de tu mamá.

C: Ya estoy.

T: Me vas a decir en qué momento sientes todo esto en la panza de tu mamá.

C: Tengo 6 meses, estoy incómoda y un poco triste.

T: ¿A qué se debe que estás triste? ¿Estás triste por vos o hay algo de tu mamá que te entristece?

C: Estoy triste por mi mamá.

T: Ajá, ¿y a qué se debe que estás triste por tu mamá?

C: Ella está triste.

T: ¿Tu sientes la tristeza de ella como propia?

C: Sí.

T: ¿Y a qué se debe qué está triste tu mamá?

C: Por mi papá.

T: ¿Qué pasó con tu papá?

C: Hay otras mujeres. Ella sabe que no se va a quedar con ella.

T: ¿Y qué sucede?

C: Quiere que se quede (comienza a llorar, muy acongojada).

T: ¿Y en que parte del cuerpo sientes la tristeza de tu mamá?

C: En el pecho.

T: Sentí esa tristeza bien profundamente y seguí. ¿Tu papá está por ahí?

C: Sí.

T: ¿Y qué piensas de tu papá?

C: Él está como ajeno, no es parte de nosotras.

T: Avanza al séptimo mes. Estás ahí en la panza, más apretada, tienes menos espacio. Fíjate, séptimo mes en la panza, estás ahí (le coloco unos cojines por su espalda, otro sobre la parte alta de la cabeza y otro por delante, para delimitar el espacio), dime, ¿tienes ganas de nacer?

C: No, estoy muy cómoda.

T: Y tu mamá, ¿cómo está?

C: Mejor.

T: ¿A qué se debe que está mejor?

C: Y mi papá debe estar un poco más pendiente de ella. No mucho, un poquito.

T: ¿Lo sentís por ahí a tu papá?

C: No.

T: Y tu abuela, ¿está por ahí?

C: Sí.

T: ¿Cómo sentís a tu abuela?

C: Contenta.

T: Muy bien, vas a avanzar al octavo mes en la panza, ya el útero ensaya como para que nazcas. (Pongo mis manos sobre los cojines colocados uno de frente y otro en su espalda, los presiono de forma intermitente para recrear el movimiento de las paredes del útero). Estás ahí, ¿te diste vuelta?, ¿quieres nacer?

C: No me di vuelta y no quiero nacer. Estoy bien acá y estoy un poco acobardada porque ya sé lo que me espera.

T: Y tu mamá, ¿cómo está ella?

C: Ella está un poco asustada.

T: ¿Por qué está asustada? ¿Por el parto?

C: Sí.

T: Y tu papá, ¿la acompaña o no?

C: Sí.

T: ¿Está todo mejor entre ellos?

C: Sí, pero no va a durar mucho.

T: Avanza al momento del nacimiento. (Presiono los cojines más firmemente para recrear las contracciones de parto). Llega el momento de nacer, estás ahí. ¿Dónde está tu mamá cuando empiezan las contracciones o el trabajo de parto? ¿Estás ahí? Cuéntame.

C: Me ahogo.

T: ¿Llegó el momento de nacer y te estás ahogando?

C: Sí.

T: ¿Y tu mamá dónde está cuando empieza el trabajo de parto?

C: En la casa.

T: ¿Está sola o está con tu papá? Fíjate.

C: Está con mi papá. Es de noche. Van al hospital

T: ¿Ahora sí tienes ganas de nacer?

C: No, pero no me queda otra. ¡Me estoy ahogando! Y no hay lugar en la sala de parto, tiene que esperar.

T: Y mientras está esperando ahí tu mamá para ingresar, ¿qué sucede?

C: No dilata. Tiene muchos dolores.

T: Eso es. ¿Y vos estás colaborando? ¿Estás empujando o no?

C: Un poco. No tengo muchas ganas de empujar.

T: ¿Y a qué se debe que no tienes muchas ganas?

C: Es todo un problema ahí afuera.

T: ¿Qué es un problema?

C: Mi mamá, mi abuela, mi tía, mi papá.

T: ¿Sabes que te vas a tener que hacer cargo?

C: Sí.

T: Bueno, pero llega el momento. Ya el útero cada vez tiene más contracciones, y ya estás ahí en la sala de parto. Y fíjate, ¿cómo está tu mamá? ¿Está lista o no está lista?

C: Está dormida.

T: ¿Cómo es que está dormida?

C: Se pasó el tiempo de parto ya. Yo tragué el meconio y ahora hay que hacer una cesárea rápida y me sacan. Siento cuando le dan la anestesia.

T: Fíjate que te sucede a vos cuando le dan la anestesia a tu mamá.

C: Me da miedo.

T: Sentís ese miedo, entra la anestesia y a través del cordón estás unida con tu mamá. ¿Qué le hace la anestesia a tu cuerpo?

C: Me saca la voluntad.

T: Sentís cómo esa anestesia te saca la voluntad. Y fíjate, el médico corta la panza de tu mamá y te va a sacar de ahí adentro. Quiero que sientas cómo entran los dedos, las manos del médico. Siente eso. ¿Como te agarra?

C: Me agarra como de la cola o de la cadera. Estoy medio ahogada.

T: ¿Qué dice el médico?

C: Me golpea la espalda, me ponen mangueras. El médico grita que se apuren.

T: ¿Cómo sentís eso? ¿Qué mangueras te ponen?

C: Por la nariz. ¡No quiero que me pongan nada!

T: ¿Y dicen algo?

C: Todos gritan y dicen que no hay más tiempo.

T: Te empiezan a poner las mangueras... ¿qué hacen después?

C: Me ponen en una incubadora para que esté caliente.

T: ¿No te dan a los brazos de tu mamá?

C: No.

T: De repente, estás toda entubada ahí adentro en esa incubadora. ¿Cómo te sentís ahí?

C: Yo ya lo sabía.

T: ¿Cómo es eso que ya lo sabías?

C: Ya sabía que eso iba a pasar, por eso no quería salir.

T: ¿Y a qué se debe que ya sabías?

C: Yo lo acepté antes.

T: ¿Vos lo aceptaste antes de venir?

C: Sí.

T: ¿Y qué es lo que aceptaste antes de venir?

C: Llevar todo esto por ellas.

T: ¿Qué es todo lo que llevas por ellas?

C: Toda la tristeza, todas las frustraciones. Yo acepté antes. Pero mi cuerpo no tenía ganas de pasar por eso.

T: Vos aceptaste, y cuándo aceptaste, ¿por qué lo hiciste?, ¿a qué se debe que aceptaste eso?, ¿qué es lo que tenías que aprender?

C: Yo acepté porque yo puedo y ellas no podían.

T: Claro, pero ahora estás ahí y te das cuenta que tu cuerpo no tenía ganas de pasar todo esto.

C: No, mi cuerpo no quiere.
T: Pero estás ahí, ya encarnaste.
C: Sí. ¿Y qué pasa después? ¿Cuánto tiempo estás en esa incubadora?
C: Unos días.
T: ¿Y tu mamá pone las manos ahí en la incubadora? ¿Te acaricia?
C: Sí.
T: ¿Y tu papá?
C: La acompaña a mi mamá. Él está contento, pero lo siento como ajeno.
T: Avanza al primer momento que te sostiene en brazos por primera vez tu papá. Cómo lo sentís.
C: Él está emocionado. Es como si se hubiera conectado y me pone contenta.
T: Y ahora fíjate, avanza a ese momento en que te levanta tu abuela, cuando estabas en el aire y vos comprendiste y te dijiste, "nací para esto". Anda a ese momento. ¿Qué sentís?
C: Amor.
T: Aclárame esto del pensamiento de "nací para esto".
C: Mi abuela piensa, pobrecita, lo que le espera. Y yo pienso, está bien, no pasa nada.
T: Y de toda la experiencia del nacimiento, ¿cuál es el momento más traumático?
C: Cuando mi cuerpo no quiere. Cuando yo acepto este mandato, pero mi cuerpo no.
T: ¿Eso en qué momento sucede?
C: Cuando estoy en la incubadora y me ponen todas las mangueras.
T: Y cuando estás ahí en la incubadora y te ponen todas las mangueras, ¿tú quieres, pero tu cuerpo no quiere?
C: Sí.
T: Eso es, en ese momento, fíjate, ¿cómo sentís el cuerpo físico?
C: Como si estuviera separado de mí, es que estoy afuera.

T: Eso es, entonces, en ese momento en que tú quieres, pero tu cuerpo no quiere y sentís el cuerpo separado de ti, ¿cuál es la emoción más fuerte?

C: Mi alma acepta con fortaleza y le digo al cuerpo yo elijo, no vos.

T: ¿Y qué piensas en ese momento?

C: Aguántatela.

T: Entonces, fíjate, en tu vida hoy, cada vez que te sientes como separada de tu cuerpo y no puedes elegir con todo tu cuerpo y te dices aguántatela, fíjate cómo todas estas emociones y sensaciones afectan tu vida hoy.

C: Me hacen no respetar nunca mi cuerpo y pueda o no pueda, lo obligo a seguir.

T: Entonces, para terminar con todo esto vas a estar ahí en el momento del nacimiento y vas a hacer todo lo que no pudiste hacer en ese momento en que no podías nacer y te tragaste el meconio y sucedió todo lo que me dijiste, pero ahora va a ser diferente. Vas a estar ahí dentro de tu cuerpo, sabiendo lo que te espera, tienes que nacer, pero lo harás de una manera diferente, haciéndolo por tus propios medios, decidiendo por ti. El alma decide otra experiencia sin obligaciones ni mandatos familiares. ¡Estás ahí, muéstrame cómo naces! (aprieto los cojines contra su cuerpo y ella comienza a moverse para salir, le hago presión con intermitencia, simulando el útero).

C: Estoy bien acá.

T: Tienes que salir, tienes la oportunidad de hacerlo optando por un camino diferente, sin hacerte cargo de la historia de nadie y decidida a venir a vivir tu propia historia. Vamos, (la animo). ¿Estás decidida a vivir tu propia historia? Muéstrame como naces. (Comienza a hacer mucha fuerza y a moverse, empujando con fuerza los cojines y suspira, emite como un grito ahogado)

C: Ah, suspira.

T: Vas ahora a escupir ahí todo ese meconio que te quedó en la garganta y la anestesia que te quitó la voluntad (le doy en sus manos unos pañuelos descartables, la ayudo a sentarse y con mi mano voy haciéndole como un masaje ascendente por su columna hasta la nuca).

C: ¡Aj que asco! Escupe en los pañuelos y dice que agrio, siento el olor ácido, mientras sigue escupiendo (al terminar, la ayudo a recostarse nuevamente).

T: Ahora voy a cortar el cordón umbilical, no el que corta el médico que te recibe, voy a liberarte del cordón energético que te une a tu madre. ¿Estás lista? Te vas a desprender para siempre de las emociones de esa madre.

C: Sí estoy lista (grita).

T: (A través de su ropa, pellizco suavemente su ombligo para que sienta la sensación de corte). Voy a cortar este cordón a la cuenta de tres, 1, 2 y 3... (tiro hacia afuera liberando esa presión.) Quiero que respires por tus propios medios, respira (se estira como desperezándose). Eso es, sigue así. Deja que entre aire a tus pulmones de una forma diferente, como si lo hicieras por primera vez.

C: Lo siento así, como con más oxígeno.

T: Y ahora percibe bien presente a tu madre parada delante de ti y toma ese paquete que está en tu campo energético y contiene toda esa historia y quiero que se lo devuelvas que se lo entregues (ella hace un ademán con sus manos como quitando un paquete de su corazón y hace el gesto de entregarlo hacia adelante, donde está percibiendo la energía de su madre) y dile, toma, es tuyo, hasta aquí llegué, esto no es mío. Te lo devuelvo todo.

C: Toma madre, te devuelvo esto que no es mío.

T: Repite, corto toda lealtad al clan... y completa tú la frase

C: Corto toda lealtad al clan, a esto que me duele tanto, que me pesa, esta creencia de que los hombres son malos, de que ningún hombre es fiel y por eso tengo que estar sola porque no sirvo para estar en pareja (ella hace el ademan de entregar el paquete y sacude sus manos como para desligarse de todo). Corto el acuerdo que hice de salvarlas (esto lo dice casi gritando).

T: Lo corto contigo y con todas las mujeres detrás tuyo y que son parte de tu clan.

C: Con todas las mujeres detrás de tu clan y del de papá. No lo quiero (la ayudo tomando sus manos y jalando para adelante para que sienta que se libera). ¡No me hago cargo nunca más! ¡Soy libre! ¡Soy libre!

T: Ahora avanza al momento que estás dentro de esa incubadora. Siente tu cuerpo, que ahora ya está integrado con tu alma y que acepta esta nueva forma, y dime, ¿qué percibes?

C: Ahora somos una sola. Siento que estoy completa y me siento liviana.

T: Y ahora se consciente que tienes todas las posibilidades por delante para reescribir tu propia historia. Quítate esa mochila para siempre. Percibe como es respirar por primera vez sin esa carga. Siente cómo entra distinto el aire en tus pulmones. Percibe esto y quiero que te fijes como sientes ahora cuando tu mamá te abraza por primera vez. Fíjate qué sentís.

C: No somos una sola.

T: ¿Cómo es eso? ¿Antes eran una sola?

C: Sí. Ahora siento que me separé de ella.

C: Sentí eso.

T: ¿Hay algo que le quieras decir?

C: Que lo siento. Lamento que ella lo haya pasado tan mal, pero no es mi culpa. Y me libero de tu carga y del dolor y la carga de las mujeres antes de mí.

T: Y agrega porque yo soy yo, y en mi vida y en mi cuerpo solo mando yo (repite lo que le digo). Ahora, fíjate, tu papá, ¿cómo sentís a tu papá?

C: Lo siento lejos
T: ¿Cómo es eso?
C: Él no puede. No es que no me quiera, nada más es que no puede.
T: Y fíjate, él no puede, ¿qué te sucede a ti con eso?
C: Los hombres de mi vida no pueden, José (su ex esposo) no puede, Leandro (su última relación) no puede. Todos igual, no es que no me quieran, es que ellos no pueden.
T: Quiero que te fijes, ¿dónde está anclada esta creencia en tu cuerpo?
C: Me duele la espalda.
T: Vamos a llamar al alma de tu papá, que esté bien presente acá (hago sonar una campanita para llamar al alma del que fuera su padre). Puedes sentirlo aquí. ¿Qué te gustaría decirle a tu padre? ¿Cómo lo llamas?, ¿papá?
C: No, lo llamo por su nombre, Néstor.
T: Entonces, Néstor está aquí y es tu oportunidad para que le digas todo lo que no le pudiste decir.
C: Néstor, qué pena que no puedes.
T: Y cuando le dices esto, ¿qué hace el?, ¿qué sientes?, ¿qué más le quieres decir?
C: Siento que no quiero tener que ser fuerte para llevar esta carga y que él, como no puede, me quita a mí esa fuerza de voluntad para poner este límite.
T: Entonces, quiero que le pidas a Néstor que te devuelva esa energía tuya que él se quedó, consciente o inconscientemente, y que tú necesitas para seguir adelante y segura de lo que quieres para tu vida.
C: Néstor, papá, devuélveme mi energía (comienza a llorar), devuélvemela porque no quiero más ésta carga y tener que ser fuerte. No quiero relacionarme con hombres crueles que traicionan y maltratan. Devuélvemela (le hago extender sus manos hacia adelante como recibiendo).

T: ¿Percibes como regresa tu energía? Si ya sientes que llega a tus manos, te la vas a ir llevando a la parte de tu cuerpo que más lo necesite (comienza a llevar sus manos al corazón trayendo lo que recibe, llora y ríe a la vez).

C: Papá no te juzgo, yo sé que no pudiste, pero te llevaste una parte mía, devuélvemela.

T: ¿Estás lista para liberarlo?

C: Sí

T: ¿Hay algo más que le quieras decir?

C: Deseo que estés en paz, papá. Ya sé que hiciste lo que pudiste.

T: (Pongo mis manos sobre su corazón con la intención de que estoy sacando y tirando de una cuerda). Ahora le vas a decir, corto todo lazo kármico que nos una en esta o en otra vida (muevo mis manos preparándome para cortar el cordón) Este lazo que me ató al mandato de... completa tú la oración.

C: Corto todo lazo kármico que nos una en esta o en otra vida, este lazo que me ató a la creencia de que no pueden quererme, de que no pueden estar a mi lado, de que no pueden retribuirme. ¡Lo corto, lo quito ahora!

T: Estás listas y ahora lo voy a quitar a la cuenta de tres, 1, 2 y 3... (tiro hacia afuera con fuerza). Repite: lo quito de mi campo energético ahora y me libero, porque yo soy yo y en mi vida y en mi cuerpo solo mando yo. Repítelo diciendo tu nombre (repite toda la frase agregando su nombre, y agrega lo que sigue).

C: Te libero papá, (ahora añade) veo como se está yendo y me siento como flotando muy liviana.

T: Vas a envolverte en una luz blanca que trae esta nueva vibración a tu vida como Lucía.

Termino armonizando con sonido de cuencos y guiándola a estar bien presente en su cuerpo físico.

Testimonio de la Consultante

Cuando hice la regresión y vino a mi mente esa foto sentí un escalofrío. No me acordaba para nada de ese hecho, pero fue la punta del iceberg para darme cuenta del vacío que me generaba el sentir desde siempre que mi cuerpo y mi alma no iban juntos. Con la experiencia del nacimiento, pude entender por qué mi alma eligió encarnar para pasar muchos sufrimientos, pero, por el contrario, mi cuerpo no estaba de acuerdo con eso. Comprendí que se negaba a venir a esta vida porque sabía todo lo que iba a pasar y es por eso que nací tarde, fuera de término y tuve que estar en incubadora por tragar meconio.

Por otra parte, fue muy revelador que al finalizar la práctica me di cuenta que todo lo que me había cargado para salvar a esas mujeres del clan, no lo había hecho de buena, sino por soberbia, para sentirme poderosa. Esto fue muy importante porque me reveló mi sombra como víctima, pero era yo la que con este sentimiento activé todo lo que me había sucedido.

Desde que hice la regresión siento que mi cuerpo y mi alma hicieron las paces y estoy en paz. Es como si hubiera dejado de tener una lucha interna que antes era permanente y esto me trajo armonía en muchos aspectos de mi vida.

Contacto
Marcela Alejandra Pazos
marcela@lavisiondelchaman.com
www.lavisiondelchaman.com
Instagram: @lavisiondelchaman

María y su Ángel

Por María Consuelo (Chelo) Rodríguez Pérez

Sobre la Autora

Nacida en Jerez de la Frontera y Licenciada en Psicología (2008). Comienza su carrera en el mundo laboral implementando técnicas de afrontamiento sobre el estrés laboral y realizando procesos de selección. Cumplimenta su formación en este campo como Experto Coach Ejecutivo y Empresarial y en Inteligencia Emocional. Desde 2013 colabora con el SEPE como formadora en Técnica Activa de Empleo.

En el 2010 comienza a interesarse por la psicología transpersonal e inicia su formación en Mindfulness, siendo desde 2015 miembro del grupo de trabajo "Psicología y Mindfulness" del COPAO. En 2023 es fundadora junto con un grupo de psicólogos expertos en este campo de la asociación APEMIND (Asociación de Psicólogos Especialistas en Mindfulness) enfocado más a la formación de esta técnica para compañeros psicólogos y dedicándose desde entonces a realizar talleres, retiros, formaciones y a colaborar con grupos de trabajo en este ámbito.

En el 2020 comienza su formación en Terapia Regresiva con Carlos González Delgado (presidente de la Asociación Española de Terapia Regresiva), realizando distintos talleres complementarios por terapeutas reconocidos y culminándose esta formación en el 2024 con el II Curso Internacional en Terapia Regresiva impartido por algunos de los profesionales más destacados en la actualidad en este campo.

Es coautora, junto con otros compañeros de la AETR, del primer libro con ejemplos de historias reales *"El Alma Sin Velo, Experiencia de Doce Terapeutas con la Terapia Regresiva"* (Asociación Española de Terapia Regresiva, 2022).

Sobre la Consultante

María es una mujer de 60 años que llega a consulta por problemas físicos recurrentes, dolores musculares, especialmente en las piernas y en el pecho, migrañas y dolor abdominal que se recrudece hasta el punto de tener que ir a urgencias, donde de forma reiterada le hacen pruebas y no encuentran ningún origen fisiológico.

Todo esto le está produciendo mucha ansiedad, no hay tratamiento que la libere de ese estado continuo de malestar y angustia. Nunca se ha sometido a ningún tipo de terapia y ha sido su propio médico de confianza quien le ha comentado que puede tener un origen psicosomático y que puede venirle bien.

Transcripción de la Sesión

Terapeuta (T): Antes de empezar vamos a realizar unos ejercicios de respiración, esto te va a ayudar a relajarte un poco y a sentirte más cómoda.

María ha llegado algo excitada, me comenta que está muy nerviosa, noto como habla con rapidez y su respiración está acelerada.

Consultante (C): ¿Qué tengo que hacer?
T: Sólo cierra los ojos y respira con normalidad.
C: Siento que me falta el aire.
T: Inspira por la nariz, cuenta hasta tres y suelta el aire por la boca hasta que ya no te quede aire dentro, haz esto hasta que yo te diga.
C: Vale. (Observo como su respiración se va volviendo cada vez más calmada).
T: Vamos a centrarnos en ese dolor abdominal, explícame ese dolor, como si fuera qué cosa.
C: Son como pinchazos o bocados, como si algo me comiera por dentro.
T: ¿Dónde sientes ese dolor? Pasa tus manos por esa zona.

María pasa sus manos desde debajo del pecho hasta debajo de su vientre.

T: Ahora vas a ir a un momento que sea importante para tu alma donde sientes sensación de pinchazos, como si te comieran por dentro.
C: Estoy en el hospital, hay mucha gente alrededor, hay mucho trabajo y corren de un lado para otro, son enfermeros y médicos.
T: ¿Cuántos años tienes ahí?
C: Veinticinco, es el parto de mi primer hijo.
T: Observa todo y sigue. ¿Qué está pasando? (María cierra los ojos con fuerza, su respiración se acelera y niega con la cabeza). Deja salir eso que estas sintiendo.
C: Tengo mucho miedo, no quiero saber.
T: ¿Qué está pasando para que sientas este miedo? Observa bien, ¿estás sola?

C: Hay una mujer conmigo, es la matrona, no deja de tocar botones y cables, parece que algo no funciona bien, llega otro médico, ellos se miran y el otro médico se va... yo sé lo que me va a decir y rezo para que no sea así. La matrona está evitando mirarme a los ojos, yo comienzo a llorar y le digo que por favor me diga que mi hijo está bien, ella me mira y dice: "lo siento, no hay latido".

Estas palabras las ha susurrado, apenas se le ha entendido ya que ha comenzado a llorar, dejamos un breve espacio de tiempo hasta el momento que podemos seguir con la terapia.

T: Vas a retroceder un poco en el tiempo, vas a ir justo a ese momento antes de ir al hospital. ¿Dónde te encuentras?

C: Estoy en casa, no he dormido bien, he estado inquieta toda la noche. De repente mi corazón ha latido más fuerte y me ha entrado frio. Sé que algo no va bien, no paro de dar vueltas en la cama a ver si así se despierta y se mueve un poco y así puedo dormir tranquila, pero sigue sin moverse.

C: Mi marido se queja y le digo que algo no va bien, pero él dice que debe ser normal, que ya queda poco y le costará moverse.

C: Quiero creerle y volverme a dormir, pero en el fondo sé que algo pasa con el bebé. Me levanto para ir al baño y entonces veo que he sangrado. Salimos corriendo para el hospital y me hacen una ecografía, es entonces cuando lo dice "Lo siento..." no quiero oír más.

C: Me llevan a una habitación donde están mi marido, la matrona y el médico hablando del parto, la matrona aconseja que sea natural, me pregunta y yo le digo que prefiero natural.

C: Mi marido prefiere que me duerman para "evitar" un sufrimiento innecesario, pero yo insisto en tenerlo de forma natural. Ellos siguen hablando del parto mientras yo pienso mil cosas a la vez que me puedan ayudar a entender. Sigo teniendo esperanza que se hayan equivocado, se lo digo a la matrona y ella me mira sin saber qué decir, se vuelve a mi marido y sigue hablando del parto como si yo no existiera. Mientras hablan yo solo siento una pena muy grande.

T: Fíjate, ¿en qué parte de tu cuerpo sientes esa pena?

C: Aquí (se toca su vientre), siento un vacío que duele.

T: Vas a avanzar hasta el momento que empieza el parto.

C: Me han puesto una inyección y empiezo a notar las contracciones, es un dolor que me alivia

T: ¿Cómo es para ti un dolor que me alivia?

C: Desde que me dijeron que mi niño ya no está siento mucha culpa, no paro de darle vueltas a la cabeza si he hecho algo mal, si tenía que haber estado más pendiente, no se... el dolor me ayuda a no pensar.

T: ¿Dónde te encuentras? ¿Qué percibes a tu alrededor?

C: Estoy en la sala de partos, está la matrona diciéndome que vaya haciendo lo que ella me va diciendo. Hay varias personas más, están alrededor comprobando cosas, escucho ruidos de instrumentos y máquinas, pero no sé qué están haciendo. Hay una cunita de estas de hospital transparentes, pienso que ahí se llevaran a mi niño. Ya está saliendo. El parto transcurre con bastante rapidez.

C: Oigo a la matrona decir que viene con vuelta de cordón, después de oír eso hay un silencio profundo. Me acerca la cunita y se lo llevan.

T: De toda esta experiencia dime el momento más terrible para ti.

C: No poder despedirme de él. Apenas pude verlo unos segundos, estaba tan agotada que casi no recuerdo su carita.

T: Vamos a ir de nuevo a ese momento, justo cuando está naciendo, pero lo vas a ver desde arriba, con los ojos del alma.

C: Ya, puedo verme, y al resto de las personas que están ahí, también.

T: Muy bien, ahora quiero que salgas un momento de esa habitación y vayas a dar una vuelta. Siente como puedes estar donde quieras sin esfuerzo.
C: Salgo como flotando.
T: Muy bien, eso es. ¿Dónde te encuentras?
C: No lo sé, he salido por la ventana, estoy volando y puedo traspasar las nubes, sigo volando por un campo, creo que hay sembrado trigo.
T: Muy bien, sigue.
C: Ahora sigo volando, pero estoy subiendo, como si fuera un cohete, voy muy rápido. He llegado a un sitio donde veo nubes naranjas con agujeritos azules, no sé si son agujeritos o esferas, pero no son nubes, ahora es todo naranja, no sé dónde estoy, pero me siento muy bien.
T: ¿Qué más puedes percibir?
C: Estoy como flotando, pero no soy una persona, no tengo cuerpo.
T: ¿Esa sensación es conocida para ti?
C: Creo que sí.
T: Sigue un poco más, ¿qué está pasando?
C: Ahora siento que bajo con la misma velocidad, como un cohete.
T: Sigue.
C: Siento que estoy corriendo, tengo miedo de algo, no sé dónde estoy.
T: ¿Sigues en esas nubes naranjas o estás en algún otro lugar?
C: Siento que hay mucha agua. Es una playa enorme y estoy corriendo por la orilla.
T: ¿Cómo sientes que eres?
C: Soy una chica joven, unos trece o catorce años, rubia, tengo el pelo recogido en una larga trenza. Llevo a mi hermano pequeño de la mano y tiro de él. Le digo que corra, pero él no puede correr rápido. Le grito que tiene que correr más... ¡vamos!
T: ¿Qué está pasando?

C: Huimos de unos hombres que han quemado todas las casas y matan a todos los que encuentran en su camino.
T: Ve al momento en el que han llegado estos hombres.
C: Mi hermano y yo estamos en el pozo recogiendo agua, el pozo está algo retirado y hemos visto cómo un barco muy grande ha llegado cerca de la aldea, se han tirado al agua y han llegado nadando, llevan armas en las manos. Algunas casas han empezado a arder. La gente sale gritando y vemos cómo les pasan el cuchillo y caen muertos. Han hecho una gran hoguera y están tirando ahí los cuerpos. Todos en la aldea están muertos ahora.
T: ¿Hay alguien conocido para ti entre ellos? ¿Algún familiar?
C: Todos somos conocidos, es una aldea pequeña de pescadores. No veo ningún familiar.
T: Sigue.
C: Estos hombres visten ropas extrañas, llevan pelo largo y son altos y corpulentos, son hombres del norte. Nos hemos escondido entre las rocas mientras pasa la noche, siento que estamos en peligro y no sé qué hacer, tengo que llegar a un pueblo que no está lejos, pero para llegar tengo que cruzar por la playa, pero ahí nos pueden ver. Hay otro camino por la montaña, alguna vez lo hice con mi padre, pero no puedo ir con mi hermano, hay mucha distancia y es peligroso. Tengo que decidir y cojo a mi hermano de la mano y empezamos a andar por la playa, está amaneciendo y aún queda mucho. Le digo que tenemos que correr todo lo posible. Siento mucha angustia.
T: ¿Dónde sientes esa angustia?
C: En el pecho, no puedo respirar bien.
T: Sigue.
C: Tiro de él con fuerza, lo cojo en brazos, pero no puedo andar mucho cuando escucho gritos detrás de mí. Son los hombres que nos han visto, están cerca. Quiero correr, pero no puedo, mis pies se hunden en la arena.

T: ¿Qué más está pasando?

C: Abrazo a mi hermano con mucha fuerza y le digo que no tenga miedo, que pase lo que pase estaremos juntos siempre. ¡Lo quiero tanto... tanto! Siento cómo algo me atraviesa la espalda, veo sangre salir de mi pecho, sé que voy a morir.

T: Y de todo esto que ha pasado, ¿cuál ha sido el momento más terrible para ti?

C: Cuando he sentido que nos perseguían esos hombres para matarnos y ya estaban cerca y he visto sus cuchillos.

T: Vete a ese momento y dime, ¿qué siente tu cuerpo?

C: Agotamiento, estoy muy cansada y las piernas ya no pueden correr más.

T: ¿Qué estás sintiendo en este momento?

C: Angustia, siento mucho miedo, sé que nos van a matar. Siento mucha culpa y tristeza por mi hermano, ¡es tan pequeño!

T: ¿Qué piensas mientras pasa todo esto?

C: Que tendría que haber sabido cuidar mejor de mi hermano y tomar la decisión correcta. Pensar mejor lo que hacer.

T: Y todo esto del agotamiento, el sentir esa angustia, culpa y tristeza y tomar la decisión correcta y pensar mejor lo que hacer, ¿cómo influye en tu vida actual?, ¿qué te hace hacer?

C: Desde que murió mi hijo pienso que tendría que haberme dado cuenta de algo, no esperar tanto antes de ir al hospital. Siento la culpa desde entonces.

T: Y todo esto, ¿qué te impide? (he dejado la pregunta más abierta).

C: Me crea mucha inseguridad, pienso una cosa y luego otra por temor a equivocarme. Me he pasado días en urgencias con mis otros dos hijos por cualquier cosa, siempre he tenido mucho miedo a que enfermaran. He sido una madre súper protectora, incluso ahora que ya son mayores, les llamo continuamente y si no contestan pronto siento la angustia hasta que lo hacen. Sé que no es justo para ellos, y eso también me hace sentir culpable.

T: Bien, ahora vas a volver a esa playa donde estás a punto de morir... siente todo eso.
C: Sí.
T: Qué piensas antes de morir.
C: Que he fallado a mi hermano.
T: Siente cómo empiezas a abandonar ese cuerpo, ya no lo necesitas.
C: Siento como un humo salir de mi pecho y de mi cabeza.
T: ¿De qué color es ese humo?
C: Como verde claro.
T: Muy bien, avísame cuando ya no salga más humo.
C: Ya.
T: ¿Estás totalmente fuera de tu cuerpo?
C: Si.
T: Muy bien, ¿y puedes verlo?
C: Si, estoy tumbada en la playa. Tengo los ojos abiertos y hay mucha sangre en mi pecho. También puedo ver a mi hermano al lado mío, le han cortado el cuello. Seguimos los dos abrazados.
T: Bien, ahora mira tu cuerpo ahí tendido en esa playa, vas a coger toda esa energía de miedo y angustia, la tristeza y la culpa que te has traído de esa vida y la vas a dejar en ese cuerpo porque ya no la necesitas. Visualiza cómo esa energía sale de tu cuerpo actual.
C: Sí.
T: Visualiza de nuevo el cuerpo en la playa y comprueba si se ha quedado alguna energía atrapada que te corresponda, si es así tráela de vuelta.
C: Ya.
T: Ahora mira a tu hermano y dime, ¿puedes percibir alguna energía a su alrededor?
C: Él ha salido igual que yo, ya no está. Sólo veo el cuerpo.
T: Ahora que ya has recuperado la energía atrapada en ese cuerpo, dime ¿desde dónde te ves?

C: Estoy flotando, puedo ir de un lado a otro, es una sensación agradable.
T: Muy bien, entonces si tu cuerpo se ha quedado ahí abajo, ¿quién o qué eres ahora?
C: Sigo siendo yo, solo que ahora puedo flotar.
T: Entonces, eso que llaman muerte, ¿cómo lo explicarías para que podamos entenderlo?
C: Sólo es un viaje a otro lugar.
T: ¿Dónde te encuentras ahora? ¿Qué sensaciones te vienen?
C: Hay más personas que no conozco, creo que acaban de llegar igual que yo. Es un lugar donde te sientes libre y en paz.
T: ¿Qué hacéis en ese lugar?
C: Estamos esperando.
T: ¿Qué esperáis?
C: No sé, ahora veo cómo se van todos y me quedo sola. Hay alguien delante de mí que me llama, no sé quién es, sólo veo luz. Cuando llego hay un espacio con una luz muy brillante, ahora estoy viendo a mi hermano pequeño delante de mí, intento alcanzarlo (él también va flotando), pero él va más rápido, se gira y me dice: Aquí corro más que tú.
T: Sigue.
C: Los dos reímos, nos abrazamos, ¡siento un amor tan grande! Mi hermano dice que he sido una hermana maravillosa y que siempre ha sentido lo mucho que lo quiero y lo bien que lo he cuidado siempre. (Todo esto lo cuenta entre sollozos).
T: ¿Qué sientes tú cuando escuchas todo esto?
C: Estoy feliz. Es un lugar maravilloso.
T: ¿Qué aprendizaje te traes de esa experiencia?
C: En este momento siento algo que no puedo explicar con palabras, lo importante es el amor que damos. Lo más importante es que las personas a las que queremos lo sepan, nada es más importante que esto. Una luz brillante y dorada sale de mi corazón, nunca había sentido algo así... tan intenso.

Dejo que sienta con fuerza esas sensaciones tan positivas, trabajo con ella también la energía de ese momento ya que la va a utilizar más adelante.

T: Bien, ahora vas a volver a la experiencia anterior, antes que notaras que algo no iba bien, antes de todo esto que pasó.

C: Estoy en el trabajo, hay mucho que hacer y yo corro de aquí para allá. Algunas veces olvido que estoy embarazada y me absorbo en el trabajo, paro para tomar algo y entonces noto que algo dentro de mí se mueve, es la primera vez que lo siento, me ha cogido de sorpresa. Cuando quedé embarazada dudaba si era el momento adecuado, pero ahora que lo siento estoy contenta.

T: ¿Cómo es esto del momento adecuado?

C: Mi marido y yo hemos abierto un negocio y hay mucho trabajo y muchas deudas también, pensábamos esperar un poco antes de "ir" a por el niño, no lo esperábamos.

T: Y cuando os habéis enterado, ¿qué habéis sentido?

C: Mi marido lo ha encajado mejor, dice que ya no hay "remedio", yo me preocupo más. Siempre he sido una mujer algo enfermiza y sé que un embarazo puede complicarse, y entonces ¿qué pasa con el negocio?, mi marido no entiende nada el papeleo.

T: Y si supieras que puede sentir el niño, ¿qué crees que siente con todo esto?

C: No lo sé, es muy pequeño.

T: ¿Qué te parece si lo averiguamos? (tiene los ojos cerrados y asiente con la cabeza).

T: Ahora vas a realizar tres respiraciones profundas. Visualízate en ese momento en que te acabas de enterar del embarazo.

C: Sí, estoy en el baño y acabo de hacerme la prueba.

T: Muy bien, estás en el baño, mírate en el espejo, ¿cómo te ves?

C: Me veo muy joven.

T: ¿Es tu imagen o es la imagen de otra persona?
C: Soy yo.
T: Muy bien, sigue.
C: Estoy asustada y preocupada.
T: ¿Y qué siente el niño mientras tú estás asustada y preocupada? Puedes hablar con él. Tu hijo y tu habéis compartido algo más que un espacio durante casi nueve meses, él se gestó dentro de ti y tu compartiste con él no solo tu cuerpo, también tus células. De la misma manera que él también compartió las suyas contigo, así que aún parte de tu hijo puede estar contigo

Durante el embarazo, existe un intercambio bidireccional de células entre la madre y el feto. Este fenómeno se conoce como *microquimerismo,* estas células pueden persistir en la madre durante años, incluso décadas, después del parto.

C: Él también está asustado.
T: ¿Él está sintiendo esto porque lo estas sintiendo tú también, o es por otra cosa?
C: No es por mí. No quiere estar aquí, estaba mejor antes.
T: ¿Puede contarnos un poco más dónde estaba antes de venir? (Es la primera vez que la veo sonreír desde que empezamos la sesión).
C: Conozco ese lugar, es donde estuve con mi hermano, donde puedes flotar y sentir esa libertad y ese amor...
T: ¿Qué sientes tú cuando tu hijo dice esto de "estaba mejor antes"?
C: Lo entiendo, ¡en ese lugar se está tan bien!
T: ¡Qué bien que lo entiendas! Ahora vas a avanzar un poco en tu embarazo hasta un momento significativo.
C: Vuelvo a ese momento donde lo sentí por primera vez, es una especie de susto y alegría. Me pongo la mano en la ba-

rriguita y él vuelve a moverse, voy en busca de mi marido para contárselo y los dos tocamos la barriguita a la espera. El niño se vuelve a mover y lo sentimos. Estamos contentos. T: ¿Y qué siente el bebé cuando estáis así de contentos?

C: Nos quiere, siento eso.

T: Muy bien, siente eso, siente cómo os quiere.

C: Siento que está aquí conmigo, dentro de mí, como entonces.

Dejo que sienta esa sensación durante unos instantes, es importante anclar las emociones positivas. Mientras, se pasa la mano por su barriguita como en ese momento.

T: Vas a avanzar hasta el siguiente momento significativo, ¿qué está pasando?

C: Estoy en la cama, siento un malestar intenso.

T: ¿Qué siente tu bebé mientras tu sientes este malestar?

C: Él se tiene que ir, no está triste, está como esperando.

T: ¿Cómo es esto que se tiene que ir?

C: Repite que tiene que marcharse.

T: ¿Quieres decirle algo antes que tenga que marcharse?

C: Que lo amo muchísimo, es mi ángel. Siempre lo siento conmigo, sé que me acompaña.

T: Y él, ¿te dice algo que quieras compartir?

C: Que me quiere, me quiere mucho y a su padre y sus hermanos. Me dice que no sufra más, que él nos está esperando en otro lugar y que está feliz. Dice que no ha sido culpa mía, no era su momento y quiere que yo lo entienda y lo acepte.

T: ¿Te parece que te dé un momento para despedirte de él? (Se ha abrazado a un cojín, lo aprieta con fuerza mientras dice una y otra vez "Te quiero mi niño").

C: Se ha ido, he visto una luz intensa y ya no está.

T: ¿Cómo te sientes después de ver esta luz?

C: Siento pena, pero también tranquilidad. Sé que está bien. Él quiere que yo lo entienda, y no sé cómo explicarlo, pero lo entiendo.
T: Muy bien, estás siendo muy valiente.
C: Le digo que se vaya tranquilo, nos volveremos a encontrar.
T: Bien, ahora vas a ir al momento del parto, vuelve a esa habitación donde ya ha nacido tu bebé.
C: Vale. (Su rostro ya no muestra sufrimiento).
T: ¿Ha finalizado ya el parto?
C: Si, me lo están enseñando. Quiero cogerlo.
T: Puedes cogerlo si quieres.
C: Lo tengo en mi pecho, es un niño muy guapo, está como dormido.
T: ¿Qué sientes?
C: Que está a gusto en mis brazos.
T: ¿Alguna otra cosa que quieras hacer o decir?
C: Estoy agradecida
T: ¿Qué más sientes?
C: Paz.
T: Muy bien, siente esa paz. ¿Qué color le pondrías a esta sensación?
C: Azul.

Testimonio de la Terapeuta

María no es el primer caso que viene a consulta tras una experiencia de muerte perinatal. He elegido este caso para dar voz a estos padres que han pasado por momentos tan traumáticos como es la pérdida de un hijo en estas circunstancias.

El estado civil de los niños nacidos muertos en España ha experimentado un cambio significativo desde hace relativamente poco tiempo (2023). Anteriormente, no se les consideraba sujetos de derecho y no se les asignaba ningún estado civil.

En algunos casos ni siquiera les dejaban verlos o despedirse y todavía hay centros hospitalarios que no disponen de un programa, protocolo o plan de actuación para estos casos.

La experiencia internacional indica que una de las estrategias más significativas de prevención

de la vulnerabilidad emocional, en los profesionales que trabajan con la muerte perinatal es la formación específica.

Para los profesionales, conocer y comprender la experiencia de pérdida de las familias, incluye el manejo de la información necesaria para proporcionar una atención adecuada y compasiva; implica así mismo la presencia emocional y el apoyo necesario en las decisiones que los padres tengan que tomar y muy importante, respetar el tiempo de despedida, así como disponer de un lugar adecuado para ello.

María tenía enquistada la culpa por la pérdida de su hijo, la misma que se manifestó en la experiencia de vida anterior por la pérdida de su hermano, esa emoción que de forma inconsciente ha ido reviviendo una y otra vez, ha ido cogiendo sitio en su cuerpo físico manifestando distintas dolencias.

Cuando los niveles de ansiedad y estrés superan un determinado umbral o perduran durante demasiado tiempo sin posibilidad de gestionarlos de forma sana y eficaz, pueden llegar a provocar estos "dolores psicosomáticos" o estrés con somatización.

Testimonio de la Consultante

Hace treinta y cinco años que nació mi primer hijo, y hasta ahora no habíamos hecho un acto de reconocimiento como se merecía.

Entonces, si pasaba algo así, lo mejor era olvidarlo pronto, "estas cosas pasan por algo", "eres muy joven y tendrás más", "lo importante es que tú estás bien", como si algo de eso fuera importante en ese momento.

La sensación de culpa, esa tristeza tan profunda y el vacío hacen que desde entonces no haya pasado ni un solo día en que no lo haya echado de menos.

Cuando tuve a mi hijo se lo llevaron en seguida, me lo enseñaron un momento, no pude tocarlo, ni besarlo. Cuando quise verlo de nuevo me dijeron que ya no era posible, que era mejor así.

Después me subieron y me llevaron a la habitación, allí escuchaba a los niños recién nacidos llorando, se escuchaban a los familiares reír en las horas de visita, algunos llegaban con ramos de flores y globos. Todo esto me hacía sentir aún peor, para los demás era una fiesta, yo estaba de duelo.

A mi hijo le pusimos Ángel, no está reconocido legalmente, pero es tan real como mis otros dos hijos y lo quiero incluso más.

Después de la consulta reuní a mi familia y les conté mi experiencia; decidimos hacer algo para hacerle llegar nuestro cariño.

Fue algo muy emocionante y tanto a mi marido como a mí nos ayudó a soltar ese peso que llevábamos desde hacía mucho tiempo. Llevábamos muchos años reprimiendo ese dolor, hablar del niño era incómodo para algunas personas de la familia, así que aprendimos a llevarlo en silencio.

Si conocéis a alguien que pase por esta experiencia, sabed que necesitan mucha comprensión y empatía, estos niños son reales, y están vivos en el corazón de sus padres y hermanos.

Sólo tengo agradecimiento por cómo trascurrió la terapia, en todo momento me sentí acompañada y todo salió de forma natural. Sigo sintiendo su falta, pero ahora ya sin esos sentimientos tan dolorosos, aceptándolo como quería mi hijo.

Contacto

Consuelo Rodríguez Pérez
Teléfono:+34 699 316 159
consuelorpsicologos@gmail.com
Instagram: @consuelo_rodriguez_psicologa

Yo fui mi tío José

Por María de Jesús (Mary Chuy) Hernández Ruiz

Sobre la Autora

Mary Chuy nació en Autlán de Navarro, Jalisco, México en 1965. Se licenció en Psicología en la Universidad de Guadalajara, Generación 2005 - 2009, cursó Maestría en Psicología Transpersonal en la Universidad Antropológica de Guadalajara; y actualmente ejerce su profesión en el ámbito privado, desde la Psicoterapia Transpersonal y principalmente la Terapia Regresiva. Trabajó por algunos años en el Instituto Jalisciense de Salud Mental, y a la par tomó cursos y diplomados en PNL, Terapia Corporal, Mindfulness, Reiki, entre otras formaciones, siguiendo su pasión por lo transpersonal y holístico.

En 2020, tras renunciar al trabajo institucional, y encontrándose en consulta haciendo regresión a la niñez a un paciente, éste se fue a una vida pasada, en forma sorprendentemente vívida e impactante. El LiC: Marcelo Hernán Beloqui, director y docente del Centro de Estudios e Investigación Puentes de Luz, en Argentina, aparece en su mundo profesional, formándola como Terapeuta de Vidas Pasadas, durante el año 2022. Posteriormente, en 2023 y 2024, ha tomado el I y II Curso Internacional de Entrenamiento Avanzado, que organiza el Centro Atma de Cártama (España), avalado por la Asociación Española de Terapia Regresiva (AETR), la Asociación Chilena de Terapeutas en Vidas Pasadas (ACHTEVIP) y la Asociación Argentina de Terapia de Vidas Pasadas (AATVP). También durante 2023 y 2024, tomó Seminarios Intensivos en técnicas de terapia regresiva con los maestros Hans TenDam, Heike Bettendorf, Martin Roesch y Nacho Romón. Es miembro activo de AETR Y AATVP. Coautora del Libro Terapia Regresiva y Espacio Entre Vidas (Experiencias de Dieciséis Terapeutas). Actualmente ha realizado alrededor de 1.500 regresiones.

Sobre la Consultante

Janaab, mujer de 45 años, viene a consulta por primera vez en diciembre de 2020. Refiere ser soltera, Ingeniera y Maestra en Sistemas, y tener su propio negocio. Señala que desde hace mucho tiempo se ha preguntado sobre el sentido de la vida, ya que no encuentra placer o felicidad en casi ninguna actividad que realiza. Y que a pesar de que en apariencia tiene todo para triunfar y estar bien, le cuesta confiar en ella misma, principalmente en su capacidad para dirigir su negocio. También le resulta muy difícil sentirse merecedora de las cosas buenas que le ofrece la vida en su momento.

Me comparte también que ha buscado respuestas a sus inquietudes y preguntas existenciales, no en la religión, ya que no profesa ninguna, pero si desde la espiritualidad y en la física cuántica. Señala que en su juventud temprana tuvo magníficos maestros que le enseñaron sobre el manejo y dominio de la energía y fenómenos energéticos, así como la forma de hacer sanación. Sin embargo, empezó a llenarse de dudas y se alejó de todo ello, cerrando esa etapa de su vida. Ahora, más de dos décadas después, ha vuelto a preguntarse sobre el sentido de la vida y el vivir aquí en la tierra, y aunque su escepticismo a veces se impone, ha emprendido nuevamente esta búsqueda como parte de un nuevo proyecto de vida. Desde esa fecha y hasta el momento actual, hemos llevado a cabo varias sesiones donde ha encontrado respuesta a cada una de sus inquietudes. En esta ocasión quiere realizar un viaje a la etapa de vida intrauterina, por lo que iniciamos como siempre, con una breve inducción, toda vez que la consultante entra de manera casi directa al Estado Expandido de la Conciencia. Realiza el trabajo deseado de gestación y nacimiento, iniciando con la experiencia de muerte en su vida inmediata anterior.

Transcripción de la sesión

Jalisco, México, 28 de diciembre de 2024

Terapeuta (T): Bien, ahora vas a ir a momentos antes de entrar al vientre de tu madre. Me contarás que está pasando. 1, 2, 3...

Consultante (C): Siento... ansiedad.

T: ¿En qué parte de tu cuerpo estás sintiendo esa ansiedad?

C: En la garganta y en el pecho. Y siento tristeza.

T: Y, ¿qué es lo que ves?

C: Nada, está negro. Huele mucho a sangre. Y me imagino como ... una ambulancia.

T: Observa. ¿De dónde viene el olor a sangre?

C: Tengo una herida, aquí... en el costado izquierdo, como debajo de la axila.

T: ¿Es superficial o es profunda esa herida?

C: Es muy profunda.

T: ¿Tienes más heridas?

C: Es la única, pero también me duele todo mi cuerpo.

T: ¿Qué pasa en tu cuerpo?

C: Se siente como caliente, como si estoy golpeada. Y hay como una ambulancia ... yo voy adentro. Quiero llorar.

T: ¿Qué te ha ocurrido?

C: Se me viene a la mente como el nombre de mi tío. Como si soy mi tío José. (La consultante tuvo una experiencia previa donde ella misma era su tío José).

T: Observa tu cuerpo. ¿Cómo eres? ¿Cómo estás vestido?

C: Tengo un pantalón como color caqui, como cafecito. Lo veo todo desde aquí adentro ... Soy ese hombre herido.

T: ¿Sabes qué te ocurrió? Ve un poco hacia atrás.

C: Un accidente. Estaba trabajando.

T: ¿Dónde estabas trabajando?

C: Adentro... y se activó el equipo y no sé... como que me agarra, veo oscuro y como que me caigo en un... como algo oscuro, y veo como tubería grande. Yo estaba soldando metal. Veo como metal en movimiento, así (hace círculos con su mano), y me golpeó.

T: Sí. ¿Qué es lo que te golpea?

C: Lo que estaba soldando, y el metal está en movimiento. Y me duelen las espinillas, la tibia, y mi mano. Mi dedo chiquito de la mano izquierda. Y la panza.

T: ¿Qué provocó esa herida profunda en tu costado?

C: Cuando voy cayendo y me voy de lado, y el metal en movimiento como que me apachurra. También tengo una herida en mi cabeza, pero es leve, pues.

T: Continúa. ¿qué más sucede?

C: Siento miedo... lo siento en el pecho, en la garganta y en el estómago, en la boca del estómago. Siento tristeza. Ya no quiero recordar eso.

T: Date la oportunidad de sentir, y revivir esta experiencia, para que puedas terminar de una vez por todas con esas sensaciones y emociones ¿Qué ocurre después?

C: Estoy abajo, como tirado. Fue rápido ese movimiento, y caigo... y el metal... caigo a lo oscuro y ya no oigo casi nada. Todo se vuelve oscuro.

T: ¿Había alguien más, ahí contigo?

C: Sí. Mi hermano. En esta vida es mi papá. A él no le pasó nada. Y viene y agarra mi mano. Y grita pidiendo ayuda. Está muy asustado.

T: Continúa. ¿qué más sucede?

C: Pues no sé, como que me sacan de ahí. Oigo gritos, y yo pienso "ojalá que no me haya pasado nada grave" pero siento raro... y siento olor y sabor a sangre. Y siento como que me jalan del pie, de la pierna y tratan de sacarme... y ya me sacan, una persona o dos. Y ahí más abajo, hay otros recibiéndome... y veo luz, y veo una ambulancia... escucho el sonido de la ambulancia, veo gente abajo. Pero veo todo desde afuera, como... raro. Como si estuviera afuera de mi cuerpo.

T: ¿Qué más sucede? Continúa.

C: Después estoy dentro de la ambulancia... y huelo a sangre. Tengo mucha tristeza. Y me siento solo, y como que quiero abrazar a alguien.

T: ¿Alguien te acompaña en la ambulancia?

C: Sí. Me acompaña mi hermano, pero en esta vida, como dije, es mi papá.

T: ¿Qué es lo más traumático dentro de esta experiencia de vida?

C: El accidente. Y no poder confiar en nadie, porque me traicionaron. Ese hombre que activó el equipo es un hombre como con muchas canas, como gordo, chaparro o sabe cómo, raro, grasoso. Es un compañero de trabajo. Es envidioso y quería hacerme quedar mal. Tengo tristeza y miedo, mucho miedo...

T: Siente la tristeza, el miedo, siente la desconfianza porque te traicionan... eso es.

C: Después ya no siento nada. Pero yo no me quiero ir. ¡No es justo! Tenía planes. Tengo ganas de seguir.

T: Avanza ahora al momento de la muerte. ¿Cómo muere ese cuerpo?

C: Como que ya no me importa mucho... ahorita ya estoy sintiendo mucha paz (suspira, se relaja). Me llegó un olor como a tortillas, como cuando tortean (hacen tortillas). Como que me trae un recuerdo. Ya estoy muerto, pero se me salen las lágrimas, muy calientes, pero yo no quiero que se me salgan... es involuntario.

T: ¿Cuál es tu último pensamiento? ¿Por dónde sale tu alma?

C: Sale algo blanco de mi cuerpo, pero es raro, porque sale desde la parte baja del ombligo hasta la garganta. Mis piernas y mi cabeza se ven oscuras, como si mi energía no se quisiera desprender del todo. Como que mi cabeza quedó ahí con mi energía y mis piernas y mis pies, y nada más se ha desprendido una parte. Y es como que esa parte, en mi cabeza y piernas queda ensombrecida, oscura. Quiero reclamar mi energía. La de mi cabeza y mis piernas. No pienso nada, pero ahora me siento como más fuerte, más tranquilo... y como resignado.

T: Toma conciencia de que ese cuerpo ya murió... y que al morir ese cuerpo terminó esa experiencia... terminaron todas esas sensaciones y emociones. Ya nada de eso te pertenece. Ahora vas a recuperar tu energía vital, la que está ahí en la cabeza y piernas.

C: Alguien dice algo que me confunde... pero yo no quiero repetirlo... bueno, te diré lo que dice... escucho como "dame tu energía". Pero yo no quiero dársela... de cualquier manera, se la entregué. Veo como si le diera una esfera de luz, como si le diera mi cabeza, y como si se la puso él, es como si él la trajera puesta ahora... y yo, me sentí como decapitado.

No sé... ahorita que veo eso, lo de la cabeza y las piernas, me acordé, o sea, se me vino a la mente que... cuando murió ese tío, o sea yo, según me contó algún día mi papá de esta vida (ahí era mi hermano), que le dijo a su hermano José ya muerto. "Regálame tu inteligencia, y tus habilidades, que al cabo allá a dónde vas tú no la vas a ocupar..." y se la di.

T: Antes de ir a la Luz, procede a recuperar e integrar las fracciones de energía que se quedaron en ese cuerpo (de la cabeza, cadera y piernas). Le cuesta recuperar la energía de su cabeza, ya que tiene que pedírsela a su hermano de esa vida (su padre en la presente encarnación) y al recuperarla la coloca en su propia cabeza.

C: Me falta la energía de mis caderas y mis piernas. No sé a dónde se fue. No la veo.

T: Observa hacia dónde se fue, para que la recuperes e integres también.

C: Ya sé (sonríe). Como que la veo girando y girando y girando en la máquina. Y otra partecita se quedó con el hombre grasiento, como que lo quise patear cuando hizo eso de encender la máquina, y se quedó ahí con él. Me da miedo recogerla, porque la máquina sigue girando y no puedo agarrar mi energía. La quiero agarrar y veo como oscuro y como que se me escapa.

T: Para poder recuperar esa fracción de su energía, la de sus caderas y piernas, la consultante procede a llamarla y la convence para que regrese, luego procede a integrarla a su alma central. Enseguida recoge la fracción de energía que le arrebató el hombre que encendió la máquina y provocó su muerte.

Después de recuperar e integrar su energía, se realizan técnicas de reparación suaves en la herida de su costado y demás lesiones. Emite y pide perdón, y declara saldada toda deuda kármica con los implicados.

C: Estoy listo para ir a la Luz.

T: Se aleja de esa experiencia y va hacia la Luz. Dice que es un espacio con luz blanca, donde siente tranquilidad y paz.

Menciona que el aprendizaje de esa experiencia de vida es aprender a valorar su cuerpo, y a amar. Dice: Pero ahora ya me siento aquí en mi actual cuerpo.

Continuamos a partir de este momento con la experiencia del Espacio Entre Vidas, Gestación y Nacimiento de la consultante. Vas a ir ahora al Espacio Entre Vidas, justo antes de volver a encarnar, cuando estás elaborando tu proyecto de vida. Cuando cuente tres estarás ahí, y me dirás que ocurre. 1, 2, 3...

C: Mi nuevo proyecto de vida implica amar, perdonar, confiar. Ahora si veo todo muy blanco, muy, muy blanco.
T: ¿Alguien te está ayudando? ¿O tú sola elaboras tu proyecto?
C: Hay seres. No logro verlos, pero es como si fueran siluetas de luz, muy grandes. Y se camuflajean en la luz, en la misma luz. Son grandes, y luego se convierten en rueditas, esferas pues. Yo quiero saber mi misión de vida.
T: Pregúntales a esos seres sobre tu misión de vida.
C: Ayudar a otros. Hallar a los maestros, para que no se pierdan.
T: Te agrada esa misión.
C: No. No sé cómo hacerla.
T: Pregúntales también cómo puedes cumplir con tu misión.
C: Me dicen que el conocimiento está en mí. Que debo confiar, soltar el miedo de otra vida. Alguien me dice "tú tienes que ayudarme, tienes que bajar ahorita y me vas a guiar" Siento como que es mi sobrina, y la veo como una silueta bien grande, es una luz enorme. Como que ella es uno los grandes maestros que van a bajar a la tierra. Ella es quien me dice que tengo que bajar para ayudarla.

Mi mamá ya está abajo también. Es curiosa esta escena, te la voy a describir. Veo una luz y veo a mi mamá así, abriendo los brazos hacia el cielo, pero en forma así, como cónica. Como si fuera un canal de luz. Esa luz sale de ella y llega hasta acá, hasta donde estoy.

T: ¿Ves a mamá allá abajo?
C: Sí. Nos está esperando, y mi sobrina bien contenta, con su enorme luz... y veo a otra sobrinita más pequeña. Y veo a mis dos hermanos y mis tres hermanas. Una de ellas, está llorando. Como que dice no... yo no.
T: ¿No quiere bajar a la tierra?
C: Como que es más terrenal, y yo le estoy diciendo: "Sí. ¡Vamos! yo también te ayudaré para que no se te olvide. Mi sobrina, la de la luz enorme, sonríe, ya que ella, mi hermana, será su mamá aquí en la tierra. Y a uno de mis hermanos, el más pequeño, curiosamente lo veo como ... como si fuera un guerrero. Mi mamá es un conducto de luz, que llega hasta acá. Y veo a tu mamá (la consultante conoce a mi mamá). Son varias mamás que están ahí, y están listas para traer a grandes maestros espirituales a través de ellas. Están así, como conductos de luz, tienen sus brazos abiertos hacia el cielo, y su luz llega hasta acá arriba. Ahora me siento tranquila y confiada. Feliz de hacerlo.
T: Observa como bajas hacia el vientre de mamá. ¿Cómo lo haces?
C: Voy bajando por ese conducto de luz, puedo tomar la forma que yo quiera, pero prefiero ser como una esfera. El ducto es de mamá, es muy luminoso, blanco, blanco, muy blanco. Pero puede cambiar, de blanco puede pasar a dorado, verde. Pero en sí todo está muy blanco.
T: Bien, ahora vas a ir a ese momento justo cuando llegas al vientre de mamá. A la cuenta de tres estarás ahí, y me dirás que ocurre. 1, 2, 3...
C: Soy como una bola de luz blanca.
T: ¿Cómo entras al vientre de mamá?

C: Soy una bola de luz blanca. Siento que estoy adentro del vientre. Se ve oscuro, pero agradable, es calientito. Me gusta, y quiero mucho a mi mamá. Sólo veo a mi mamá.
T: Al llegar al vientre de mamá, ¿cómo es su estado de ánimo? ¿qué está sintiendo mamá?
C: Está tranquila. No sabe que he llegado... no sabe que estoy aquí.
T: Y papá, ¿puedes ver a papá?
C: A papá no lo veo.
T: ¿Cómo te sientes en el vientre de mamá?
C: Estaba oscuro y cuando llegué había... como bebés.
T: ¿Bebés? ¿cuántos bebés había en el vientre?
C: Había como tres.
T: ¿Qué hacían esos bebés ahí?
C: Estaban llorando.
T: Y esos bebés que lloraban, ¿dónde están ahora?
C: Yo los saqué. De hecho, ya no están.
T: Y cuando los sacaste, ¿hacia donde se fueron?
C: Por donde yo llegué, ellos no pueden subir. De donde yo vengo, allá no pueden ir ellos. Pero ya se fueron. Había una energía, una luz muy grande que me ayudó a llevárselos, y mi mamá también les ayudó a que se fueran.
T: ¿Qué más sucede?
C: Ya estoy sola, es grande el espacio. Yo soy una lucecita, muy pequeñita... estoy a gusto aquí. Estoy como en el agua. Se ve amarillito ... verde ... y como que estoy envuelta en una bolita azul, como una esfera azul. Está a mi alrededor y me envuelve toda, y me está protegiendo.
T: Cuando mamá y papá se enteran de que estás ahí, ¿qué dicen?
C: Mamá está contenta, pero preocupada. Papá dice que va a abortar de nuevo.
T: ¿Sabes por qué papá dice que va a abortar?
C: Creo que ya ha tenido abortos espontáneos anteriormente. Y veo a mi abuela paterna...

T: ¿Y qué hace tu abuela?

C: Como que es la que está diciendo eso: que lo va a abortar también... y se ve... así como al fondo... se ve una cocina, como si pudiera ver hacia la entrada... y ahí está mi mamá. Y se ve como si hubiera sombras negras. Y mi abuela le habla con coraje a mi mamá.

T: Avanza un poco, cuando ya tienes alrededor de tres meses ahí en el vientre. ¿Qué ocurre?

C: (Luego de una breve pausa). ¡Ay! me duele mucho. Me duele en mi costado izquierdo. Es punzante.

T: Observa que hay en tu costado izquierdo, ¿qué te está provocando ese dolor punzante?

C: ¡Ay! ... no lo sé. Me duele.

T: Pon atención. ¿Qué es lo que duele en tu costado izquierdo?

C: ¡Ay! ... ya sé... ya vi qué sucede. Estoy pegada a mi mamá. Aquí... como con el cordón... como que nos golpearon. Siento mucho dolor.

T: ¿Cómo es eso de estar pegada a mamá? ¿a qué cordón te refieres?

C: Con el cordón umbilical.

T: ¿Cómo eres en este momento? ¿Cómo es tu cuerpo?

C: Mi cuerpo es pequeño aún.

T: ¿Y que hay en tu costado izquierdo? Ahí donde duele.

C: Algo oscuro. Como una mancha oscura y duele... duele mucho.

T: ¿Qué es esa mancha? Observa tu costado con atención.

C: Como que nos pegaron... golpearon a mi mamá. Mi costilla... ¡Ay! me duele mucho.

T: Pon atención. Ese dolor que sientes, ¿es tuyo, o es de mamá?

C: Me duele la costilla... y mamá está llorando, porque la golpearon.

T: El dolor entonces, ¿es de mamá?

C: Sí. Golpearon a mamá... en el vientre. Ella trató de proteger su pancita, pero, aun así, me golpearon a mí también. Sentí el golpe también.

T: Y mamá, ¿qué está sintiendo?

C: Mucho dolor. En la cabeza, en la espalda, en el costado, en sus manos.

T: ¿Qué estás sintiendo tú?

C: Mucha tristeza... coraje, impotencia. Quiero llorar porque mamá está muy triste. Porque estoy aquí... sintiendo todo.

T: Observa ahora a tu alrededor, ¿cómo es ese lugar donde se encuentra mamá, y tú adentro de su vientre?

C: Veo una pared, como de adobe, tierra y veo como un patio.

T: ¿Quién está ahí con ella? ¿quién la golpea?

C: Mi papá.

T: ¿Qué dice papá cuando la golpea?

C: Está frustrado, gritando. Quiere salirse a tomar... y como que mamá no quiere... la quiere controlar, y la golpea.

T: ¿Qué está gritando tu papá?

C: La jala de las manos y le grita malas palabras... y empieza a golpearla. Yo quiero defenderla. Siento coraje, porque nos golpea a las dos.

T: Avanza un poco más, ¿qué sucede?

C: Como que me están agarrando mi pie.

T: ¿Quién te agarra tu pie?

C: No sé. Como que me quieren sacar. Me están jalando.

T: Pon atención. ¿Quién intenta sacarte?

C: Es algo oscuro, denso. Como que no quieren que yo nazca.

T: ¿Identificas quién es? ¿Quién te está jalando?

C: Como que son familiares... y otras mujeres que no reconozco.

T: ¿Y qué están haciendo para evitar que nazcas?

C: No sé que hacen, pero me jalan de mi pie.

T: ¿Qué haces tú?

C: Me pongo más fuerte. Y también mi mamá me está ayudando.

T: Eso es. ¿Qué más sucede?

C: La esfera azul que me protege está rota. Se rompió... se fracturó... esa energía, ese algo oscuro y denso la rompió, la fracturó. Y está algo oscuro... como que empiezo de vuelta a sentir que tengo cuerpo. Mi cuerpo ya está formado. Y empiezo a sentir lo que sentí en mi otro cuerpo... como la ansiedad... de vuelta la ansiedad. Y empiezo a olvidar para qué estoy aquí. Bueno, ahorita sé que estoy feliz por lo que reviví pues, lo que sé ahora. Pero en ese cuerpecito es como... de vuelta esa ansiedad. Sí. Empiezo a olvidar un poquito. Entonces es como que me ahogo y me duele la pancita.

T: Y, ¿qué más sientes?

C: Siento a mamá que me espera con ansias. Ella sabe que le haré compañía y la voy a proteger... ya quiere que nazca, para irse... irse de ahí de con la abuela.

T: Continua. ¿Qué más sucede?

C: Yo la verdad ya no quiero estar aquí adentro, porque me siento sola y está oscuro de nuevo. Todo estaba tan luminoso, tan lleno de luz blanca. Y yo estaba bien, envuelta en mi esferita azul. Todo se ha vuelto muy oscuro y denso. Siento... como miedo... siento como si me arrojaran algo ... como una espuma, o no se como explicarte. Me arrojan algo denso, oscuro. Y veo como muy hostil, pues, el camino. Pero yo no me quiero ir realmente, yo quiero ayudar a mi mamá. Pero todo esto se me fue olvidando... lo único que hago es estar ahí, manoteando y sobreviviendo. Pero cuando siento a mamá, y ella me pone las manos y me habla... me vuelve la tranquilidad y la luz. Es como si me encendiera una lámpara.

T: Ahora cuento a tres... y estarás en el momento en que empiezan las contracciones. ¿Cómo empieza tu nacimiento?

C: Tengo siete meses, pero ya estoy bien formada.

T: ¿Qué está sintiendo mamá?, ¿qué dice?

C: Siente dolor en el abdomen. Ahí abajo del ombligo, y en la espalda. Y está como asustada y ansiosa.

T: ¿Qué siente tu cuerpo cuando empiezan las contracciones?

C: Yo estoy bien. Sólo me duele un poco el vientre bajo. ¡Ya quiero salir! Ya quiero estar con mi mamá. Estoy contenta, ya la voy a ver.

T: ¿Hay algún momento en que sientes que no avanzas, o todo fluye?

C: Todo está bien para mí. Veo mi mano, bien chiquita y como con algo blanquecino. Ahora me veo como afuera. Como que salió primero mi cabeza, mi bracito... y estoy como con grasita, poquita... y un poco mojada, pues. Y huele como... rarito, así como... a sangre. Veo todo y me da miedo. Hay como una tirita azul. Y veo a una enfermera y un médico. Me van a bañar o algo así.

T: ¿Qué sientes cuando respiras por primera vez?

C: Como un triunfo. ¡lo logré! Pero a la vez tengo una sensación como de miedo. ¡Chin! ¿qué hice? Otra vez estoy aquí... pero yo ya quería salirme para que mi mamá me abrazara. Y mi mamá también estaba ilusionada con verme.

T: ¿Cómo es el primer contacto con mamá?

C: Como muy esperado. Y le quiero decir que yo ya la conozco. Y siento como que le digo, otra vez, otra vez, aquí estoy contigo. Y ella también lo sabe, yo la voy a proteger. Y me abraza, y siento su amor y ternura. Y mi abuela ... no la reconozco. Sí me cae bien, pero no quiero estar con ella. Y papá, no me gusta... porque nos golpeó y porque trae mucha oscuridad.

T: Disfruta ese abrazo de mamá. ¿Hay algo más que desees hacer o decir por esta vez?

C: Tengo una mancha de nacimiento. Es grande... está en mi costado izquierdo y comienza desde la dirección de mi ombligo y termina hasta aquí... en dirección del corazón. Sólo eso, y agradecerte por esta sesión. Me gustó.

Para concluir, se aplica el protocolo propio del trabajo de gestación y nacimiento: entre otros, el corte energético del cordón umbilical, la recepción de las energías femenina y masculina desde el corazón de mamá y de papá. Rescatar el propósito y sentido para la presente encarnación. Integración energética. Armonización.

Testimonio de la Consultante

La primera vez que llegué a consulta con Mary Chuy, lo hice porque buscaba ayuda para atenuar o resolver mis miedos, irracionales e inexplicables, que me acompañaba de forma permanente desde la universidad, incrementándose al inicio de mi vida laboral, y que, cuando tuve mi propio negocio, se volvieron incontrolables y paralizantes. Esos miedos inexplicables, aunados a mi mente racional, y mis dudas, también me alejaron de mi búsqueda espiritual. Tomé algunas sesiones, y aunque al inicio me costaba aceptar esas experiencias de vidas pasadas, el efecto del trabajo terapéutico logró que poco a poco se fuera calmando mi mente racional.

Y en cuanto a esta sesión de regresión al vientre materno puedo decir que me agradó descubrir mi propósito de vida actual. Sentir las sensaciones y emociones tan vívidas, tan intensas, cuando atravesé por la muerte en el cuerpo de mi tío José. Mirar a mi mamá esperándome acá en la tierra, y yo observándola desde arriba, y luego sentirme dentro de ella, sentir su amor, su ternura en el primer abrazo, fue muy agradable para mí. Y aunque parezca un tanto loco, el recuperar mi energía perdida o atrapada en el evento de muerte, me ayudó a disminuir el miedo, y a sentirme más confiada, y más libre.

Contacto

María de Jesús (Mary Chuy) Hernández Ruiz
Teléfono y WhatsApp: +52 33 1719 1968
marychuyhernandezruiz@gmail.co

Dependerá de Mí Buscar el Aire

Por María Rosa Martínez Fernández

Sobre la Autora

María Rosa nació en la primavera de 1979. Está comprometida con el bienestar integral y la elevación de consciencia del ser humano.

Es Terapeuta Regresiva, con una sólida formación en esta disciplina. A lo largo de su trayectoria ha adquirido amplios conocimientos y habilidades a través de su formación en tres reconocidas escuelas especializadas en esta materia: Centro ATMA, con el Psicólogo Carlos González Delgado; Escuela de la Licenciada Claudia de Vincenzi, realizando formación y postgrado y, Escuela Holística Integral la Visión del Chamán, que integra la practica chamánica y está dirigida por Marcela Alejandra Pazos.

Además, es Psicopedagoga, Licenciada en ADE, Canal de Luz y Coach Transpersonal.

Descubrió en la conexión con la supraconciencia y en el acompañamiento desde el alma, a través de la terapia regresiva, su gran vocación y pasión.

Es miembro activo de la Asociación Española de Terapia Regresiva (AETR), de la que fue su Vicepresidenta en una etapa anterior. Es coautora de los siguientes libros de AETR: "Terapia Regresiva y Almas Perdidas" (2023) y "Terapia Regresiva y Espacio Entre Vidas" (2025).

Su enfoque, basado en un amplio bagaje existencial y espiritual, busca acompañar al otro a transitar en sus sombras, ayudándole a elevarse y a que conecte con su esencia, con la verdad de su alma y el regalo que trae para aportar al mundo.

Sobre la Consultante

Laura, la consultante, es escritora, autora de "Soy la madre" (Qeja ediciones) y es una mujer hermosa, inteligente y generosa con un aura vibrante que irradia comprensión, conexión y amor incondicional.

Si hay una característica que la defina es resiliencia, a sus 34 años fue la única sobreviviente de un accidente de coche en el que murieron sus dos hijas (de 6 y 14 años) y su marido. A pesar de esta desgarradora experiencia, Laura, por amor a su hijo, que no viajó ese día, decidió honrar la vida y salir adelante, manifestando una valentía y fortaleza admirable.

Transcripción de la Sesión

Terapia Regresiva para sanar el alma y profundizar en el autoconocimiento. Sesión online, 20 de octubre de 2024.

La sesión se celebra, coincidiendo con la festividad del día de la madre en Argentina y con la premisa de seguir sanando y traer calor al alma.

Terapeuta (T): Fíjate, ¿dónde estás?

Consultante (C): Yo me creo sola, pero percibo que hay más compañía. Es como si estuviese en el cielo, flotando entre las estrellas en un cielo azul muy hermoso.

T: ¿Qué sensaciones tienes?

C: Un poquito de miedo.

T: ¿A qué se debe?

C: A los nervios, la ansiedad del viaje.

T: ¿Quién hay contigo?

C: Un guía, un maestro, como un padre celestial. Acaricia mi cabeza, como un papá cuando se despide.

T: Y, ¿qué te transmite?

C: Mucha paz, mucho amor.

T: Muy bien, sigue.

C: Es como si me enviara en una barca, se siente como una luz que atraviesa el cielo y llega al destino.

T: ¿Cuál es el propósito que traes para tu vida?

C: Cuidar a otros, proteger. Ay me viene la palabra mamá, mamá. ¡Guauuu! Se me pone toda la piel de gallina, ¡voy a ser mamá de Ángeles!, ¡es como si ya lo supiera! (Muy emocionada al descubrir que esta dura experiencia ya estaba, de alguna manera, planificada o pactada por su alma).

T: ¿Cómo es esto?

C: Ay, yo las voy a gestar, las voy a cuidar y ellas van a volver con este padre, con este maestro. Darlas a ellas es mi entrega, mi sacrifico para construir. Estas almas tienen trabajos importantes, ellas vuelven a su misión. Es ese ratito que tenían que conocer como es la vida, ellas se van y se van felices.

T: ¿Dónde se van?

C: Es como si hubiese otra parte en la vida, esto aquí es un espacio de entrenamiento y después nos vamos a ese lugar, es otro plano desde donde esas almas están cuidando de otros con una fuerza invisible. Son protectores, son superiores.

T: Y fíjate, ¿para qué te eligen a ti como mamá?

C: Porque podía, yo podía dejarlas ir y seguir. Somos muchas piececitas de muchos tiempos y espacios que estamos creando lo mismo.

T: ¿Qué pieza eres tú?, ¿cuál es tu misión mayor?

C: ¡Guau!, contarles a los que estamos en este plano que hay un plan más grande, que hay que conectar con el amor.

T: ¿Cómo lo vas a hacer?

C: Escuchando sus sombras y ofreciéndoles luz.

T: Muy bien. Ahora voy a contar hasta tres y vas a avanzar al momento de tu concepción. 1, 2, 3 ...

C: ¡Ahh! Voy muy rápido, como absorbida. Es veloz, potente pero concreto. Un pasaje de dejar el cielo y estar aquí.

T: Y en este momento de tu concepción, ¿cómo están tus padres?

C: Siento que se aman, son muy impulsivos, pasionales. ¡No, no, no! ¡Ufff! Sucede para que sea el medio para venir, ellos no van a prosperar.

T: ¿Has elegido voluntariamente a estos padres?

C: No, era el destino. Tenía que estar ahí.

T: Qué esperas aprender con ellos.

C: Tengo que cuidarlos.

T: ¿Para qué te va a servir, tener que cuidar a tus padres?

C: Fuerza, tener fuerza.

T: ¿Es la primera vez que te encuentras con estos padres?

C: No, ya los conocía.

T: ¿Sientes que tengas algo pendiente con tu mamá?

C: En otra vida la abandoné y ahora la tengo que cuidar.

T: ¿Tienes algo pendiente con tu papá?

C: Con papá no, es solo dejarlo ir.

T: ¿Qué esperan ellos aprender de la experiencia de tenerte como hija?

C: Ellos son el portal, pero no van a aprender de mí. Son el canal para que suceda, nada más.

T: Toma consciencia de todo esto y a la cuenta de tres vas a ir al momento en que entras en el vientre de tu mamá. 1, 2, 3...

C: Está todo oscuro y tibio. Se siente lindo, pero ella tiene miedo.

T: ¿A qué se debe que tenga miedo?

C: No lo sé, es como si estuviese aterrada. Está pasando un poco contra su voluntad, ella no está queriendo y está sucediendo. Él no quiere cuidarse, la está atropellando un poco...es como si la hubiesen violado.

T: ¿Cómo te afecta en tu vida actual todo esto?

C: La rechazo a ella y también es esta sensación de atropello, como que a veces algunos puedan arrebatar sin permiso.

T: Y, ¿qué te impide hacer?

C: Ser esa persona que tengo que ser. Es como una distracción, entonces no hago lo que hay que hacer ¡Claro, claro!

T: Y fíjate, esta sensación de atropello ¿en qué lugar de tu cuerpo la guardas?

C: ¡Ohh!, en la boca del estómago.

T: Muy bien, avanza un poquito más al primer mes de tu vida fetal.

C: ¡La vida es algo insegura! Es como si en algún momento escuchara que quieren deshacerse de mí.

T: ¿Cómo es esto?

C: Mi papá le ofrece interrumpir el embarazo, es una propuesta sutil. No es que quieren hacerlo, tienen miedo. Discuten, él le dice que, si esto va a ser así, no tengamos ese niño.

T: ¿Qué dice ella?

C: Está asustada, tiene una sensación de que tampoco lo tendría, pero lo enfrenta a él y dice que lo va a tener igual.

T: Y, en este momento, que tus padres dudan sobre tenerte o no tenerte y tienen miedo, ¿cómo te sientes tú?

C: ¡Esto va a ser muy difícil! Estoy asustada pero cada vez me agarro más fuerte.

T: Y, ¿qué te hace hacer todo esto?

C: ¡Ohh!, agarrarme fuerte de todo.

T: Y, ¿qué te impide hacer?

C: A veces me cuesta expresar lo que necesito, lo que siento. Claro, como si tuviese miedo que me quiten de ese lugar.

T: Muy bien, avanza un poquito más al segundo mes de tu gestación y comparte conmigo cómo te encuentras.

C: Estoy bien, un poquito más relajada. Aunque todavía ellos tienen un poco de miedo con la situación, pero están contentos de que esté ahí.

T: ¿Hay alguien de la familia que diga algo?

C: Mi abuela está enojada porque mi mamá está embarazada, pero un poco sabía que eso iba a pasar.

T: ¿Cómo es esto?

C: No le gusta mi papá, pero tiene más miedo de su hija que de él.

T: ¿A qué se debe?

C: La ve inmadura, que no va a saber encarar la familia. Tiene dudas y está enojada porque es su forma. Tiene miedo y le pide a papá que la cuide.

T: Eso es, avanza un poquito más al tercer mes de tu gestación.

C: Estoy bien, todo está bastante igual, ahora interviene mi abuela paterna. Está enojada porque mi papá ya está como si se le fuese la emoción, mi abuela lo reta y le dice que tiene que ocuparse de su esposa ahora.

T: ¿Qué sientes?

C: Que la abuela va a ser muy importante en mi vida. ¡Ella va a cuidar lo que mi papá no cuidó!

T: Sigue.

C: ¡Él ya se desentendió!, va a cumplir lo que le pidan, pero ya.

T: ¿Qué siente tu corazón en este momento?

C: Que, ¡yo voy a cuidar a mamá! ¡Me siento presionada!

T: ¿Cómo es esta presión para ti?

C: ¡No habrá tiempo para ser niña!

T: Fíjate, todo esto, ¿qué te hace hacer?

C: Ser muy controladora, muy exigente, sin pausa.

T: ¿Y qué te impide hacer?

C: Ir más relajada, distendida. Ir como más liviana.

T: Eso es, avanza hasta el cuarto mes de tu gestación, ¿qué está pasando?

C: Mamá y papá por momentos conectan, tengo la sensación de que podría funcionar. Hay un poquito de esperanza.

T: Avanza un poquito más hasta el quinto mes de tu gestación, ¿qué estás experimentando?

C: ¡Ay! Papá es un poco violento cuando se enoja. Mamá ya se dio cuenta que él es un poco agresivo. Le tiene miedo, pero lo enfrenta ¡Ay, estoy entre dos locos!

T: ¿Cómo te encuentras?

C: Asustada, pero empiezo a acostumbrarme.

T: ¿Qué haces para acostumbrarte?

C: Voy como naturalizando que es así.

T: ¿Cómo te afecta todo esto en tu vida adulta?...

C: A veces tengo violencia interior, no golpeo, no lastimo, soy bruta... ¡claro!, ¡ahh! desde ahí ¡uff!

T: Y, ¿qué te impide hacer todo esto?

C: Ir más suavecita y no naturalizar la violencia en otros.

T: Fíjate, ¿en qué parte de tu cuerpo guardas esta energía de violencia?

C: En los hombros.

T: Muy bien, a la cuenta de tres vas avanzar hasta el sexto mes de tu gestación. 1, 2, 3... ¿cómo te sientes?

C: Estoy creciendo fuerte, estoy sana, mamá está sana. Como si hubiese estado con malestar, pero ahora ya se siente bien.

T: ¿Cómo te encuentras tú?

C: Estoy bien, madurando, segura.

T: Avanza un poquito más hasta el séptimo mes de tu gestación y comparte conmigo qué estas experimentando.

C: Se siente lindo. Algunas cositas se han acomodado, ya viven juntos. Son inmaduros, pero están contentos. Me encariño, los quiero.

T: Eso es, avanza un poquito más.

C: ¡Ya quiero salir! Me siento grande.

T: ¿Cuántos meses de gestación tienes?

C: Nueve, están cumplidos.

T: Mamá, ¿cómo se siente?

C: Enorme, esta grande.

T: ¿Y papá?

C: Están felices.

T: ¿Cómo estás tú?

C: Yo también estoy contenta, nos vamos a encontrar.

T: Muy bien, hasta aquí, ¿cuál es el momento más difícil de tu vida fetal?

C: Entre el primer y segundo mes, cuando ellos tienen miedo y sienten que están equivocados de estar juntos y que esto no va a funcionar.

T: En este momento que ellos tienen miedo y dudan de si esto va a funcionar, ¿cuáles son tus reacciones físicas?

C: Frío, dolor.

T: ¿Cuáles son tus reacciones emocionales?

C: Tristeza y un poco de miedo.

T: Y, ¿qué alcanzas a pensar en este momento?

C: ¡Vivir va a costar!

T: Todo esto, ¿cómo afecta a tu vida actual como Laura?, ¿qué te hace hacer?

C: Solo darle valor a aquello que cuesta.

T: Y, ¿qué te impide hacer todo esto?

C: Disfrutar la abundancia que otro ofrece, salir de esa idea del sacrificio, saber disfrutar del ocio y el descanso.

T: ¿En qué parte de tu cuerpo guardas esa creencia de que vivir va a costar?

C: Entre el cuello, los hombros, la espalda, como un peso.
T: Lo estás haciendo muy bien. Ahora voy a contar a tres y vas a avanzar un poco más hasta el momento cuando comienza tu nacimiento. 1, 2, 3..., ¿qué estás experimentando?
C: Un poquito me falta el aire y estoy apurándome a salir.
T: Sí, sigue.
C: Es un momento un poco ansioso, algunas cosas le cuestan a mamá.
T: Sigue.
C: ¡Ahhh! ¡Logro salir, logro salir! ¡Ya respiro!
T: ¿Cómo está tu mamá?
C: Está cansada, pero contenta.
T: ¿Y tu papá?
C: Mi papá está raro. Está contento, pero sé que se va a ir. (Es asombroso la claridad y percepción innata que un bebe puede tener).
T: ¿Cómo te afecta saber que tu papá se va a ir?
C: Voy a tener que cuidar mucho a mamá.
T: En este momento que eres consciente de todo esto, ¿cómo te sientes?
C: Un poquito defraudada.
T: ¿Qué dicen los médicos?
C: Está todo bien, están celebrando.
T: ¿Cuál es tu primera impresión al salir del vientre de tu mamá?
C: Es lindo respirar.
T: ¿Cómo naces?, ¿qué parte de tu cuerpo sale primero?
C: Sale la cabeza y enseguida el resto del cuerpo.
T: ¿Cuál es tu primer pensamiento nada más nacer?
C: ¡Qué alivio!
T: Y tu mamá, ¿qué piensa?
C: ¡Qué dolor!
T: ¿Y tu papá?
C: ¡Qué lio!

T: Cuando se dan cuenta de que eres una chica, ¿están contentos?

C: Sí.

T: Muy bien, ¿cuál fue el momento más difícil de tu nacimiento?

C: Los últimos instantes que sentía como un poquito más de ahogo.

T: En este momento ..., ¿cuáles son tus reacciones físicas?

C: Patalear, apurarme, defenderme para salir.

T: ¿Cuáles son tus reacciones emocionales?

C: Mucha adrenalina con un poquito de angustia y desesperación.

T: ¿Qué alcanzas a pensar en este momento?

C: ¡Yo voy a poder, yo voy a poder!

T: Fíjate, todo esto, ¿qué te hace hacer?

C: Tengo que hacerme responsable de muchas cosas, estar todo el tiempo cargándome de cosas.

T: Y, ¿qué te impide hacer?

C: Estar más liviana, más tranquila y conectada.

T: ¿Cuál es la lección de vida que estás tratando de aprender en este momento de tu nacimiento?

C: Ir por lo que deseo o necesito, va a depender de mí el lugar en el que quiera estar. A veces hay circunstancias que no nos dejan respirar, dependerá de mí buscar el aire.

T: Toma consciencia de esta reflexión y ahora vas a ir al momento de tu nacimiento, al momento en que comienzan las contracciones uterinas y sintiéndote bien presente en tu cuerpo vas a permitir experimentar tu nacimiento de forma profunda. 1, 2, 3..., siente las contracciones, ¿cómo las percibes?

C: Me aprieta.

T: Sigue..., siente cómo te vas encajando en el canal vaginal.

C: Hay una luz.

T: ¿Cómo es esta luz?

C: Hermosa, es chiquita y empieza a hacerse cada vez más grande. Blanca, llena de brillo.

T: ¿Es una luz que percibes o es tu propia luz?

C: Ah, hay una luz afuera y yo traigo mi propia luz.
T: ¿Qué te transmite esta luz?
C: Es una bienvenida, estas luces se conectan. (Sonriendo con mucha paz y dibujando con sus dedos un infinito).
T: Sigue, muéstrame cómo te acomodas para nacer.
C: Hay que hacerse un poquitito chiquito para después hacerse grande de nuevo. (Gesticulando).
T: Eso es, sigue.
C: Hay incomodidad, pero ya sabes que viene el alivio.
T: ¿Tienes ganas de nacer?
C: Sí.
T: Sigue, muéstrame como sales.
C: Ya siento que mi cabeza salió. (Moviéndose y gesticulando). ¡Ya está, salí, llegué!
T: ¿Qué dicen o hacen los médicos?
C: Que está todo bien. Me limpian, me abrigan.
T: ¿Cómo te sientes cuando los médicos te están limpiando?
C: Bien, bien.
T: Sigue.
C: Mi mamá está contenta, un poco asustada, un poco angustiada, está cansada.
T: Y tú, ¿cómo estás?
C: Yo estoy perfecta, estoy sana.
T: ¿Te llevaron ya con mamá?
C: Sí.
T: En el momento que te ponen con mamá, ¿cómo te sientes?
C: Se siente lindo, pero... ¡buah!, ¡ay, ella no va a poder!, ¡ufff, ella es una niña!
T: ¿Qué es lo que no va a poder?
C: No va a cuidarnos, tengo que cuidarla yo. (Tremendo condicionamiento nada más nacer).
T: Y papá, ¿está ahí?
C: Sí. Está contento, pero él no quiere estar ahí.

T: ¿A qué se debe que él no quiera estar ahí?
C: No quiere o no puede. Sé que se va a ir.
T: Y tú, ¿cómo te sientes con todo esto?
C: Voy a tratar de que estén juntos.
T: ¿Cómo lo vas a hacer?
C: Los voy a cuidar, no voy a traer problemas. Seré buena, educada...
T: Fíjate, esto cómo condiciona tu vida adulta, ¿qué te hace hacer?
C: Mucha responsabilidad, mucha exigencia, mucha entrega.
T: Y, ¿qué te impide hacer o sentir?
C: Estar conectada conmigo porque siempre estoy para los demás. Lo que tiene que ver conmigo lo postergo, lo cancelo, siempre me pospongo, me relego.
T: Muy bien, lo estás haciendo muy bien, ahora te voy a pedir que te dirijas a tu papá y aproveches ahora para decirle lo que necesites decirle.
C: ¡Me lastimaste mucho!, yo te di todo mi amor e igual te fuiste.
T: Ahora dile a tu mamá todo lo que necesites decirle.
C: Yo te cuido, pero..., ¡no te pases tanto!, ¡respétame!

[...]

Tras completar su nacimiento y realizar el equilibrado energético con sus padres, Laura continuó la sesión liberándose de sensaciones, energías y cargas que no le pertenecían y, al hacerlo, se dio permiso para cuidar de ella en primera instancia, abriéndose a disfrutar de su caminar en esta tierra desde la dicha y la alegría.

Testimonio de Laura

Al poco tiempo, Laura me trasladó que había vuelto a nacer, literal y metafóricamente y, a modo de testimonio, plasmó en estas hermosas palabras su experiencia con la regresión realizada:

"Mi nombre es María Laura Saiz, el domingo 20 de octubre de 2024, realicé de la mano de María Rosa, una regresión a vidas pasadas para sanar nacimiento y propósito de vida, la verdad que fue una experiencia maravillosa, superó ampliamente mis expectativas. María Rosa es un alma bendecida, sabia y noble. Su voz es encantadora para seguir y realizar ese viaje. Durante la experiencia me llegó información absolutamente innovadora para mí y ha sido un regalo, ha sido un maravilloso regalo poder hacerlo. Encontrar esa historia, sanar el hoy.

Al día siguiente, sentí esa hambre de propósito, esa sed de vivir. Claridad, una suerte de esperanza. Realmente les aconsejo que, en la medida que sus almas sientan el llamado, se permitan vivir una experiencia tan mágica como esta. Gracias, *gracias infinitas"*

Contacto
María Rosa Martínez
luzdelaesencia@gmail.com
www.luzdelaesencia.com
Instagram: @luzdelaesencia

El Señor Eterno

Por Marion Boon

Sobre la Autora

Marion, de nacionalidad holandesa, es terapeuta de regresión y reencarnación desde el año 2000. Es profesora de TASSO Internacional y docente activa e innovadora en la materia. Sus lecciones son inspiradoras y, además del conocimiento, ofrece una experiencia de muchos años y miles de sesiones profundas, en varios países, idiomas y culturas. Desarrolla nuevas técnicas e imparte clases avanzadas. Miembro profesional de AETR (España) y cofundadora de EARTh-Association y WCRT World Congresses desde 2003, fundadora de IPARRT, Centro de Aplicaciones Prácticas de la Terapia de Regresión (ART) y Profesora del I y II Curso Internacional de Entrenamiento Avanzado que organizó el Centro Atma de Cártama (Málaga, España) durante los años 2023 y 2024, con el aval de las asociaciones AETR (España), ACHTEVIP (Chile) y AATVP (Argentina).

Para Marion, la terapia regresiva significa el abordaje total del espectro, del desarollo personal, trabajo energético, liberación de espíritus, trabajando el niño interior, hasta resolviendo enredos kármicos (espirituales, psicológicos y físicos) que nos afectan en el presente. Entre sus especialidades se destacan las siguientes: DTM - Liberación de memorias del tejido profundo, regeneración de órganos, genoma familiar, trabajo con influencias obsesivas, post-combate intensivo para veteranos. En la década de 1990, Marion estudió filosofía en la Universidad Erasmus de Rótterdam. Escribió artículos en revistas en Holanda e India, IJRT y Tassomail y contribuyó a libros de colegas. Es coautora de los libros de la AETR "Terapia Regresiva y Almas Perdidas", "Terapia Regresiva y Consciencia no Humanas" y "Terapia Regresiva, Gestación y Parto", y del libro de IBRT-USA "What's a past life got to do with it? "Marion participa en el documental ¿Por qué la terapia de regresión? (Why Regression Therapy?) de EARTh-Association.

Sobre el Consutante:

El consultante es un hombre de casi 50 años. Le llamaré Fred. Durante toda su vida sufrió una especie de "tormento eterno" originado en experiencias prenatales, que a su vez estaban relacionadas y eran consecuencias desencadenadas posteriores de experiencias de vidas pasadas.

Me cuenta que estuvo haciendo terapia durante muchos años, pero se lamente de que no han funcionado y que solo le ha costado el dinero. El siente que su apellido familiar "Eterno" es indicativo de su destino. Siente ira y una gran impotencia. Manifiesta haber realizado en torno a 60 regresiones, demasiadas a mi parecer. La Terapia Regresiva ofrece resultados en muy pocas sesiones, así que algo no cuadra en todo esto.

Introducción

Un bebe es un pequeño ser inteligente en desarrollo y depende casi totalmente de su madre y de la nutrición que de ella reciba. Sus experiencias, emociones, pensamientos y constitución interior tienen un efecto inmediato en el niño y en su proceso de crecimiento hacia una personalidad física y mentalmente sana. El alma del bebé puede sufrir una fragmentación energética traumática debido a la inseguridad que su madre siente durante la gestación. Fácil y rápidamente, el bebé, debido al impacto sufrido, puede concluir y tomar decisiones que le afecten durante el resto de su vida.

Transcripción de la Sesión

Terapeuta (T): Me dices que tomaste 60 sesiones de terapia, Fred, ¿de verdad?, ¿qué clases de sesiones fueron?

Consultante (C): Bueno, sí (dudando), eran sesiones de terapia y masaje y otras de terapia craneosacral, en las que cada vez se fusionaban más trozos del pasado. Porque ya sabes, las interminables charlas sobre psicoanálisis sólo me devuelven más a la impotencia y la desesperanza. Finalmente encontré un terapeuta de regresión que me aportó más claridad, poniendo orden en muchas de esos trozos. Estaba "fragmentado", por así decirlo, por las torturas de vidas pasadas. De hecho, en realidad sólo he hecho tres regresiones.

Para mí está claro que puedo ayudarle a través de un profundo diálogo terapéutico, y logica correcta, así que decido trabajar con él. Todas las experiencias de esta sesión datan de su época prenatal, que padece durante toda su vida.

"Entras en la vida tal como la dejaste". – cita de Morris Netherton.

C: Este ruido eterno me impide dormir y me vuelve loco. He probado de todo y no puedo mantenerlo fuera de mí.

T: Dime, ¿qué tipo de ruido es?

C: Viene a través de la pared. Mi apartamento es demasiado ruidoso.

El cliente tiene un vecino que produce ruidos molestos a altas horas de la noche y en plena noche. El ruido varía desde música demasiado alta y mala hasta los sonidos penetrantes de películas porno.

C: Es terrible. El jadeo y los gemidos. Es horrible. Hemos llamado muchas veces a la policía y él lo sabe, así que se queda pendiente y observando y cada vez que llega a nuestra calle el coche de policía, él deja de hacer ruido. Ese hombre está perturbando el descanso nocturno de todos, pero especialmente el mío. Vivo debajo de su piso. Sube el volumen deliberadamente, me está intimidando.

C: Ya lo he dicho en psicoanálisis, pero lo siguen preguntando todo el tiempo.

T: ¿Qué te hace exactamente?

C: ¡Quiero salir! ¡Quiero deshacerme de esto! Estoy tan enojado. De hecho, no tengo esperanzas. Es pura impotencia.

T: ¿En qué parte de tu cuerpo sientes esa impotencia con más fuerza?

C: Aquí en mi estómago y en mis oídos. Incluso en mis piernas. ¡En mi cabeza! No puedo soportarlo más. No duermo desde hace mucho tiempo. Tengo que dejar ese lugar. Quiero mudarme de casa.

T: Entonces, ¿puedes mudarte? ¿Qué te detiene?

El cliente me dice que no tiene dinero. Está en una situación difícil y no tiene los medios necesarios para mudarse de casa. Está usando las mismas palabras que cuando describe que su joven madre no tenía los medios necesarios para cambiar su vida.

T: Mantén ese sentimiento por un momento, cuando no puedes mantener el ruido fuera de ti y quieres alejarte de esto.

C: El ruido atraviesa la pared y el techo. No puedo detenerlo. Estoy acostado en la cama con el oído en la dirección de ese sonido. Incluso cuando giro o cambio de posición de izquierda a derecha, no ayuda. No puedo evitar que ese sonido me alcance.

T: Siéntelo (dándole la instrucción de ir a 'la primera vez' cuando tuvo este mismo sentimiento y los mismos pensamientos).

C: Soy... pequeña. Todavía estoy en el vientre. Estoy en su vientre (su irritación es tangible).

T: ¿Cuánto tiempo llevas ahí? ¿Cuántos meses tienes?

C: Tres meses, pero eso no cambia nada. Ella siempre está haciendo esto.

T: ¿Qué está haciendo ella?, ¿qué está pasando?

C: ¡El ruido! Los temblores y los sobresaltos. ¡Es insoportable!

T: ¿Qué está pasando?

C: Es... bueno, mi madre es cantante. Ella canta en una banda de rock. Ella continúa actuando en el escenario, hasta que ya no puede hacerlo más.

T: ¿Mientras está embarazada?

C: ¡Sí! Ella se gana la vida con ello. Pero esa banda, ese ruido me atraviesa totalmente. ¡Es imparable!

C: (Desesperado). Una voz suena realmente fuerte cuando estás en el vientre. En el cuerpo pasa por todas partes. Todo tiembla. No puedo evitar que el ruido me alcance. Soy un bebé más grande y no puedo girarme en absoluto porque no hay espacio para darme la vuelta. Mi oreja está pegada al costado del útero y el ruido me llega directamente. Su barriga está al mismo nivel que las cajas de música. Es terrible. Me penetra totalmente. ¡No sé qué hacer! (Mientras habla, el Consultante adopta la postura que el feto tenía en aquel momento).

C: No puedo mantener el ruido alejado de mí. ¡Ese ruido! (Está desesperado y sufre y llora)

T: Entonces los sonidos te atraviesan. Observa lo que esto está haciendo contigo, cuando eres un bebé.

C: Me siento incapaz de sentirme a mí mismo. Necesito descansar y tranquilidad, pero no me lo dan. Es todas las noches y sigue y sigue... eternamente.

T: ¿Cómo se siente tu madre en ese momento?

C: ¡¿Éhh?! ¡Se trata de mí! Soy yo el que siente todo esto. Ella no es consciente, no piensa en esto, solo piensa en sí misma. Quiere cantar y patea y salta. Ella no piensa en mí.

T: Ahora ve a un momento en el que la música termina, cuando la actuación ha terminado. En cierto momento tu madre se acostará... ¿Qué pasa entonces? ¿Qué está pensando? ... ¿cómo se siente ella?

C: Mi madre tampoco sabe qué hacer. Se siente sola y agotada. Está acostada en su cama y quiere ducharse. Tiene la mano en el vientre.

T: ¿Puedes sentir su mano?

C: No, mmm. Sí. Estoy extremadamente cansado. Ahora sólo puedo descansar. Siempre es de noche. Estoy muerto de cansancio y mi madre también. Tiene dolor en las piernas (el Consultante se queja también de dolor en las piernas, como más tarde confirmó).

T: Entonces tu madre está muerta de cansancio, pero sigue cantando durante su embarazo.

C: Sí, durante todo el embarazo (parece más tranquilo ahora y menos acusador). También escucho ruidos que no quiero escuchar en absoluto. Escucho los sonidos del sexo. No quiero oírlo. Es el jadeo de un hombre. Bhh, yak, es terrible. Mi madre estaba sola y a veces iba con alguno de los integrantes de la banda, era su novio. ¡Pero escucho a ese tipo y no quiero escucharlo!

Esto puede desencadenarse cuando escucha los sonidos molestos de las películas porno de su vecino con todos los sonidos de jadeo.

T: No quieres escucharlo, pero lo escuchas de todos modos. ¿Es esto sexo voluntario o es algo más?

C: Sí, ahora me lo pregunto. Este no es su novio. No sé. A ella no le gusta. No quiero sentir esto. No puedo mantenerlo alejado de mí.

T: Que te quede claro. No quieres oírlo, pero lo oyes y no puedes mantenerlo alejado de ti. ¿Cómo te está afectando esto? ... (dejo un espacio de tiempo). ¿Qué opinas? ... ¿Qué piensa tu madre?

C: Es un dolor continuo que está siempre presente. No tengo nada que decir al respecto. Está incluso en mi nombre; tiendo a presentarme como "Señor Eterno". Ese sexo, creo que lo hace aquí por dinero. Está desesperada y ese no es su novio, pero lo peor es el ruido fuerte de la banda. También su voz cuando la escuchas desde dentro. De bebé tiemblas totalmente con esas vibraciones. Es horrible.

T: ¿Esto ocurre durante todo el embarazo?

C: Sí. Ella no tiene los medios económicos para cambiarlo, no puede detenerse y salir de esta situación (el Consultante tiene las mismas cargas que su madre).

T: Continua hasta el final del embarazo y ve al momento en el que estás naciendo.

C: Sí. Está en el hospital y de nuevo hay ruidos fuertes que no quiero oír.

T: ¿Qué es lo que no quieres oír?

C: El médico es estricto y mi madre no se siente bien y está llorando.

T: ¿Por qué?

C: Están presionando sobre ella y yo me siento enojado y tengo miedo.

T: ¿Y tu madre? ¿Cómo se siente ella?

C: Yo diría que igual, está muy asustada, enojada y confundida... pero también...

T: ¿También qué?

C: No lo sé.

T: ¿Cómo reacciona tu madre cuando te ve por primera vez?

C: Normal.... ella llora.

T: Mírala y vete al momento en que ella te mira por primera vez (el Consultante guarda silencio).

T: ¿Cómo te sientes?

C: Ella me ha irritado mucho. No quiero mirar.

T: Respeta lo que has vivido allí. No juzgamos, solo observamos los hechos, ¿qué está sucediendo? (Al hacerle esta pregunta, el Consultante se emociona claramente).

C: Ella llora y ríe a la vez y parece feliz. Creo que está feliz con su bebé, conmigo y se siente muy orgullosa, sí... está muy orgullosa (el Consultante parece muy sorprendido).

T: ¿Tu padre también está ahí? ¿Tienes padre?

C: No. Nunca ha habido un padre. Pero realmente, nunca lo había sentido así. Ella está feliz conmigo y se siente orgullosa. Ella me mantuvo, ella... decidió tenerme y cuidarme. (El Consultante está muy conmovido, permanece en silencio y su cuerpo atraviesa emociones).

T: ¿Qué está pasando?

C: Estoy digiriendo esto. Es algo así como... nuevo.

T: Ella estaba sola... ¿su novio de la banda de rock es tu padre?

C: No. Creo que he tenido muchas reticencias ante todo esto. Me he alejado mucho de esto y, en la medida de mis posibilidades, no he querido saber nada del asunto.

T: Podemos investigar esto en detalle más adelante. Por ahora, mírate a ti mismo como un bebé recién nacido.

A partir de aquí continuamos trabajando con el niño interior. El cliente adulto de hoy imagina tomar en sus brazos a su bebé-niño interior recién nacido. Sostenerlo. De esta manera, el bebé escindido y solo, puede comenzar a integrarse lentamente.

T: La música ya finalizó y ese ruido fuerte se acabó. Ahora estás fuera del útero, naces y puedes moverte. Como adulto que eres, dile a tu bebé "se acabó".

C: La verdad es que no ha terminado.

T: Sostén a tu bebé en tus brazos de adulto, los tiempos han cambiado. Una parte de ti todavía estaba atrapada en esa experiencia pasada, y eso se acabó (el Consultante llora suavemente). Este bebé sólo puede relajarse ahora. Sólo ahora.

T: Tómate tu tiempo. (El cliente ahora está estirando su cuerpo y sale de la postura del feto)

C: Fue una época muy difícil para mi madre. Ella era muy joven y su familia nunca la apoyó. Pero veo que han venido a verme; finalmente, lo hicieron y ella no lo esperaba.

T: ¿Cómo está tu bebé ahora?

C: Está tranquilo y se va a dormir. Es hermoso, ja, sí, lo es.

En estos momentos, le doy instrucciones para integrar la parte infantil en la adulta y le permito el tiempo suficiente para que esto se haga de un modo adecuado, integrador y sanador. No solo está comprendiendo realmente lo que le ocurrió de bebé, sino que también lo está sintiendo. Dos requisitos imprescindibles (comprender y sentir) para que se produzca una auténtica sanación en su Alma.

T: Ahora, por favor, repite esa intensa frase, tu pensamiento: ¡No puedo evitar que esto me alcance!

C: No puedo mantenerlo alejado de mí, no; pero ya no tengo que temblar por eso. No tengo que estar saltando con el ruido de esa música. Además, ya no tengo que escuchar sexo no deseado. Puedo mantener eso alejado de mí... puedo mantenerlo fuera de mí ahora. Ese vecino loco, es simplemente un hombre sucio. Creo que puedo alejarme de allí, incluso sin dinero...

T: Recuerda eso. Escríbelo en un minuto. Al parecer estás pensando en una solución, aunque pueda ser temporal.
C: Sí. Mira, cuando eras un bebé, no podías hacer nada; ¿cierto?
C: Sí, no podía hacer nada.
T: Pero, y ahora, cómo hombre adulto, ¿puedes?
C: ¡Sí!

Enredo kármico

T: Hablaste de sesiones anteriores sobre tus vidas pasadas, donde moriste "en el ruido imparable".
C: Sí, morí torturado. Me mató la Iglesia y había voces cantando de fondo. Sin descanso, seguían cantando mientras me torturaban. No podía mantener eso alejado de mí, me llegaba por todas las partes.
T: ¿Eras un hombre?
C: Sí, un joven. Recuerdo claramente esa sesión.
T: ¿Cuál fue la otra vida pasada que ya viviste en una sesión anterior?
C: Morí en una guerra. También era hombre. Fui atacado y asesinado en mitad de un fuerte ruido de guerra que, de manera inevitable, me alcanzaba y me rodeaba por todas partes. Incluso, después de la muerte, seguía escuchándolo. Literalmente, llegué a esta vida de la misma manera que había dejado la anterior. No tengo paz, ni descanso ni silencio, ¿crees que esto tiene algún propósito?
T: Bueno, el alma tiende a repetir experiencias parecidas o similares hasta que son digeridas, procesadas y transmutadas. Ahora has abordado lo que no podías abordar antes. Has sanado tu pasado. (En este momento, el Consultante se muestra realmente emocionado).
C: Esa es una realidad muy dura. Seguir repitiendo hasta que lo hayas abordado y solucionado.

T: Hoy encontraste el desencadenante de algunas experiencias traumáticas en tu vida actual: el bebé que no podía mantenerse alejado del ruido exterior. Todos las cargas de vidas pasadas vernían / vinieron de allí y eso fue demasiado para ti.

Vidas Pasadas pendientes de Integrar

Ahora comencemos el proceso de integración. Ofrezco al Consultante una serie de instrucciones para la "personificación" de los personajes vivos del pasado. El cliente ahora invitará a las vidas pasadas en las que ya trabajó a estar presentes en el lugar que ha elegido y en el que se siente cómodo y seguro.

C: Sí, el soldado está ahí.
T: Entonces, ¿él es un soldado?, ¿cómo está ahora y qué aspecto tiene?
C: Es muy joven. Tiene mejor aspecto ahora que cuando lo vi en esa sesión hace años.
T: ¿Sabe que está muerto? ¿Se da cuenta de que su vida como soldado ha terminado?
C: Él reacciona. Lo había olvidado. Creo que realmente no lo sabía.
T: Dijiste "soldado". Por favor, hazle ver que está libre y que puede quitarse el uniforme.
C: Se lo quita. ¡Ah! Creo que esto aún no estaba realmente acabado. Ahora sí está bien. Parece un joven medieval de 18 años de edad.
T: Ahora por favor invita a la otra vida pasada. El hombre que fue asesinado por la iglesia, bajo tortura.
C: Él está ahí, ¿sabes?, él es consciente de todo, pero todavía no puede dejarlo atrás.
T: ¿Por qué no? ¿Qué necesita?
C: Perdió algo... que dejó atrás y que necesita recuperar.

T: Pregúntale qué perdió... Dile que se acabó... Ahora indícale que mire una vez más hacia atrás, a esa vida y que recupere toda la energía que perdió... Observa y dime lo que pasa.

C: Es mucho a recuperar y la Luz lo ayuda. Toda la mazmorra está ahora iluminada y las almas están elevándose. Realmente, había mucha gente allí que todavía permanecía estancada y que ahora está siendo liberada.

T: ¿Es esto lo que quería hacer?

C: Sí, y ahora está saliendo de allí, cuando todavía era un hombre bueno, completo y fuerte, antes de que lo desarmaran.

T: Haz que recupere toda su fuerza vital. Pregúntale: ¿qué falta todavía?, ¿es esto lo que quería hacer?, ¿es esto lo que necesitaba que hicieras?

C: Mis oídos… mi audición. Escucho los cánticos. Había una especie de coro cantando y les encantaba escuchar mis llantos y chillidos. No podía mantener sus voces sádicas lejos de mí.

T: Dile que lo escuche una vez más, tú también puedes escucharlo ¿no?

C: ¡Sí!

T: Ahora, siente esos sonidos llegando a tus oídos. Recógelos dentro de tu cabeza. Recoge los sonidos, las voces, el dolor, el sadismo, todo lo que escuchaste, todos los sonidos, y ahora libérate de todo eso. Sácalo de tus oídos y suéltalo, déjalo ir. Todo esto acabó. Observa, ¿qué sale de tus oídos?

C: Oh Dios mío. Es negro, marrón y sucio. Es como barro y alquitrán. Es... qué alivio, todo está saliendo.

Después de esto, en calidad de Terapeuta, ofrezco al Consultante una serie de instrucciones para la integración de estas vidas pasadas. Todo esto se desencadenó en el útero, así que no es de extrañar que el bebé no pudiera soportarlo. Continuamos con el trabajo de integración todo el tiempo que el Consultante necesita hasta completarla.

C: Ya había trabajado en esto... pero ahora ya está completado y me siento mucho más liviano. Es un gran alivio.
T: Entonces, esta experiencia puede darse por concluida. Todo esto acabó.

Intercambio con la madre y recuperación de su verdadera energía

Esta sesión se desarrolló completamente en la experiencia prenatal. El bebé no podía evitar que el ruido le alcanzase y el adulto se sentía enloquecer por el ruido de su vecino. En varias ocasiones, la Terapeuta ofrece instrucciones para poder respetar lo que le pasó al bebé y así poder integrar el niño interior hasta comprobar que el adulto confirma finalmente que se siente completo y lleno de su propia energía. Se completa el trabajo energético soltando la ira, el miedo y la desesperanza que tenía incorporados de su madre y que, literalmente, había asumido como propia siendo bebé. En este proceso de intercambio energético, el alma del bebé suelta las energías que no le corresponden y recupera las que sí son suyas. Solo de esta forma, el trabajo energético está realmente concluido. Aspecto que confirma el propio Consultante, quien recupera su propio *derecho a existir y la confianza en sí mismo* que le permitirá *dar forma a su vida*. Reivindica su *independencia* y esa energía va directamente a sus piernas.

C: De pie sobre mis propias piernas siento un hormigueo en ellas. Es muy extraño.
T: Siéntelo, tómalo, es tuyo. Recuerda que tu madre también tenía dolores en las piernas.
C: Sí, es la misma energía, pero no era mía, y ahora sí es mía. La siento con más fuerza (finalmente, suspira).

T: Entonces ya puedes definirte tú mismo como un "Señor Final", puedes sentirte completo, ya no tienes que considerarte como "Señor Eterno", ese que tenía que arrastrar 'para siempre' esas energías que no eran suyas.

C: ¡Buena idea!

T: Ahora, por favor, sostén a tu bebé una vez más. Preséntate ante él. Dile que finalmente estás presente. Estás aquí como un adulto. El bebé puede estar a salvo ahora. Puedes actuar como un adulto ahora. (Ahora le doy el tiempo suficiente para que pueda ir asimilando esta nueva realidad). Toma consciencia si como adulto y con estas vidas pasadas sanadas y dime, ¿puedes ahora evitar que los sonidos te hagan daño?

C: Lo estoy diciendo (en silencio, sin palabras), pero todavía no puedo mudarme de mi piso. Quizás podría intercambiar apartamento con alguien... porque vivo en una zona muy bonita de la ciudad... quizás... mmm... Realmente me siento diferente ahora.

T: ¿Qué decidió el bebé antes del nacimiento? ¿Qué programa creó el pequeño niño, como mecanismo de supervivencia, cuando estaba en el vientre?

C: "El ruido nunca se detiene" y también la convicción es: "no puedo mantener el ruido alejado de mí" y "estoy en ese ruido". Eso le hace sentirse tan impotente.... pero en realidad, ahora me siento muy diferente.

El Consultante comparte la idea de que dependía de su madre y se enredaba con ella. Se acostumbró a depender de los cuidadores y constantemente les pedía atención. Pensó que no podía sostenerse sobre sus propias piernas. Está impresionado con todas las ideas que obtiene de esta sesión.

C: Nunca me había dado cuenta de esto. Una madre siempre está ahí para ti... mi madre no podía hacer eso. Pero yo no era un adulto. Yo era pequeño, fragmentado y necesitaba orientación. Por eso me volví tan exigente con mis cuidadores.

T: ¿Cómo sientes eso ahora?

C: Bueno, dame tiempo... recién veo esto ahora. De hecho, apenas ahora me estoy haciendo adulto. Hablo mucho, tiendo a racionalizar todo y nunca profundizo. Estoy tan acostumbrado a las charlas psicológicas... pero esto... es nuevo para mí. Esta profunda quietud. Esta profundidad es... ¡Oh!, dije "quietud", ¡realmente lo dije! Nunca antes había experimentado algo tan profundo como en esta sesión contigo.

T: Empezaste a construirte a ti mismo, en tu propia plenitud y realmente lo has hecho por ti mismo. Gracias por tu confianza en mí y en mi trabajo por haber permitido llegar a lo más profundo de tu Alma.

C: Si, es confianza, de verdad. En la psicoterapia siempre era hablar sin fin, hablar eternamente... Pero ahora, en este regresión, este vez algo ha pasado de verdad. T: Entonces, ya no te defines más como "El Señor Eterno"...

C: (Se ríe). Ahora he encontrado dónde empezó todo. Esas vidas pasadas, está bien, pero este bebé. ¡Oh mi pobre bebé!

T: ¿Cómo está ahora?

C: Él es bueno y está descansando. Está durmiendo. (ahora el Consultante se emociona de nuevo de forma evidente). Ha vuelto.

T: Se está recuperando contigo. Ahora puede crecer contigo. Felicidades.

C: ¡Muchas gracias!

Testimonio del Consultante

El cliente me informa que después de esta sesión finalmente pudo dormir mejor. Las semanas siguientes a esta sesión acudió a hacer terapia de integración. No se atrevía a dejar totalmente su hábito de las terapias, todavía no confiaba totalmente en sí mismo, pero en la conversación dice:

"Esas regresiones que haces, esto es realmente una pura confrontación. Es duro, pero es tan hermoso... me ayuda a sentirme adulto, a poder hacer algo por mí mismo. Es tan bueno que este trabajo se necesita desesperadamente.

Me recuerdo constantemente que ahora soy el "Sr. Finalmente Adulto". Estoy parado sobre mis propias piernas. Siempre he culpado a mi madre, pero eso ya se acabó. Puedo reconocer que estaba sola y muy joven, y una parte de mí quiere defenderla. Noto que puedo respirar. Estoy haciendo muchas menos terapias y por eso me sobra más dinero. No lo encuentro fácil, pero puedo hacerlo.

Todo es diferente. Ya no soy un niño. Ahora entiendo la vida mucho mejor. No estoy loco, estaba estancado en el pasado. Y mis dolores se acabaron. Este es un cambio notable en mi cuerpo físico. ¡Solo ahora aprendo a vivir mi vida como adulta, a mi edad!

Ahora puedo ver y sentir a mi madre y su historia de una manera diferente; de hecho, ella siempre me ha cuidado lo mejor que ha podido, incluso cuando su familia quería que me abandonara".

Después de casi 50 años, esta madre "por fin" recibe reconocimiento. Y mi cliente fue a la residencia de ancianos para decirle esto.

Contacto
Marion Boon
Teléfono y WhatsApp: + 31 181 322050
MarionBoon.HQ@protonmail.com
IPARRT - the Amazing ART

El Amor de Victoria: Honrando a su Madre, Abuela y Bisabuela

Por Matilde (Maithe) Pardo Vico

Sobre la Autora

Nacida en Granada hace 59 años. Ejerciendo profesionalmente como Psicóloga colegiada desde el año 2000 y colaboradora en Terapias Naturales desde el 2013. Actualmente vive en Víznar (Granada-España) donde ejerce su actividad profesional en ambos ámbitos.

Ella misma se define como "escuchadora" y esa inquietud que siente desde la infancia es lo que la ha llevado a orientar sus estudios con la finalidad de atender profesionalmente las necesidades sociales, facilitar la vida y sobre todo el sufrimiento de las personas en sus diferentes procesos y edades de la vida. Comenzó su carrera profesional como maestra de primaria, formándose a continuación en psicología forense y criminología. Ejerció durante más de 20 años en áreas de violencia, duelo, muerte y necesidades especiales de niños y ancianos divulgando en radio, prensa y televisión. Activista en colectivos sociales, Pertenece a la Comisión de Apoyo e Intervención en Crisis, Catástrofes y Emergencias de Psicología. Asume funciones de representación como Vicepresidenta del Consejo Municipal del Área Servicios Sociales y Mujer del Ayuntamiento de Granada, recibiendo el Premio Meridiana del Instituto Andaluz de la Mujer por dicha labor en este colectivo en el año 2000. Inicia un doctorado en Psicología de Género actualmente en proceso de finalización.

Aun con todos estos años de estudio y práctica sigue sintiendo que algo no está completado en su vida de "buscadora" y se orienta a profundizar no solo en las cuestiones externas y del comportamiento sino también en la búsqueda más profunda del interior y la espiritualidad. En una crisis laboral donde vive un proceso grave de salud a sus 22 años que marca un antes y un después en su vida, viaja a India. Allí comienza su propio autocuidado de salud y despertar espiritual, aprendiendo la "escucha del alma". Dando un giro a su vida, en su regreso a España, se centra en estudiar distintas técnicas naturales de sanación, unifica en la práctica todas las técnicas y estudios que conoce, y desde ahí continúa escuchando y aprendiendo a día de hoy atendiendo como terapeuta en consulta diaria procesos de salud física-emocional-mental y espiritual de personas que acuden a consulta de Terapia Ayurveda y Terapia Regresiva. Colaborando con otras asociaciones en Andalucía en charlas, conferencias y seminarios divulgando ambas terapias y colaborando con profesionales de la Salud Pública y Salud Mental.

Formada en Psicoterapia Regresiva en el Centro Atma de Cártama (Málaga, España) con Carlos González Delgado. Es miembro activo de la Asociación Española de Terapia Regresiva (AETR). Coordinó durante tres años el Grupo Internacional de Voluntariado y Ayuda Social, siendo actualmente su Vicepresidenta. Ha completado su formación asistiendo al I y al II Curso Internacional de Entrenamiento Avanzado en Terapia Regresiva durante los años 2023 y 2024.

Es coautora de los libros de AETR: "El Alma sin Velo" (2022) y "Terapia Regresiva y Periodo entre Vidas" (2025).

Sobre la Consultante

Victoria es una mujer de 33 años, soltera, dinámica y muy atractiva. Dedica su trabajo al mundo de las finanzas, estudio Empresariales y desde joven afirma estar enfocada en su trabajo y dedicar poco tiempo a la vida personal.

Recientemente se plantea reflexiones sobre la vida en pareja y el planteamiento de crear su propia familia; sobre este tema le asaltan dudas continuas y no logra tomar decisiones.

Nunca hasta hace unos meses había sentido la necesidad de ser madre, ni siquiera se lo había planteado como parte de su plan de vida y menos aún sin pareja estable.

Acude a la primera consulta el día 8 de enero de 2021 con el objetivo de pedir a su alma información para dar luz a estas incertidumbres y poder tomar decisiones sobre su propósito de vida en cuanto a la maternidad.

Tras la sesión de ese día, y el seguimiento semanal posterior a la realización de la terapia con objeto de cambiar impresiones de la misma, Victoria me informa que ha tomado la decisión firme de proponerse ser madre en los siguientes años (antes de cumplir los 35 años que considera, según se ha informado, es la edad de riesgo para favorecer el proceso de gestación y su propia salud.

En palabras textuales me comenta sobre la maternidad: "Es como mi voz interior, un susurro bajito en el llamar y resonar del alma; siento como una intuición en el corazón que es superior a mi lógica, como si estuviese siendo informada que tengo que poner el enfoque a contribuir al trabajo de crear la hermosa "Obra Divina" de ser madre; repasando nuestra primera sesión, ahora todo me encaja y comprendo la elección de ser niña en el nacimiento para que en el presente como mujer adulta poder llevar a cabo la realidad de ser madre".

No vuelvo a tener noticias de Victoria hasta hace unos días que se pone en contacto conmigo para volver a tener una sesión de Terapia con urgencia según su demanda. Esta vez afirma estar embarazada de unos 7 meses con embarazo de riesgo alto a lo largo de toda la gestación; Su embarazo no ha sido programado, simplemente ha ocurrido de forma inesperada.

A través del teléfono se escucha una mujer muy angustiada, asustada, sin estructura en el lenguaje, estresada con desorden en las respuestas y que afirma estar viviendo sola todo este periodo de gestación con ayuda puntual de la familia.

Repasando su primera entrevista confirmo que su familia consta de un hermano soltero (mayor que ella y de una relación anterior de su madre), su padre ha estado ausente desde su infancia y nunca convivió con la familia, aunque tiene conocimiento de donde poder localizarlo, ella no tiene contacto con él desde los 7 años; A pesar de los intentos de éste por verla, ella se ha negado a hablar con él en los últimos años de adulta debido a diferencias de opinión sobre la vida y la política (según su relato).

Afirma que en estos últimos años decidió vivir sola y no contar con ayuda familiar por decisión propia, "necesitaba sentirme autosuficiente", "me propuse exigirme resolver mi propia vida y ni siquiera pedir ayuda a mi madre salvo necesidades muy urgentes" (afirma con un tono de voz alto y con enfado mientras hace gestos faciales de desagrado).

Al preguntarle por la urgencia de su consulta me comenta que desde hace un mes su situación próxima a la maternidad le hace sentirse aterrada y en alerta continua. pensar en el parto.

Está viviendo un proceso de gestación de riesgo alto con probabilidad de cesárea y siente terror por el momento del parto.

La actitud de su madre *"preocupativa y controladora"* no favorece la situación, sino que por el contrario ha empeorado desde hace unos días. Desde el momento en que ésta le contó su embarazo y parto complicado (parecido al que vive Victoria) la relación de comunicación entre madre-hija se ha distanciado mucho. Victoria no quiere contactar con su madre porque le da explicaciones que ella no quiere escuchar y la pone muy nerviosa (según sus propias palabras).

Cito a Victoria a la semana de su contacto, de forma urgente para poder atenderla presencialmente en su demanda. Acude sola, aunque a los pocos minutos recibe una llamada de su madre para asegurarse si llegó bien a consulta y preguntándole si le da permiso para recogerla al término de la misma. Victoria en tono desagradable responde con un tajante ¡No! y le cuelga el teléfono sin más explicaciones.

Tras un largo silencio en el que espero que se calme, decido iniciar la sesión terapéutica.

A continuación, se muestra un relato textual de lo ocurrido a lo largo de toda la consulta.

Transcripción de la Sesión

Granada - Víznar 8/1/2025

La sesión comienza con mucha dificultad, es necesaria una fase previa de psicoterapia para tranquilizar a Victoria, retomar aspectos clave de su sesión primera, enfocando de forma positiva aquellos comentarios que en sus propias palabras fueron un refuerzo y un impulso importante en los meses posteriores de su visita a consulta y la toma de decisiones se vieron favorecidas sin grandes obstáculos a afrontar;

Cuando le recuerdo su toma de decisiones ante la vida laboral y/o personal que conozco, observo como se siente serena y confiada en sus potencialidades.

Tardamos una media hora en que lograra sacar la angustia en forma de gritos, llanto y golpes sobre la mesa, poco a poco fue entrando en un estado de aparente serenidad por agotamiento; Es aquí donde decido ir abordando más directamente los motivos de consulta para la cita de hoy.

Victoria se posiciona en la camilla tumbada en posición fetal y con los pies en alto así trascurre toda la sesión (2h y 58 m). Acurrucada y cerca del fuego de la chimenea que hay en mi consulta. (Me llama la atención que comenta, varias veces, que desde que tuvo noticia de su embarazo es la postura que adopta cuando decide descansar y para dormir).

Decido que sea ella misma la que inicie el momento adecuado para expresar aquello que le venga a la conciencia y espero paciente a que cuando esté preparada, me demande atención. Me limito a mirarla con mucha serenidad y expresión de ternura con gestos de cariño mientras le pongo una almohada en la cabeza y tapo sus pies con una manta.

Consultante (C): (Mostrándose tranquila). Cuando hemos empezado a hablar me has preguntado que me gustaría trabajar hoy, te soy muy sincera... estoy muy bloqueada y no sé muy bien como empezar... ni lo más importante a tratar.
Este tiempo que llevo de embarazo me siento muy aturdida, no logro descansar ni conciliar el sueño, así no me concentro para organizar los días de trabajo y tampoco soy capaz de pedir ayuda porque no quiero dar explicaciones de mi estado y a la vez estoy recelosa y no confío en nadie para hacer lo que tenga que hacer, en el trabajo, ni siquiera a mi socia la hago participar en las decisiones que deberíamos tomar juntas.

Hasta ahora no me habían pasado pensamientos tan negativos por la cabeza. A la vez me siento culpable porque tampoco me estoy cuidando como debería, ni con comidas ni con ejercicio, ni para mí ni para mi hija, y en mi estado próximo al parto sé que debería hacerlo, es mi responsabilidad... lo sé en la cabeza y lo intento, pero me paso el día tumbada y sin energía, enfadada, sintiendo odio, rechazo a mi madre, al bebé y a mí misma... siento tristeza, mucho miedo, ira, frustración, impotencia, intolerancia, desorden... asco si me observo como voy engordando... no me reconozco y sobre todo siento rechazo a estar y hablar con mi madre... sentir pánico ante el parto y pararme a pensar cómo seré como madre, si sabré o no llevar a mi hija sola y sin ayuda de su padre... ¡Ayyyy que dolor! Siento mucha desesperación (grita y llora a la vez).
Son muchas emociones saltando en mi cabeza y no puedo controlarlas, es como si fueran cada vez más en aumento y entonces quiero explotar y mi corazón se acelera muchísimo en el latido, y entonces ocurre "algo impresionante", es como si mi hija me avisara por dentro que tengo que pararme... la escucho es "una vocecita que me sale de dentro" ... antes no tomo conciencia, pero al oírla si logro pararme y sentir el agotamiento... es como "si mi hija me regañara, y me avisara" que debo pararme y descansar.
Ayer te recordé... me viniste a la mente... necesito ayuda urgente, Maithe... o puede que le ocurra algo grave a mi hija y eso no podría soportarlo; no me lo perdonaría nunca y no podría vivir con ello. ¿Me estaré volviendo loca? ¿Crees que debo acudir a consulta de psiquiatría? No puedo contar que mi hija me avisa, me tomarían por "loca" y no quiero medicarme estando embarazada.

Terapeuta (T): Bien, tranquila, sigue con el motivo de consulta... ¿algo más?

C: Sí, no quiero estar sola y ser madre sin pareja, no me lo había planteado así y no creo que deba de merecer esto, soy una idiota por no haber tenido cuidado... y ahora, ¿qué puedo hacer?
T: ¿Qué quieres decir con "Merecer esto"?, ¿te refieres a ti o a tu hija?
C: ¡A mí por supuesto!, que pregunta... ella ni se entera todavía, ya se enterará lo que es ser una mujer sola cuando nazca sin padre.
T: ¡Ya comprendo!, continua...
C: Tenía que haber sido más prudente, sé que puedo ser una buena madre, me empeño en serlo, pero estos meses he pensado mucho y me he dado cuenta de que no puse cuidado en las cualidades del que iba a ser el padre.
T: Si te preocupa serlo, entonces serás buena madre. ¿Conoces al padre?
C: Sí, claro. ¿Por quién me tomas? Le conozco desde hace años, es un ser egoísta, insensato y mezquino, solo piensa en pasarlo bien. A día de hoy no es capaz de preguntar nada sobre el embarazo, yo creo que está asustado... ¡Cómo para decirle yo entonces que es de riesgo!, ¿sabes?, él no quería ser padre, siempre dice que ser padre es demasiada responsabilidad y te quita tiempo de vivir la vida.
T: Sigue... creí que no habías puesto cuidado en las cualidades del padre.
C: Bueno sí, salvo que no me gustan. Quería decir que no me gusta ese tipo de hombre para ser padre de mi hija. Bueno ya no hay remedio.
T: Te veo tranquila. Dime las emociones que has descrito al principio; ¿Aún están presentes?
C: Sí, las siento todo el tiempo.
T: Si puedes dime dónde, es decir, ¿en qué lugar del cuerpo las sientes con más intensidad?

C: En la barriga, en la cabeza que me estalla de dolor y, sobre todo, en el corazón.

T: Bien, como si supieras y sin límite en el tiempo, pido a tu alma que te lleve a recordar un momento y lugar de tu existencia, presente o pasada, donde sientes estas emociones intensamente para poder enfocarnos en ellas y sanarlas. Dime cuando estés preparada

C: No me llega nada, ya te digo, estoy muy bloqueada.

T: Siente el bloqueo, deja que fluya.

C: Intento controlarlo, pero no puedo, me dan muchas ganas de llorar.

T: Siente el llanto, déjalo fluir. No lo controles. (Llora desconsoladamente, con mucho ahogo como si no pudiese apenas respirar).

En este momento tomo un tiempo en la sesión para ir al baño y darle un poco de agua para beber.

C: Tengo la sensación de estar atrapada. Es como si yo misma estuviese encogida en el vientre de mi madre, como si me viese a mí misma dentro y a la vez me viese fuera... es decir, estoy allí con ella y aquí contigo a la vez. Es raro de describir. También estoy viendo a mi hija atrapada dentro de mi vientre. Y todo esto a la vez me produce mucho ahogo y angustia.

T: Muy bien descrito, siente ese ahogo y angustia y dime, ¿son tuyas o de tu hija?

C: Creo que, de las dos, sí.... de las dos, estoy segura que yo se lo puedo estar provocando a mi niña y a la vez siento que mi madre me lo provoca a mí.

T: Bien, vamos por partes. Mírate tú y dime, ¿qué ocurre cuando sientes que tu madre te lo provoca a ti?

C: Siento todo, todo lo que siente mi madre yo también puedo sentirlo.

T: Háblame de ello.

C: Desde el primer instante que estoy en su barriga, sé que mi madre es una mujer muy fuerte, que no para en todo el día de hacer tareas, siento su carácter amoroso, con las ideas muy claras a la hora de tomar decisiones difíciles de la vida, eso me gusta mucho de ella, por eso la elegí para ser mi madre .Ahora mismo puedo sentir como me habla, me toca y se ríe, me canta, me baila y me llama por mi nombre, me cuenta historias de su vida de pequeña y también me habla de su madre, mi abuela Victoria que era republicana, ella sola sacó a sus cuatro hijos cuando murió mi abuelo en la guerra civil. Ahora veo la coincidencia de que tanto mi abuela, mi madre y yo estamos solas cuando nacieron nuestras hijas (con cara de sorpresa mientras coloca ambas manos en su barriga acariciándola). "Tranquila hija, todo saldrá bien, tu madre está un poco asustada... es normal, pero tú no le hagas caso, pronto estaremos juntas" (hablándole a su barriga con un tono muy amoroso). Me siento muy orgullosa de las mujeres de mi familia, son mujeres que aun estando solas afrontan con genio y fortaleza las dificultades de la vida, eso va en la sangre... digo yo.

Todas nos llamamos Victoria, mi madre, mi abuela y yo. Así que acaba de llegarme el nombre de mi hija, creo que ella me lo está haciendo llegar, intuyo que quiere que sea ese su nombre para que se mantenga la memoria y el reconocimiento de las mujeres de la familia y las dificultades que pasaron para que hoy estemos aquí juntas ella y yo. Me llega que es como "un reconocimiento a todas las mujeres que son su origen", y además mi nombre me gusta mucho por el significado que tiene...

T: Me alegra mucho oír esto. Visualiza a tu abuela y tu madre como si estuvieran ahora mismo aquí escuchándote y repite eso último, por favor: "me siento muy orgullosa de vosotras".

C: "Me siento muy orgullosa de vosotras" (lo repite varias veces en tono bajo).

T: Siente que te escuchan todas, tu abuela, tu madre, tu hija dentro de ti y tú misma. Al oírte visualiza el latido de tu corazón y ve guardando cada palabra de este mensaje en él. Tómate el tiempo que necesites. Cuando estés preparada dime que te llega.

C: Ahora me llega que ellas eran muy felices cuando yo nací, puedo sentirlo también. Y sobre todo me llega el amor de mi madre desde que supo que estaba embarazada hasta el día de hoy (se emociona y salen lágrimas de sus ojos).

T: ¡Que alegría que seas consciente de ello ahora! Guarda también este sentimiento en tu corazón y pídele que lo recuerde siempre; Ahora y en los momentos más difíciles a lo largo de tu vida, de la vida de tu hija, y la conexión entre vosotras ante todas las dificultades que os surjan desde este mismo momento.

C: Vale, esto me da mucha paz; gracias.

T: Ahora me gustaría que pudieras hacerte pequeñita, pequeñita, como si estuvieras en la barriga de mama, como cuando tenías 7 meses allí dentro.

C: Pues veo a mi hija de 7 meses, pero no me veo yo...

T: Vale, habla con tu hija y dile, ¿sabes? yo también tuve 7 meses en la barriga de mi mamá, la de la Abuela Victoria. Te veo a ti y me veo yo

C: (Sonríe). Eso es verdad.

T: Victoria, ¿qué está pasando cuando estás en la barriga de mama?

C: Estoy nerviosa, impaciente, cansada, siento miedo, enfadada con todos por cualquier cosa que pase. Debo descansar y dormir y me duele la cabeza y la espalda.

T: ¿Estas emociones son tuyas? ¿Las siente tu mama y tú puedes sentirlas a través de ella?

C: Son de las dos, mías también porque yo estoy unida a ella.

T: Ya, pero, ¿quién las siente primero?

C: Ella y me las pasa a mí... como la comida, yo me alimento de ella.

T: Dime, ¿y ese alimento emocional te sienta bien a ti?

C: No, no, para nada, desde luego.

T: ¿Y son necesarias estas emociones negativas para tu salud y crecimiento sano y fuerte al nacer?

C: Pues, no estoy segura. Quizá no tan intensas, pero sí para recordar que hay que tenerlas en cuenta en la vida, ponerlas en práctica varias veces para que no te afecten tanto y poder mejorarlas. "No nace un día claro si no se pasa la noche oscura ", dice siempre mi madre.

T: Buena lección, ¿te parece que nos quedemos con ese aprendizaje en tu alma y las emociones negativas que son de tu madre se las devuelvas a ella?

C: Me parece justo y necesario.

T: Ahora que estás en conciencia ahí, dentro de la barriga de mamá, toma toda esa energía negativa que has cogido y a través del cordón umbilical se la devuelves a mamá diciéndole: "Mamá, he cogido este alimento emocional a través de ti y he sacado lo que necesito, lo demás no es mío y te lo devuelvo". "Te devuelvo tu energía de miedo y recupero mi energía de amor, aquí y ahora". "**Mamá, recupera en este momento toda la energía de alegría que necesites para darme a luz y ser mi madre,** eres una mujer sabia y fuerte, recuérdalo". (Le hago repetir las tres frases textualmente con sus propias palabras) y ella añade: ¡Y deja de quejarte todo el día, estoy cansada de oírte!

Avanza y ve al final de tu gestación, ¿cómo es tu nacimiento?

C: Es de noche y dormimos, mamá está sudando mucho, hace mucho calor y despierto porque no aguanto el calor y quiero salir ya, intento estirarme con las manos y con los pies empujo, empujo mucho y fuerte, pero es imposible salir. Intento avisar a mamá y la molesto mucho para que se dé cuenta que necesito salir ya y no puedo sola, ¡quiero salir ya!, ¡estoy agotada!, ¡no puedo respirar! y empujo y empujo... Al final me sacan de golpe por cesárea porque no podía salir y mamá también está agotada. Allí están todos esperándome, pero yo estoy agotada después de salir y solo quiero dormir con mamá.

T: Dime, y ahora que tú vas a ser madre, ¿en qué se parece el embarazo de tu madre al tuyo? (En este momento toma conciencia plena y abre los ojos para mirarme).

C: Pues soy una niña que se llama Victoria y que tiene riesgo para nacer, no está papá la mayor parte del tiempo y sobre todo estoy repitiendo cosas que hacía y sentía mi madre con mi embarazo. Según me doy cuenta, ahora sé por qué no quiero verla... es porque siempre me cuenta sus miedos y preocupaciones con el embarazo y no deja de preguntar por Antonio (el padre de mi hija). Es agotadora, no para de llamarme al teléfono todo el día.

T: ¿Has hablado esto con tu madre?

C: No, aún no le he dicho que tengo embarazo de riesgo y miedo al parto... para que no se preocupe más aún.

T: Comprendo, ¿crees que ella lo intuye?

C: Sí, creo que es posible. Sabe que si me ocurre algo importante me aíslo, no soy de hablar, ni de contar lo que me pasa.

T: Te propongo hablarlo aquí y ahora, no hace falta que ella esté presente... ya sabes que el alma escucha y así podrás quedarte tranquila con ella.

C: ¿Cómo? ¿Quieres que la llame por teléfono ahora?

T: No. Llama a su alma y habla con ella. A las almas que sientas que necesitas expresarles para sentirte tranquila. Observa la puerta por la que has entrado a consulta, ¿qué persona o personas te gustaría encontrar al abrirla para decirle lo que piensas y sientes ahora mismo?

C: A mi madre, a mi hermano, a mi padre, a Antonio y a mi hija ya nacida (al nombrarla se ríe mucho).

T: ¡Estupendo! ¡Pues ábrela! Di a cada uno lo que necesites, sus almas escuchan. Hazlo en el orden que quieras.

C: Me parece divertido... ¿lo que quiera?, ¿vale todo?

T: ¡Sí!... ¡No te contengas, todo! Míralos a los ojos mientras les hablas.

C: Mamá, eres muy pesada, pero te necesito a mi lado. No necesito tus quejas ni tus miedos... ya te los devolví, necesito tu fuerza, tu cariño y tu orden... pero en silencio; Solo haz que me sienta acogida y no hables ni me preguntes todo el tiempo. Te doy las gracias por todo el amor que pones al hacerme la comida que está exquisita y por cuidar de mí desde pequeña. Necesito que cantemos y bailemos juntas como lo hacíamos antes... y perdona que esté tan enfadada contigo todo este tiempo... ya sabes que estoy muy asustada y me sale mucho genio.

T: Continúa.

C: ¡Mario, (refiriéndose a su hermano) ¡Que aburrido eres!, ¡No te ríes nunca! En todo tan serio, con esa apariencia de todo perfecto. Agradezco tus silencios, tu paciencia y tu complicidad, siempre facilitándome, hemos compartido tanta intimidad. Sé que estás ahí y te quiero así ahora mismo. Gracias por tu respeto (con lágrimas en los ojos).

T: Continúa

C: ¡Papá, contigo ni había contado, me doy cuenta ahora mismo! ... ¿para qué? ... siempre estabas trabajando o con el periódico. ¿Te acuerdas cuando tiré todos los periódicos a la basura? No era porque estorbaban en la entrada, era porque odiaba que el periódico fuera tu descanso del domingo y no salieras conmigo a dar un paseo. Pero soy muy parecida a ti, me callo y me aíslo cuando me enfado. Ahora me doy cuenta que te odio por separarte de mamá, Mario me lo explicó, pero cuando venias a verme no te atendí porque te fuiste sin decírmelo, y aunque tu venias cada día después del trabajo y el sábado me traías siempre la merienda, te seguía odiando. Pero sabes, tus razones tendrás; Quizá te llame mañana y ver si podemos vernos, quiero que sepas que vas a ser abuelo y es una niña... como tú siempre dices que las mujeres son más valientes que los hombres, creo que te gustará saberlo. Ahora, tu nieta te necesita presente y te voy a pedir que la lleves al parque y no note tu ausencia como yo desde que dejamos de vernos. Ahora siento que te necesito. No sé cómo te quiero papa, pero sé que te añoro mucho y quiero recuperarte.

T: Continúa.

C: Antonio, contigo ya hablaré en persona en estos días, presente en cuerpo y alma. Hay que tomar decisiones.

T: Continúa.

C: ¡Victoria, hija de mi alma y mi corazón! ¡Aún no has salido y ya me tienes asustada! Esto de darme la espalda me tiene muy preocupada, vayas a hacer como yo, que tuvieron que sacarme a la fuerza y lo pasamos muy mal ella y yo, según cuenta la abuela. Tengo miedo a que sufras y a sufrir yo, ahora tenemos que empujar juntas en la misma dirección; no está bien que me des la espalda cuando te hablo, eso no es bueno para ti ni para mí, por favor escucha mi corazón con el tuyo y dime: **¿Estás cogiendo lo que es de mamá? ¡Pues como dice Maithe, no cojas lo que no es tuyo y mandármelo de vuelta, que yo lo mandaré a la mierda, si es preciso!** ... pero hija mía que estés bien, que tu madre te ama con toda su vida, mi niña que tú estés perfecta y perdona todo este tiempo de gritos y enfados, era con todos los demás y nada era contigo. ¡Y eso sí... avisa cuando vayas a salir, que para entrar no avisaste puñetera! (Ríe a carcajadas).

T: Estarás agotada. Si te parece cerramos sesión por hoy.

C: No, estoy bien, pero tengo hambre y sueño.

T: Bien, concluyamos entonces. Antes de cerrar la puerta guarda en tu corazón todo lo compartido. Ahora elige un color que represente el alma de cada uno de tus seres queridos.

C: En el mismo orden en que hablo a cada uno: morado, azul, verde, amarillo y blanco.

T: Ahora como si los metieses en un sobre y recordando la fragancia de cada uno de ellos, guarda estos colores y olores... representan cada palabra de amor en tu corazón.

C: Gracias.

T: Por último, quiero que te visualices en los próximos días, ya sin ir a trabajar y dedicada a cuidarte, a cuidaros, con tus noches en calma, sin gritar, sin tanto miedo, sabiendo que puedes elegir estar sola... todos están contigo acompañándote dentro de tu corazón en todo momento. Puedes elegir estar con ellos en persona o tenerlos en tu corazón acompañándote. Te sugiero hablar con Victoria y decirle que tiene permiso para tomar a través de ti todo ese alimento de amor. Visualiza tus próximas semanas y los dos últimos meses en que termina la gestación y llega al momento del parto, visualizando tranquilidad, serenidad y sin miedo. Piensa y siente que todo estará bien y que la esperas, aunque impaciente por verla... trabajando cada día tus emociones ahora que eres consciente de que ella te escucha. Cada día canta y baila disfrutando de la alegría de ser madre como lo hacía tu madre contigo, y cada noche habla un rato con ella compartiendo impresiones del día y dale permiso para que al nacer lo haga a su manera, porque su alma ya está en propósito. Y sobre todo te sugiero: ¡Confía en ti, en tu amor y por amor a Victoria!

Testimonio de la Terapeuta

Antes de cerrar la sesión, a modo de seguimiento y trabajo personal, pedí a Victoria que en los próximos días iniciara un diario con las impresiones de nuestra consulta; Que sacara todas aquellas emociones y sensaciones que ella considerara que quedaran pendientes, que las dejara fluir con naturalidad.

Sobre todo, le sugerí que dedicara un apartado a modo de diario con frases de Esperanza y Amor dirigidas al Encuentro con su hija.

Agradecí emocionada a las dos la visita y sobre todo agradecí, el permitirme "dar a luz" (que acertado el momento) para dar a conocer al mundo el contenido de esta sesión tan reveladora, con el ejemplo tan descriptivo de cómo puede sentir una madre ante el término de su gestación, los miedos que nos asaltan por el sentimiento de responsabilidad que todo el proceso conlleva en el cuidado durante la gestación y el parto. Personalmente quiero agradecer a Victoria, en primer lugar, el tenerme presente en su pensamiento, su sentir y su visita, su compartir con toda sinceridad y su confianza terapéutica en mí.

Es una bendición para mí como terapeuta y madre biológica de una hija el poder "reafirmar y contar"... el contar a través del permiso y autorización de Victoria su sentir más íntimo y profundo. El recordar y reafirmar en mi propia conciencia de madre., la conexión que sentí desde el primer instante en que el alma de mi hija me eligió como madre, las sensaciones que sentí en ese mismo instante en que su alma entro en mi cuerpo y como me llegó su nombre.

Por último, agradezco a su experiencia el que pueda quedar aquí registrado en palabras, como testimonio real para todas aquellas madres e hijas que nos lean.

Recordarles que estamos conectadas desde los primeros instantes de conexión de nuestras almas y nuestros cuerpos se entrelazan, que ambas almas sentimos y experimentamos las mismas emociones y sensaciones y tenemos la responsabilidad como madres de cuidarnos cuerpo y emociones durante toda la gestación y parto.

Rodearnos de todos aquellos que nos aman para sentirnos acompañadas y cuidadas.

Y lo que considero más importante: tomar conciencia de que es el amor y la comunicación positiva entre nosotras "madre e hija" la esencia para" salir victoriosas "ante todas las batallas que se nos presenten en los retos que nos plantea la vida.

Siendo las 21h y mientras esperamos que llegase la abuela Victoria para recogerlas y acompañarlas permanecemos tranquilas y en silencio junto al fuego disfrutando de los sonidos del campo en la noche.

A la salida de consulta me despedí de Victoria hija, acariciando la barriga de su madre le desee un buen nacimiento, recordándole que si podía avisara a mamá para que no le "cogiera desprevenida ", pero sobre todo que hiciera su alma lo que le viniera en su propósito a hacer... y que me gustaría conocerla en persona a su salida al mundo

Entre risas y abrazos despedimos la tarde.

Testimonio de la Consultante

A la semana siguiente de su consulta contacté telefónicamente con Victoria. Quería saber si en los días posteriores le había "invadido el miedo" ante aquellas tareas y decisiones habladas en consulta y que se había propuesto abordar y llevar a cabo sin demora en los próximos días.

A modo resumen esta fue su respuesta:

Gracias por preguntar; Me encuentro bien de salud, descansada, serena, alegre y confiada.

Me he propuesto no pensar demasiado en "el miedo al parto" e ir haciendo día a día; he incluido el diario de Frases de Esperanza y Amor al encuentro con mi hija que me propusiste.

En estos días me siento capaz de disfrutar de los encuentros y de largas charlas con mi madre. También he tenido una profunda conversación con el padre de mi hija, a raíz de la cual, he tomado la decisión de anteponer mi apellido familiar al de él y así se lo he comunicado a toda la familia (la suya y la mía).

Con mi padre aún no he podido contactar personalmente, que es lo que deseo hacer. Estoy viendo con mi madre el mejor modo de hacerlo. Estoy algo inquieta por todo esto, pero al mismo tiempo estoy riéndome mucho cuando ella me cuenta "anécdotas sobre mí de pequeña" y pienso que le "voy a dar un buen susto" con la noticia de ser abuelo.

Espero que este reencuentro sea realmente un momento de alegría y retomar nuestros tiempos de ausencia hija-padre. "Soy consciente" de la responsabilidad que me espera próximamente como madre soltera, trabajadora e hija responsable en organizar mis tiempos y que mis padres puedan disfrutar al máximo de su nieta, y ella de la "sabiduría y amor de abuelos" y que yo no tuve posibilidad con los míos.

Por mi parte, he quedado en volver a hablar de nuevo con Victoria una vez ella haya vivido su parto y, si es posible, conocer a la pequeña Victoria.

En estos días, como terapeuta, tengo muy presente una frase que me dijo una vez mi padre: "LA MEJOR VICTORIA ES AQUELLA EN LA QUE TODOS GANAN". Se la dedico a todas aquellas almas que tienen que venir a encarnarse y la sabiduría de las madres que las esperan con impaciente amor.

Y ahora, en los próximos meses, sólo queda esperar y confiar en el día y hora que elija este alma para nacer y así la llegada de la pequeña Victoria al encuentro con su familia.

Contacto

Maithe Pardo Vico

Teléfono y (citas al WhatsApp): + 34 644 167 721

terapiaregresivaconsciente.mpv@gmail.com

Col. Nª GR- A003113

Tristeza Profunda y No Merecimiento

Por Nellisabell Rosario Ramos

Sobre la Autora

Nellisabel nació en San Juan, Puerto Rico. Se desarrolló como empresaria por 20 años en la industria de la publicidad y el cine como representante de actores y talentos. Profesión que le llevó a entender al ser humano más allá de lo que su vista podía percibir.

Todo cambió para ella cuando se topó con un libro que le llevó a querer certificarse en Terapia Regresiva/Vidas Pasadas en el 2006 en Cuernavaca, México, con el Dr. José L. Cabouli. Desde entonces trabajo como Terapeuta en Puerto Rico. En el 2022 participa en el encuentro "Actualización de Terapia de Vidas Pasadas" con José Luis Cabouli. Nellisabel es miembro de la Asociación Española de Terapias Regresivas.

Graduada en The Center for Mind-Body Medicine- Medicina Psicocorporal en Washington USA. Desde entonces integra su trabajo enfocándose en ayudar con el trauma emocional, físico, mental y espiritual. La Terapia Psicocorporal es un espacio de investigación personal que enfatiza el trabajo con el sistema nervioso a través de las sensaciones corporales y las emociones. Nellisabel enseña la importancia del autocuidado en terapias grupales e individuales.

En el 2017 realiza un Basic Master en New Paradigm Multi-Dimensional Transformation en Cádiz, España, con Miguel Quijun y lo integra en su práctica.

Desde sus vivencias como madre y Doula aplica sus terapias para mejorar la relación mamá-bebé desde antes de nacer. Le apasiona poder compartir sus herramientas como Terapeuta y ayudar a despertar un lugar donde encontrar una percepción saludable de uno mismo y desde donde se puedan lograr fortalecer relaciones con el fin de vivir una vida más completa.

Es Doula de parto-posparto y ofrece capacitación a padres, profesionales y público en general con el fin de educar sobre el parto humanizado.

Sobre la Consultante

Ivonne, en su primera cita, expresó como la tristeza había marcado su vida desde muy niña. Fue clara en dejar saber cómo el diagnóstico de cáncer de seno se había convertido en un trauma para ella. Tiene 67 años y es psicóloga retirada. Comenta: "Tengo un sentimiento de haber estado ausente de mi vida en muchas ocasiones desde los 6 años". Fue entregada, por su madre, a su abuela materna y su tía monja a los nueve meses. Describe a su tía como controladora y crítica. Tuvo poco contacto con su mamá durante su crianza y los momentos que tenía contacto eran muy conflictivos. Padre ausente durante y después de su crianza.

Conoce al que fue su marido, única pareja por 37 años, a los 16 años. Contraen matrimonio a los 19 y tienen a su primer hijo dos años después. Esposo, alcohólico y jugador compulsivo que muere 10 años atrás provocando una profunda depresión.

En nuestra conversación Ivonne expresa su incompetencia como madre, sus hijos se distancian y por más que ella intenta no mejora la relación entre ellos. Comenta: "me dejo manipular por mis hijos". Su hijo no le habla desde el año 2016.

Transcripción de la Sesión

Sesión Presencial, Mayo 2024

En su tercera sesión, cita Ivonne se sienta frente a mí en el sofá mostrándose bastante decaída. Le pregunto cómo se siente en el día de hoy, contesta: "me acabo de dar cuenta que viví mi vida sin percatarme de muchas cosas mientras vivía". Aprovecho esta afirmación y tomando en cuenta que Ivonne ha tenido dificultad para conectar con sus emociones (presentándose muy mental) le ayudó a reconocer esas sensaciones en su cuerpo.

T: ¿En qué parte de tu cuerpo sientes esa sensación de haber pasado por tu vida sin darte cuenta de muchas cosas?
C: En el pecho.
T: Pon tu mano en el pecho y dime, ¿a qué se parece esa sensación?
C: Siento tristeza, mucha tristeza... (comienza a llorar intensamente, ahogada en llantos).
T: Ahora Ivonne, voy a contar hasta tres e irás a una experiencia antes de los 6 años donde pudiste sentir esa profunda tristeza por primera vez o algo parecido. 1, 2, 3... (llora, grita.... silencio).
C: Me acaban de parir, siento mucho frío y veo una luz fuerte... hay gente que me toca y, sobre todo, tengo mucho frío (pensativa por largo rato).
T: ¿Qué está pasando con mamá? (intervengo para apoyarla en este proceso).

C: Ella me observa y expresa desagrado. Estoy bajo peso. Se queda observando con duda, una expresión dura, con desagrado... he visto esa expresión antes durante mi crianza... pienso que no soy deseada (comienza a llorar, un llanto de dolor... y hace una pausa). ¡No estoy segura de lo que veo, es muy fuerte sentir rechazo! (Está analizando la emoción, suele suceder cuando entra en un proceso intenso).

T: Estoy aquí para acompañarte Ivonne, lo estás haciendo muy bien. Tu alma necesita liberarse de todo esto. (Se calma, su cuerpo se relaja).

C: Me limpian, cortan el cordón umbilical y me ponen su regazo... me mira y dice "esa no es mi hija" (llora con mucha angustia y se produce una pausa profunda) ... siento su indiferencia... (llora mientras se mantiene en posición fetal). Mamá dice: "esa no es mi bebé" ... pienso que siempre he sentido esa expresión en ella. Ella no recibió amor de su mamá y quizás por eso no me reconoce... (analiza la experiencia, su parte de ser psicóloga entra analizar su sesión proceso, muy mental...).

T: Sigue profundizando en la experiencia Ivonne, ¿qué está pasando?

C: Me ponen en una cuna y papá se acerca, me mira y sonríe. Siento alegría...

T: ¿Dice algo papá?

C: Siento que el si me ve... (llora emocionada y realizando, tomando conciencia de la importancia de la experiencia).

T: ¿Cuál es el momento más difícil de esa experiencia?

C: Cuando me ponen en la cunita y no siento a mi mamá.

T: Describe tus reacciones físicas en estos momentos.

C: No siento nada.

T: ¿Cuáles son tus reacciones emocionales?

C: Siento mucha tristeza. (Llegó a la razón principal de esta terapia, su tristeza).

T: Describe tus reacciones mentales.

C: Indefensa, como estar suspendida en el aire. (Así transcurrió su vida, llegó a la raíz y a otra razón de la terapia).

T: Fíjate, todo esto de no sentir nada físicamente, emocionalmente sentir mucha tristeza y mentalmente sentir indefensión como si estuvieras suspendida en el aire, ¿cómo te afecta actualmente, como Yvonne?

C: La tristeza cohabita con la alegría, aún es una invitada no deseada. Se siente como si fuera parte de mi ser, es como si fuera la dueña.

T: ¿Qué te hace sentir la tristeza y la indefensión actualmente como Ivonne?

Y: Estar ausente en mis relaciones... (mayor problema con sus hijos, ausencia, ninguna relación).

T: Y esto, ¿qué te impide a ti actualmente, como Ivonne?

C: Sentirme que no soy parte importante. Me hace reclamar mucho a los demás, analizó en exceso, me paralizo y le busco cinco patas al gato. (Exceso de análisis en las sesiones durante la terapia, dificultad para conectar emociones en su vida por el dolor que produjo en esta experiencia fetal).

T: Ve antes de nacer al origen cuando estabas aún en el vientre materno antes de estar en la cunita...

C: Siento agobio... mamá está agobiada... está con mis dos hermanos... tiene pensamientos negativos... siente, coraje, frustración y tristeza...

T: Y cuando mamá siente todas esas emociones, ¿qué pasa contigo?

C: Me retuerzo... choca algo conmigo en la panza de mamá (en este momento, se mueve mucho y se encorva) ... es como que nada de esto se parece a mí, esto choca con mi tranquilidad, con mi suavidad. (Se da cuenta que es de mama, que existe una diferencia. Esto es importante, tomar conciencia es sanación) Siento más oscuridad que luminosidad... como que vine a pasar por eso era mi destino (aquí se da cuenta de su razón de vivir, se muestra con mucha claridad y alivio). Mamá está cansada y agobiada... su alegría era mi hermano mayor. Mamá se olvida mucho de mí mientras estoy en la barriga... (llora sin parar, provoca no sentirse importante ante los demás, una de sus dificultades). Me siento incómoda en el día a día. Me contraigo... me encapsulo... vivo en un mundo oscuro. (Expresado cuando llegó a la consulta).

T: Y todos estos sentimientos y emociones que siente mamá, ¿cómo te afectan a ti?

C: Me hace querer salir de esa cápsula y sentirme vulnerable, que debo enfrentarlo... pero a veces me hace sentir que debo buscar satisfacción fuera de mí... por mis carencias.

T: ¿Qué te ha impedido todo esto actualmente como Yvonne?

C: Me siento atrasada, me quedé atrás en el camino.

T: Muy bien Ivonne, es importante darse cuenta de todo eso que está pasando con mamá. ¿De quién son esos pensamientos y sentimientos de frustración y demás?

C: ¡De mamá! (Ahora es consciente de que no es de ella).

T: Y si toda esa amargura, cansancio...... son de mamá, ¿quisieras salir de esa cápsula para terminar con esto?

C: ¡Sí quiero salir, quiero salir, ya! (Se da cuenta de que esto no es de ella, ¡sanación!).

T: Es muy importante que quieras salir y que puedas terminar con todo esto... a la cuenta de tres vas a ir a ese momento para darte la oportunidad y acabar con todo esto justo antes de nacer... 1, 2, 3...

C: ¡Quiero salir ya! Mamá se queja de dolor, está en casa con mis hermanos... Llega al hospital...

T: Sí... sigue, sigue.

C: Siento presión, quiero salir de aquí... mi cabeza... mi pecho... mi cuello... (le explico que le voy ayudar en su nacimiento... coloco mis manos en su cabeza, ya que es un parto vaginal, para que pueda pasar por el proceso).

T: Dale, dale, dale... sigue... ¿qué está pasando?

C: ¡Naciendo! ya salí... salí rápido... me agarran por la cabeza... cortan el cordón.

T: Ivonne, date cuenta de que naciste y con esto hay una nueva oportunidad para dejar atrás lo que no es tuyo. Es importante que con el corte del cordón umbilical puedas SER tú. ¿Quieres aprovechar este momento para entregarle a mamá lo que es de ella, lo que no te pertenece?

C: Sí.

T: Háblale a mamá, dile lo que no pudiste, este es el momento. Haz todo lo que no pudiste para que recuperes tu propia energía, para poder ser quien quieres ser.

C: Este coraje, agobio, frustración... no son míos. Me han quitado mi poder, mi derecho a ser yo... te los entrego... no me pertenece mamá... lo puedo hacer diferente... necesito hacerlo desde mí misma... quiero recuperar mi propio poder.

T: A la cuenta de tres, voy a cortar el cordón y una vez cortado le pedirás a mamá que te entregue de vuelta todo eso que te quitó que es tuyo y te pertenece.

C: Mamá, entrégame mi libertad, mi paz, mi tranquilidad, mi luminosidad... es mía... me pertenece... lo necesito para seguir mi camino... gracias por ser mi mamá. (La mamá y el feto están unidos a través del cordón umbilical y esto hace no poder diferenciar las emociones suyas de las de mamá. Ya habiendo dado cuenta de lo que le estaba afectando actualmente en su vida el ejercicio es fundamental. Para las almas el tiempo no existe...).

T: ¿Aprendiste algo?

C: Siento con esta experiencia que vine aprender a amarme y que puedo escoger no vivir en la oscuridad.

Se termina la terapia con un cierre de mucho entendimiento. Ivonne se muestra asombrada y a su vez liberada. El diagnóstico de cáncer la llevó a un profundo análisis de las causas por las que se sentía víctima y encontró la razón del porqué. El no sentir la vida y pasar desapercibida la llevó a desconectarse de ella misma.

A cada deseo o afirmación expresado en la vida fetal o en el nacimiento encontramos una conducta correspondiente en la vida adulta. Allí en la experiencia estaba plasmada el origen de la tristeza de Ivonne al no ser reconocida por su madre y aceptada por su madre.

Cuando se trabaja la etapa de gestación y nacimiento pasamos de no estar conscientes a darnos cuenta de la estrecha unión entre mamá y feto. Esa unión, a través del cordón umbilical, hace que el feto piense y se sienta como la mamá. Hasta que no vamos a esa etapa a resolver algunos asuntos, desde la raíz, es difícil liberarnos.

El trauma fetal en Ivonne muestra como el exceso de análisis y el juicio fueron su mecanismo para poder adaptarse y sobrevivir al dolor que provocó la experiencia uterina. Cuando Ivonne pudo entender de donde nacieron sus conflictos... en esta vida, se pudo liberar para poder vivir y sentir su propia vida. Cuando se recorre ese proceso, nos damos cuenta de que la mayoría de las vivencias, sentimientos y pensamientos son de mamá, no de nosotros. Es en este despertar cuando se produce la sanación y, por ende, la libertad de poder SER en esta vida quienes queremos SER.

Testimonio de la Consultante

Jamás pensé que mi experiencia fetal podría estar tan relacionada a mi tristeza, el rechazo, al no poder sentir que pertenezco. Fue una sesión muy dura, pero a la vez sentí que me liberé de un peso muy grande. Pasé de sentir rabia y odio por mi madre a comprender que no era yo la causante de sus amargu-

ras. Pude perdonar y perdonarme. Darme cuenta que yo podía hacerlo diferente, eso me hizo conectar con una parte mía muy valiente que no conocía.

El cáncer me llevó a un retorno de quien verdaderamente Soy. Quizás pagué un precio muy grande por los años de sufrimiento y desconexión con mis hijos por no saber acercarme a ellos como madre. Pero no me quiero juzgar más.

Necesito seguir sanando, esa es mi meta. Ponerme en primer lugar y continuar las terapias con el acompañamiento de Nellisabel, es mi prioridad.

Me quedo con el agradecimiento de poder recuperar quién Soy, de tener a mis hijos y nietos cerca de mí. ¡Gracias por estar, Nellisabel!

Contacto

Nellisabel Rosario

Teléfono y WhatsApp: + 1 939 88 8545

solbrillante5@gmail.com

Instagram: @nellisabel

Mi Cuerpo me Incomoda

Por Noemí González Casalegno

Sobre la Autora

Noemí es argentina, de la provincia de Córdoba. Está siendo madre, esposa, hija, hermana, amiga y acompañante de los consultantes que así lo requieran.

Es Médico, diplomada a los 23 años, en la Universidad Católica de Córdoba. Se formó como Epidemióloga, Neonatóloga, Pediatra y Médico Generalista, Máster en Medicina Integrativa, en Investigación en Ciencias de la Salud, entre otros. Exdocente universitaria. Expositora en Congresos Internacionales y Nacionales; Docente y Disertante en múltiples seminarios, cursos y talleres nacionales.

Se ha desempeñado como Jefa de los Servicios de Neonatología y Epidemiología en el Hospital Regional Domingo Funes y Referente Epidemiológica del Área Programática Punilla del Ministerio de Salud de la Provincia de Córdoba. También desarrolló actividades en otros cargos de gestión como

Directora Médica, Coordinadora de Programas de Salud y Vigilancia Epidemiológica y Secretaria de Salud del Municipio de Villa Carlos Paz.

Desde hace 10 años comenzó a formarse en otras disciplinas de la salud, las llamadas alternativas o complementarias como acupuntura, hipnosis y otras, ya que sentía la necesidad de acompañar a las personas desde otro lugar, más allá del rol del médico alopático.

También se ha formado en Psicología Transpersonal y en diferentes especialidades de coaching. Hasta que conoció la Terapia de Vidas Pasadas a través del maestro, el Dr. José Luis Cabouli y decidió formarse con la Dra. Bibiana Bistrich, una discípula de él, como terapeuta regresiva. Es integrante de la Asociación Española de Terapia Regresiva y forma parte del Grupo de Investigación de dicha organización. Actualmente, desarrolla su actividad profesional de Terapia Regresiva de manera presencial y online, acompañando a las personas a sanar sus almas y encontrar el propósito de sus vidas, integrando saberes de la medicina alopática y complementaria a través de un método propio, "Terapia Regresiva Sistémica".

Sobre la Consultante

Roxy, así llamaré a la consultante (nombre ficticio), de 39 años, es una mujer inteligente, emprendedora, alegre a la mirada de los demás, soluciona los problemas de otros, olvidándose de ella misma. Tiene problemas de compulsión alimentaria, sobrepeso y se siente desvalorizada e insegura.

Está en pareja hace 15 años y tiene una hija preadolescente. Al momento de la consulta se siente desganada, frustrada y desvalorizada, piensa que se debe al sobrepeso. La han cambiado de puesto de trabajo y no está cómoda, además, siente que su pareja no le presta atención.

Refiere que se siente "gorda", que no le gusta su físico, que se siente incómoda con su cuerpo y está convencida que su pareja ya no la desea por su físico. Su madre falleció hace dos años, todavía no ha cerrado su proceso de duelo; ama y cuida a su padre, aunque está enojada con él por las infidelidades que ha sufrido su madre de su parte.

Transcripción de la Sesión
Presencial, el 28 de noviembre de 2022.

Además de lo recogido anteriormente, lleva consigo tres situaciones más, interrelacionadas entre sí: inseguridad con su pareja, proceso de duelo y relaciones vinculares padre-hija. Su alma sabrá a dónde ir y qué es lo que necesita sanar primero.

La sesión atraviesa diferentes períodos de su vida actual, en los cuales el motivo de consulta siempre está presente. Voy a transmitir de manera resumida, pero por ello no menos interesante, estas situaciones desarrollando más extensamente la experiencia de vida intrauterina y parto que es el tema central del libro.

Terapeuta (T): ¿Qué quieres trabajar el día de hoy?

Consultante (C): Quiero trabajar los hábitos, como mal, no hago actividad física, estoy gorda, me siento desvalorizada por mi físico. Escuché a una psicóloga, que decía que "la forma en que uno come, es la forma en que tiene sexo", y ella dice "...yo como rápido y en lo sexual también soy rápida, soy muy activa y mi pareja no lo es, entonces esto hace que cuando él no quiere tener sexo me sienta ansiosa, me den deseos de comer y como desesperadamente, porque no me animo a decirle nada, porque pienso que si le digo algo lo hará por obligación y comienzo a pensar que ya no le gusto, afloran mis inseguridades, pienso ¿estará con otra persona?

T: ¿Qué sientes cuando tienes ganas de tener sexo y no pasa nada?

C: ¡Oh! Me da vergenza contarlo.

T: Tranquila, este es un espacio seguro, cuidado, estoy para acompañarte en este proceso.

C: Fantaseo con cosas, me gustaría que no hiciera falta que se lo pida. Pero está a la vista que no le nace, no le gusto más... Sé que nadie puede cambiar si no quiere cambiar, y aguanto, porque quiero que la relación siga, él piensa que tengo que aceptar que la cosa es así, pero él tampoco acepta que yo sea así.

T: Y, ¿cómo eres?

C: Buscona, me siento como una sexópata, frustrada, despreciada, angustiada, desvalorizada.

T: Muy bien. Haz tres respiraciones profundas... Siente la frustración, el desprecio, la angustia, la desvalorización profundamente. Conéctate con esas sensaciones intensamente, ¿en qué parte de tu cuerpo lo estás sintiendo?

C: En el pecho.

T: Pues siéntelo profundamente... (le corren lágrimas por sus mejillas). ¿Qué color tienen esas sensaciones en el pecho?

C: Negro, muy oscuro. (Le solicito que se conecte con la última vez en la que ha sentido todas estas sensaciones anteriores).

T: ¿Dónde estás?

C: En mi casa

T: ¿Estás sola o con alguien?

C: Sola.

T: ¿Qué edad tienes?

C: 39 años

T: ¿Qué está pasando?

C: Estoy parada frente al espejo mirándome.

T: Fíjate, ¿cómo sientes tu cuerpo en este momento?

C: Grande, gordo. Aunque me gusta mi cara, mi mirada...

T: ¿Qué no te gusta?

C: Mi cuerpo gordo.

T: ¿Qué sientes cuándo te ves gorda?

C: Me angustio, me enojo conmigo misma y no hago nada para cambiar.

T: Fíjate entonces, ¿cuál es el momento más difícil de esa experiencia?

C: Cuando me veo gorda en el espejo.

T: Cuando te ves gorda en el espejo, ¿cuáles son tus reacciones físicas?

C: Miro hacia otro lado.

T: Cuando miras hacia otro lado, ¿cuáles son tus reacciones emocionales?

C: Me siento frustrada, angustiada.

T: Cuando te sientes frustrada y angustiada, ¿cuáles son tus reacciones mentales?

C: Me pregunto, ¿por qué no puedo cambiar nada?, ¿por qué no puedo verme como quiero?

T: Y, ¿cómo te quieres ver?

C: Delgada

T: Fíjate, en ese momento ante el espejo cuando te sientes de ese modo, ¿dónde está tu alma?

C: En la puerta.

T: ¿Qué está haciendo?

C: Está asustada, se tapa los ojos.

T: ¿De qué manera esto está afectando tu vida actual? ¿Qué te hace hacer?

C: Que no me quiera mirar, porque no me gusta como es mi cuerpo.

T: Y eso, ¿qué te impide?

C: Sentirme deseada.

T: Muy bien... vas a retroceder un poco más, a la vez en que más fuerte has experimentado estas mismas sensaciones, ¿dónde estás?

C: En la cama, con mi pareja.

T: ¿Es de esta vida o de otra vida?
C: De esta vida.
T: ¿Qué está pasando?
C: Lo busco para tener sexo y no soy correspondida.
T: ¿Qué haces entonces?
C: No digo nada y me siento frustrada, despreciada... ¡Cómo me angustia! Me da vergüenza contarlo.
T: Tranquila, estoy aquí para acompañarte. Muy bien. Siente la frustración, el desprecio, la angustia intensamente. ¿En qué parte de tu cuerpo lo sientes?
C: En el pecho.
T: Muy bien... siente esas sensaciones en el pecho más profundamente. ¿Cómo sigue?
C: Lloro en silencio.
T: ¿Cuál es el momento más difícil de esta experiencia?
C: Cuando no soy correspondida.

Roxy responde a mis preguntas expresando que se da vuelta en la cama y llora, se siente angustiada, despreciada y se pregunta:

C: ¿Por qué tengo que mendigarle sexo a mi pareja? Está a la vista que no le gusto más, ¿por qué no me acepta como soy?
T: ¿Cómo eres?
C: Gorda.

Al preguntarle dónde está su alma cuando no es correspondida me responde que, en el techo, mirando, que siente lástima.

T: Y esto, ¿de qué manera está afectando tu vida actual y qué te hace hacer?
C: Tenerme lástima a mí misma.
T: Y eso, ¿qué te impide?

C: No logro quererme, pensar en mí, tomar decisiones para estar bien, para bajar de peso.

Ahora le pido que hable con el alma de su pareja para que su alma esté en paz.

C: No entiendo... ¿Por qué me desprecias? ¿Por qué ya no te gusto? ¡Yo soy más que mi cuerpo! Si no quieres estar más conmigo te pido que me lo digas porque no merezco ser engañada, ni despreciada.

Roxy relata que el alma de su pareja está callada, ausente como siempre (en la entrevista refirió que su pareja no dialoga). Le solicito que mire sus ojos y observe que le dice.

C: Que se quiere quedar, que no quiere perderme a mí y a nuestra hija.

Le pido que le reclame a su pareja su energía de mujer que no pudo darle y así lo hace. Luego le solicito que retroceda todavía más y vaya a la primera vez en la que experimentó sensaciones parecidas a estas.

Relata que está en una oficina en una entrevista de trabajo y le informan que no pueden darle el trabajo por su físico, porque necesitan una persona ágil que suba y baje escaleras todo el día.

T: ¿Qué haces tú cuando te dicen esto?
C: Me voy
T: ¿Qué estás sintiendo?
C: Me enojo conmigo misma.
T: Siente profundamente ese enojo, ¿cuál es el motivo por el que te enojas contigo misma?
C: Por mi cuerpo.

T: ¿Cómo es eso para ti?
C: Tengo sobrepeso, no me entra la ropa y me da bronca.
T: Siente esa bronca... ¿cuál es el momento más terrible de esta experiencia?
C: Cuando me dicen que necesitan una persona ágil. Me quedo dura, asombrada, me invade la bronca porque no tuvieron en cuenta mi currículum, mi experiencia, solo miraron mi físico.
T: Cuando te dicen que necesitan una persona ágil, ¿dónde está y qué está haciendo tu alma?
C: Está afuera, desconcertada, con rabia.
T: Y mira esto, ¿de qué manera todas estas sensaciones están afectando tu vida actual?, ¿qué te hace hacer?
C: Que me quiera ir de los lugares donde no me siento cómoda, de donde no me aceptan como soy.
T: Y eso, ¿qué te impide?
C: Me impide tomar el control de mi vida sin importarme lo que los demás digan u opinen de mí.

Al solicitarle que hable con el alma de la persona que la entrevistó, le dice lo siguiente: ¡Quién te crees que eres para decidir si puedo o no subir escaleras! Ni siquiera miraste mis antecedentes laborales, solo miraste mi cuerpo, no es justo, soy más que un cuerpo, soy inteligente, trabajadora y capaz, no tenías derecho a denigrarme por mi cuerpo, no es justo. Luego, solicita que le devuelva su energía y la recibe.

T: Retrocede aún más ... experimentando estas mismas sensaciones.

Se encuentra en un salón velatorio, tiene 24 años, es el velatorio de su abuelo materno y en la sala de al lado están velando a un médico que la ayudó a bajar de peso en su adolescencia.

T: ¿Qué estás sintiendo en el velatorio del médico?

C: Miedo, frustración, inseguridad. Él me mostró que podía adelgazar.

T: ¿Y ahora?

C: Sonríe... creo que puedo lograrlo.

T: ¿Cuál es el momento más significativo de esta experiencia?

C: Cuando me entero de que el doctor había muerto, me voy a verlo, siento tristeza, angustia. Él ayudaba a otros y no se ayudó a sí mismo.

La Consultante refiere que su alma en ese momento está a su lado, se achica porque está triste.

T: Todo esto, ¿de qué manera está afectando tu vida actual y qué te hace hacer?

C: Cuando estoy triste soy vulnerable, me aíslo, para que no me vean que sufro y me impide mostrarme tal cual soy.

Después, Roxy habla con el alma del doctor, le da las gracias por enseñarle a comer sano, aunque no ha sido constante, le agradece por ser buena persona y ayudarla a estar mejor... lamenta que se haya ido tan joven... y que descanse en paz.

Le pido que retroceda más todavía... en dónde experimentó estas mismas sensaciones. Está en la costa del lago con sus tíos, tiene 16 años. Van a esquiar. Comienza a esquiar su prima y le piden que se baje porque el motor no tiene fuerza por llevar mucho peso. Se enoja, se baja y siente angustia en el pecho.

T: ¿Cuál es el momento más marcante de esta experiencia?

C: Cuando me hacen bajar de la lancha.

T: Cuando bajas de la lancha, ¿cuáles son tus reacciones físicas?

C: Estoy tensa

T: Cuando estás tensa, ¿cuáles son tus reacciones emocionales?

C: Me enojo, me siento culpable
T: Cuando te enojas y te sientes culpable, ¿cuáles son tus reacciones mentales?
C: ¿Cómo me pueden hacer esto?

Cuando la bajan de la lancha, Roxy relata que su alma está en la costa y está enojada.

T: Todo esto, ¿de qué manera está afectando tu vida actual y qué te hace hacer?
C: Reprocharme cosas, no hacer nada para cuidad mi cuerpo y bajar de peso.
T: Y esto, ¿qué te impide?
C: Disfrutar de la vida.

En otra experiencia de su alma, Roxy está en su casa, tiene 14 años, están almorzando y la madre le dice "¡Deja de comer porque nadie te va a querer!", al pedir que le sirva por segunda vez.

T: ¿Qué sientes en ese momento?
C: Me siento frustrada, triste, despreciada. Lo siento en el abdomen.
T: ¿Cuál es el momento más significativo de esta experiencia?
C: Cuando me dicen que nadie me va a querer, me paralizo, siento enojo, desprecio y ¿por qué nadie me va a querer? No he hecho nada malo.

Su alma se esconde detrás de Roxy al momento que le dicen que "nadie la va a querer", porque tiene miedo.

T: Todo esto, ¿cómo está afectando tu vida actual y qué te hace hacer?

C: Cuando me desvalorizan me quedo quieta, no digo nada para que no haya consecuencias, eso hago en mi trabajo ahora.
T: Eso, ¿qué te impide?
C: Decir lo que siento.

Ahora hago que Roxy le hable al alma de su mamá.

C: Mamá me podrías haber dicho lo mismo de otra manera, me hiciste pasar vergüenza y sentirme culpable. También sé que fue la manera en que pudiste hacerlo y que era para mi bien. Te entiendo, aunque me sentí mal, pero te agradezco, porque era tu forma de cuidarme. Te amo mamá.

Va a otra experiencia de su alma en la que está en la vereda de su casa, es de noche, está con dos amigas, tiene 6 años, están jugando, le gusta un chico, pero él está pendiente de su amiga, eso la enoja y siente inseguridad.

T: ¿Dónde sientes ese enojo, esa inseguridad?
C: En el abdomen. ¡El chico se va con mi amiga!
T: ¿Cuál es el momento más difícil de esta experiencia?
C: Cuando elije a mi amiga. Permanezco quieta, me siento despreciada, ¿por qué no le gusto?
T: ¿Cómo estas sensaciones están afectando tu vida de adulta?, ¿qué te hace hacer?
C: Me siento insegura, despreciada, no hago nada para bajar de peso, me gusta comer y no logro comer sano, no pongo el foco en mí, no cuido mi cuerpo, no sé quererme como soy.
T: Y eso, ¿qué te impide?
C: Elegir a la persona que me quiera tal cual soy.

Su alma está en un árbol, mira desde arriba. Todo esto está afectando su vida de adulta y hace que se mire por fuera y se olvide lo que es como persona. No puede valorarse, quererse más, mirarse interiormente.

Luego le solicito a Roxy que hable con esas partes de su alma en las diferentes experiencias del alma: donde se mira al espejo; donde está en la cama con su pareja; en la entrevista de trabajo; cuando se entera de la muerte del doctor; cuando la bajan de la lancha; donde le dicen que si sigue comiendo no la van a querer; y cuando el chico que le gusta elije a su amiga. Le explica que esa experiencia ya terminó, que ahora puede defenderla, cuidar cada fragmento que quedó atrapado, que tiene herramientas que antes no tenía y le pide que regresen con ella. Todas las partes de su alma aceptan regresar, recuperando esas fracciones de energía.

Se trabaja con cada experiencia en particular, solo que por cuestión de espacio lo he resumido. También incorporo una herramienta de "sanación del niño interior" que por los mismos motivos no la transcribo.

T: Ahora vas a ir a la primera vez en la que experimentaste estas sensaciones, 1, 2, 3... ¿dónde estás?
C: En la panza de mi mamá.
T: ¿Cómo es ese lugar?
C: Lindo.
T: ¿Cómo se siente estar en la panza de tu mamá?
C: Es seguro.
T: ¿Es tu mamá de esta vida o es de otra vida?
C: De esta vida.
T: ¿Qué estás sintiendo en la panza de tu mamá?
C: Mucha tranquilidad.
T: ¿Qué edad tienes?
C: Ocho meses.
T: ¿Qué está pasando?
C: Me estoy moviendo porque me gusta y siento alegría.

T: ¿Qué dice tu mamá cuando te mueves?
C: Chiquita quédate quieta. Escucho a mi mamá que dice que me quiere, que soy hermosa.
T: ¿Está tu papá por allí?
C: No
T: Vas a avanzar a otro hecho significativo en la panza de mamá, ¿qué está pasando?
C: Es chico el lugar.
T: ¿Qué sientes?
C: Estoy inquieta, incómoda, quiero salir.
T: ¿Qué edad tienes?
C: Nueve meses y estoy saliendo.
T: ¿Qué haces para salir?
C: Empujo
T: Muéstrame como lo haces.

Roxy empuja con la cabeza y los pies. Esto tiene la finalidad de agotar todas las emociones, experimentar lo que no pudo antes y así terminar con eso. Sentir en el cuerpo todas las sensaciones que pueda.

T: ¿Qué dice tu mamá cuando siente que haces fuerza para salir?
C: Que espere un ratito, que quiere llegar rápido al hospital.
T: ¿Qué está sintiendo ella?
C: Se echa la culpa porque comió dos platos de ñoquis y ahora yo quiero salir.
T: ¿Y tú qué estás sintiendo cuando tu mamá se culpa?
C: Solo quiero salir.
T: Esa culpa… ¿la está sintiendo tu mamá o tú?
C: Las dos.
T: ¿Qué dice tu papá cuando quieres salir?
C: Está nervioso.
T: Hasta aquí, ¿cuál es el momento más marcante dentro de la panza de tu mamá?

C: Cuando me siento culpable por los dos platos de ñoquis que se comió mi mamá y empujo, quiero salir para conocerla y me pregunto, ¿quién me cuidará?

T: ¿De qué manera estas sensaciones están afectando tu vida de adulta?, ¿qué te hace hacer?

C: Ser insegura, me culpo por las cosas de otros, pienso más en los otros que en mí.

T: Y eso, ¿qué te impide?

C: Decidirme a cambiar mi vida, a valorarme más.

T: Y esto: "quédate quieta chiquita", "espera un ratito", ¿de qué manera estas sensaciones están afectando tu vida de adulta?, ¿qué te hace hacer?

C: Postergar cosas por los demás, quedarme inactiva, no logro hacer cosas para mí, para mi vida.

T: Eso, ¿qué te impide?

C: Postergo cosas con excusas.

T: De qué manera esto de "¿quién me va a cuidar?" está afectando tu vida de adulta, ¿qué te hace hacer?

C: Soy insegura y busco refugio en la comida.

T: Esto, ¿qué te impide?

C: Ser libre de decidir lo mejor para mi vida.

T: ¿Qué está pasando que te tocas la panza?

C: Estoy apretada, ocupo todo el espacio y la panza de mi mamá me comprime, quiero salir. Siento algo pesado acá que molesta (abdomen).

T: Siente esa sensación en tu abdomen, ¿es tuya o de tu mamá?

C: De mi mamá.

T: ¿Qué haces tú?

C: Comienzo a moverme mucho.

T: Muéstrame cómo lo haces (zigzaguea).

C: Me siento rara.

T: ¿Cómo es eso?

C: Siento una respiración.

T: ¿Es tu respiración o es de otra persona?

C: Es de mi mamá, se asusta por los movimientos y salimos para el hospital.

T: ¿Dónde está tu papá?

C: Aquí con nosotras. No dice nada, está nervioso.

T: Llegan al hospital... ¿qué pasa?

C: Estoy naciendo. Ya nací, salí rápido.

T: ¿Cómo es eso?

C: Alguien me empuja, una enfermera, con sus manos.

T: Muéstrame cómo te empuja (es la maniobra de Kristeller, consiste en presionar de modo enérgico con ambos puños o con el antebrazo sobre el fondo del útero, ya no se utiliza), ¿qué estás sintiendo cuando te empujan?

C: Alivio. Salgo.

T: ¿Qué estás sintiendo al salir?

C: ¡Puedo respirar!

T: ¿Cuál es el momento más difícil de tu nacimiento?

C: Cuando mi mamá siente una cosa pesada en la panza y me aprieta.

T: ¿Cómo reaccionas física, emocional y mentalmente?

C: Me muevo para salir. Estoy apurada, no quiero que mi mamá sufra, es por mi culpa.

T: Fíjate, ¿de qué manera todas estas sensaciones están afectando tu vida de adulta?, ¿qué te hace hacer?

C: Me da impotencia cuando no puedo resolver los problemas de otros y me siento culpable y como compulsivamente para aliviar esa sensación.

T: Y eso, ¿qué te impide?

C: Ocuparme de mí, ver que la comida no me saca las culpas.

Le solicito que vaya al instante donde comienzan las contracciones uterinas y que se permita experimentar su nacimiento profundamente, dejando que su cuerpo haga todo lo que sea necesario para salir de allí definitivamente. La ayudo a sentir las contracciones a través de recursos terapéuticos.

T: Siente las contracciones uterinas profundamente, ¿qué sientes cuando comienzan las contracciones uterinas?
C: No tengo espacio, ocupo todo el espacio.
T: ¿Qué haces cuando no tienes lugar?
C: Hago fuerza y me muevo para salir. (Me muestra cómo lo hace).
T: En ese momento, ¿qué está pasando con tu mamá?
C: Ella hace fuerza, le duele.
T: ¿Está tu papá allí?
C: No
T: ¿Qué dicen los médicos?
C: ¡Es grande!
T: ¿Qué parte de tu cuerpo sale primero?
C: La cabeza. (La ayudo a sentir la presión de la cabeza en el canal de parto).
T: ¿Qué siente la cabeza cuando entra en el canal del parto?
C: Empuja.
T: Eso es, empuja, ¿qué les pasa a tus hombros cuando están en el canal del parto?
C: Hacen fuerza. (Me muestra cómo lo hace).
T: ¿Qué le pasa a tu abdomen cuando estás en el canal del parto?
C: Se mueve, ya salió la cabeza.
T: ¿Qué estás experimentando ahora mismo?
C: Sé que el resto sale rápido. Salen mis piernas también.
T: ¿Qué dice el médico cuando sales?
C: Es perfecta.
T: ¿Qué sientes al escucharlo?
C: ¡Me gusta!
T: ¿Qué dice tu mamá cuando te ve?
C: Nada.
T: Mira que te dicen sus ojos.

C: Es bella, siento amor.

T: Siente ese amor profundamente... ¿cuándo la ves a tu mamá por primera vez?

C: Apenas nací.

T: ¿Está tu papá?

C: No.

T: ¿Qué te dice tu papá cuando te ve por primera vez?

C: Es un cuchi (expresión para referirse a un cerdito).

T: ¿Qué sientes cuando escuchas esto?

C: Es feo, no me gusta, ¡Cómo me va a decir eso!

T: Ahora, habla con el alma de tu mamá y le vas a decir lo que necesites expresarle.

C: Gracias mamá por haberme dado la vida, por quererme tanto, por cuidarme. Te quiero mucho. (Roxy está emocionada).

T: Abraza a tu mamá y exprésale tu amor. Ahora, háblale al alma de tu papá.

C: Gracias por haberme dado la vida, por quererme... aunque a veces no me sentí cuidada. No me gustó que me dijeras "es un cuchi", me sentí fea, gorda, despreciada, sé que fue una expresión de cariño, aunque me hizo mucho daño, ahora entiendo porque siempre me sentí gorda, pero te perdono, te quiero.

Hay un quiebre, un darse cuenta y eso hace consciente lo inconsciente, en el proceso de sanación. Le pide a su padre que le devuelva su energía de hija y la recibe. A las almas del médico y la enfermera les agradeció por su trabajo.

T: Fíjate, ¿de qué manera todas estas sensaciones están afectando tu vida de adulta? Esto de "es un cuchi" ¿Qué te hace hacer?

C: Me siento mal porque me veo gorda, no me gusta mi cuerpo, me desvalorizo.

T: Y eso, ¿qué te impide?

C: No puedo accionar para adelgazar, pensar en mí, quererme más, adquirir hábitos saludables, aprender a decir "no".
T: Fíjate, ¿qué has venido a aprender con estos padres?
C: Aprender a respetarme, a no aceptar la infidelidad, a perdonar, soltar y seguir.
T: Mira esto otro, ¿cuál es el propósito de vida para esta encarnación?
C: Aprender a ser libre.
T: Ahora, ¿estás dispuesta a cortar el cordón umbilical?
C: Sí claro.

Realizo el corte energético de cordón. La consultante toma conciencia que al cortar el cordón se ha transformado en un ser libre. Que es otra experiencia, es una nueva oportunidad para su alma. Al cortar el cordón se corta con la fuente de donde provenían todas esas sensaciones que tienen que ver con su compulsión de comer, con su sobrepeso, de sentirse frustrada con su cuerpo, de no pensar en ella por estar pendiente de lo que quieren los demás, dejar atrás las inseguridades.

Posteriormente, introduzco una técnica de progresión que contribuirá a conectarse con lo que quiere lograr, con lo que quiere seguir sanando.

T: Muy bien... ahora vas a elegir un color, un color que sea de tu agrado y que estés necesitando en este momento... ¿qué color eliges?
C: Naranja.

Trabajo con el color naranja por todo su cuerpo y profundizando más en zonas claves como su garganta para que pueda expresarse; en sus órganos femeninos para trabajar la energía femenina, su energía de mujer; en su corazón para atraer su amor propio; y en su cerebro para traer una nueva vibración a sus pensamientos, acercándola a hábitos saludables y lo hago dando sugestiones para que se sienta hermosa, inteligente, deseada, capaz de controlar la compulsión de comer, se sienta segura, con alta autoestima, dispuesta a amarse para así amar a los demás. El color naranja ahora la envuelve de cabeza a pies. Esto la prepara para una transición amorosa al estado de consciencia física habitual y que se sienta tranquila, en calma y segura. (Abre sus ojos).

T: ¿Cómo te sientes?
C: ¡Muy bien!
T: ¿Puedes repetirlo?
C: ¡Muy bien! (se despereza con una sonrisa en su rostro).

Al terminar cada sesión presencial, llevo a cabo un ritual que comparto con el consultante, a través de una infusión, elegida acorde a lo generado en la sesión. El objetivo es el acompañamiento y para que tenga la oportunidad de hacer algún comentario de la sesión si lo necesita.

Testimonio de la Terapeuta

Elegí este caso clínico porque la sesión está atravesada en su totalidad por experiencias relacionadas con su cuerpo, con un broche final en el momento del nacimiento. Queda de manifiesto que la desvalorización, la inseguridad, la culpa y el sobrepeso van de la mano. Cada situación que experimentó está íntimamente emparentada con el sentir de su cuerpo en diversas áreas de su vida como la familiar, de pareja y la laboral. Espero que este caso contribuya a hacer consciente lo inconsciente de muchos lectores y lo disfruten.

Testimonio de la Consultante

Le solicité a Roxy que escribiera su experiencia en esta sesión y los resultados que logró.

"Al pedirme que cuente mi experiencia de la sesión, me llenó de felicidad al poder saber que con mi experiencia podría ayudar a otras personas.

El día que llegué al consultorio, me sentía como un barco sin timón, sin saber con qué me podría encontrar. En mi vida no existían metas, sueños, y mucho menos amor propio, siempre me sentí desvalorizada, que todo lo que hacía necesitaba de la aprobación de los demás, siempre complaciendo y siendo para los demás lo que ellos querían ver de mí, porque creía que si mostraba quien era realmente, corría el riesgo de perder a las personas que me rodeaban. Fui yo quien les vendió el personaje. Todo fue una gran mentira para mí misma, siempre callada y correcta para que nadie se ofenda y nadie pudiera hablar mal de mí. Había llevado por años, tan bien el personaje, que cuando quise ser yo misma, ya no sabía quién era. Este proceso comenzó el día que perdí a mi madre, mi amiga, mi compañera entrañable, la persona que sabia quien yo era realmente. Cuando ella se fue, el mundo que había creado, de repente se rompió y ahí empezaron todos mis problemas existenciales de no saber quién era y qué es lo que quería para mí.

Empecé a buscar ayuda y sé que Dios me llevó a Noemí, ella en la entrevista preconsulta me hablaba de cosas que yo no lograba entender cómo podría acompañarme en el proceso de sanación de mi alma. Al escucharla me pareció fantástico, aunque admito que sentí miedo a la vez, regresar a mi niñez, a mi adolescencia donde aún resonaban palabras de mi padre, que cuando se enojaba decía que era inútil o que no servía para nada, era algo para lo que no estaba preparada, ya no contaba con mi madre para que me defendiera. Ese día volví a casa y mil cosas pasaron por mi mente y resonaban solo tres palabras "vas a lograrlo". Así fue como me embarqué en la experiencia extraordinaria de revivir momentos de mi pasado donde muchas veces fui lastimada y otras veces muy feliz.

Mi primera sesión fue memorable, me llevó al momento de mi nacimiento, ver los ojos de mi madre mirándome y ver su cara de felicidad por mi llegada, se me estremece la piel al recordar aquel bello momento, vivir esa experiencia me llenó de amor, sentir el amor de mi madre y volver a verla, no tengo palabras para describir aquella escena que volvería a experimentar. Luego llegaron los momentos donde fui denigrada verbalmente y sentir lo que sentía esa niña indefensa, que hizo que mi corazón se comprima, aunque luego pude hablar con esa niña que sufría en silencio, indefensa y decirle que nada era su culpa, que ella es hermosa y fuerte, la abracé y sentí que el corazón ya no estaba comprimido, sentí alivio, como una bocanada de aire fresco entrando en mi cuerpo. Una vez que logré sanar a mi niña interior y sus heridas, era tiempo de encontrarme con todas las personas que me habían hecho daño, la que más peso tenía, era mi padre, perdonarlo y soltarlo. También, fue difícil perdonarme a mí misma, lo sentí hasta los huesos, perdonarme por no aceptarme, por no querer mi cuerpo, por lo miedos, por no amarme, por permitir que los demás me lastimen, por no ser yo misma, por no respetarme, por no cuidarme...

No tengo palabras más que de agradecimiento hacia Noemí, solo puedo decirles, que se permitan experimentar con el alma, con deseos de sanar. Personalmente me cambió la vida, amo la persona que estoy siendo hoy, no reniego de mi pasado, porque de ello aprendí, tampoco culpo a nadie, me hago responsable de cada decisión que haya tomado, llegar donde estoy me costó muchísimo, el cambio trajo la soledad de algunas amistades, ya no entraban en esta nueva Roxy, no todos aceptan el cambio, y en el ámbito familiar, aún no se acostumbran, pero eso, ya no es mi problema. Aceptarme y amarme me enseñó a no permitir más maltratos de nadie, que nadie tiene el derecho de hacerme daño. Sigo aprendiendo de mí, ya no me siento menos que nadie, me acepto tal cual estoy siendo, siempre voy a estar agradecida con Noemi por el amor que puso en el acompañamiento y por ayudarme a sanar mis heridas.

Roxy

Contacto
Dra. Noemí González Casalegno
evolucionmedicinaintegrativa@gmail.com

La Sombra en el Vientre de Mamá

Por Patricia Umaña Hill

Sobre la Autora

Patricia, nacida en El Salvador, es Graduada en Educación por de la Universidad Nacional de El Salvador. Certificada por el Centro Nacional para el Estrés Traumático Infantil en USA. Certificada para la enseñanza del idioma español por ACTFL en USA. Ha participado como voluntaria en proyectos apoyados por la Unión Europea, en colaboración con el Ministerio de Educación y Ciencia de España, como Auxiliar de Lengua Inglesa en Escuelas Públicas en Andalucía, a lo que hay que sumar su experiencia laboral y terapéutica en Centro América y USA. Ha trabajado en la enseñanza la mayor parte de su vida formando a niños y adultos de diversas partes del mundo.

Nació con habilidades psíquicas. El deseo de sanar su propio dolor la ha llevado al estudio de terapias alternativas o complementarias de salud. Practica la sanación y la limpieza energética en personas y lugares. Utiliza plantas, hiervas, sahumerios, sales especiales y otra serie de recursos en dicho trabajo. Es canalizadora y tarotista intuitiva.

Certificada como Investigadora de Espiritismo por el Grupo Espirita de El Salvador. Certificada como Maestra de Reiki y como Terapeuta Regresiva en España. Es miembro de la Junta Directiva de la Asociación Española de Terapia Regresiva (AETR), en la que, además, forma parte del Grupo de Traductores e Intérpretes y del Comité Organizador de los Congresos Internacionales que dicha asociación organiza cada año. Es coautora del libro 'Terapia Regresiva y Almas Perdidas" el cual ha sido traducido al inglés como "Regression Therapy and Lost Souls".

Su formación específica en Psicoterapia Regresiva ha corrido de la mano del Psicólogo Carlos González Delgado, ampliándola con la realización del I Curso Internacional de Entrenamiento Avanzado en Terapia Regresiva, organizado por el Centro Atma de Cártama (Málaga, España) y avalado por AETR, la Asociación Chilena de Terapeutas en Vida Pasada (ACHTEVIP) y la Asociación Argentina de Terapia de Vidas Pasadas (AATVP).

Sobre la Consultante

Marleni es una mujer de algo más de 40 años de edad radicada en el área de Washington D.C. USA. Su madre recientemente ha fallecido y esto la ha desbordado. Manifiesta sentir mucho resentimiento con ella porque no la crio debido a que tuvo que emigrar y al reunificarse la relación no fue nada buena.

Sesión realizada vía on-line

Málaga, 7 de junio del 2023

Terapeuta (T): ¿Cuál es tu motivo de consulta?

Consultante (C): Quiero ser plena y resolver mis relaciones con los hombres. Yo tengo mucho problema con la parte izquierda de mi cuerpo. Esa parte me duele. Cuando camino o hago ejercicio, no me deja ser al cien por cien de mis posibilidades físicas, ya que, si no fuera porque me duele tanto, podría hacer más cosas físicamente. Llevo mucho resentimiento con mi familia, mi mamá, mi papá y los humanos en general. No poder lograr las metas que tengo me está provocando mucha ansiedad. Es el conflicto mayor para mí en estos momentos y no sé si mis reacciones corresponden con un trauma real o no.

Marleni ya ha entrado en conciencia expandida y la sesión prosigue de la siguiente manera:

C: Me está doliendo mi espalda… siento mucho dolor emocional… siento mucha náusea.
T: ¿A qué se debe esto?
C: Tengo mucha resistencia, es que no fluyo. Toda la resistencia que tengo la guardo en el cuerpo.
T: ¿Hay alguna parte específica de tu cuerpo donde guardes esa resistencia?
C: En el lado izquierdo.
T: ¿Que estas sintiendo ahí?
C: Nada
T: ¿Y cómo es esa nada para ti? Fíjate, ¿tiene algún color?
C: Tiene un color morado, como si fueran olas en el mar que vienen y van. Me siento bloqueada, como que no puedo seguir.
T: ¿Tienes cuerpo?
C: No. Estoy no más en lo obscuro, flotando. No hay nada, solo ahí.
T: Irás a la última vez en esa experiencia donde sí tienes un cuerpo, 1, 2, 3... ¿Qué está pasando?
C: No. No hay nada.
T: ¿Qué está pasando?
C: No sé, no tengo edad.
T: ¿A qué se debe que no tengas edad?, ¿dónde estás?

C: No, sigo viendo esa luz.

T: Avanzarás un poco más en esta experiencia, 1, 2, 3. ¿Qué está pasando?

C: No puedo avanzar, sigo ahí. Estoy cómoda ahí.

T: Retrocederás sin límite en el tiempo e irás a un momento antes de estar ahí, de llegar ahí. ¿Dónde estás?

C: Estoy en un lugar diferente donde hay más luz. Es un espacio que tiene más forma, pero no es un lugar físico.

T: ¿Qué color es ese lugar?

C: Es de color gris, tiene forma como si fuera una roca, que tiene muchas formas, pero no es lisa...

T: ¿Qué sientes estando ahí?

C: Siento curiosidad.

T: Explora ese lugar, muévete por ahí, ¿qué más logras ver? Fíjate si hay algún otro ser ahí contigo

C: No, ahora ya no voy a... Estoy enfocada en mi cuerpo.

T: Eso es. Ahora sí tienes cuerpo. Muy bien. ¿Y qué está pasando con tu cuerpo?

C: Estoy sintiendo resistencia.

T: Muy bien, pues fíjate... que tú tienes el poder de bloquear esa resistencia. Porque quizá haya algo ahí que te está impidiendo ver eso que tu alma quiere mostrarte. Pero tú eres más fuerte que ese algo. No hay nada ni nadie que pueda bloquearte si tú así lo decides. ¿Quieres permitirte la experiencia?

C: Sí.

T: Muy bien, a la cuenta de tres, y guiada por tu alma, volverás a este lugar gris con forma de roca. Fíjate si ahí hay algún ser alrededor tuyo... y recuerda que tú tienes el poder y no hay nada ni nadie que pueda evitarte percibir lo que tu alma quiere mostrarte.

C: Siento mucha presión en la cabeza.

T: ¿Y a qué se debe esta presión?

C: Es como sí mi mamá estuviera dando a luz.

T: ¿Tu mamá te está dando a luz?

C: Sí.

T: Siente esa presión en tu cabeza, ¿qué sientes?

C: Que es muy doloroso.

T: ¿Qué piensas mientras estás sintiendo esto?

C: Que este mundo es muy doloroso. ¡No, saliendo a este mundo!

T: Y fíjate. Esto de la presión en mi cabeza, este mundo es muy doloroso, esto de salir... ¿qué te hace hacer en tu vida actual como Marleni?

C: Es lo mismo. Es la misma resistencia. Estar tensa. No querer estar. Hay muchas normas. Muchas reglas.

T: Y esta resistencia, ¿qué te impide hacer en tu vida actual como adulta?

C: Todo. Sentirme libre.

T: Y esto de estar tensa, ¿qué te impide hacer?

C: Todo lo que pueda hacer. Siempre estoy poniendo resistencia a todo.

T: Esto de no querer estar. ¿Qué te impide hacer?

C: Ser yo plenamente.

T: Volverás a ese instante en el que mamá te está dando a luz y lo revivirás muy lentamente. ¿Cuál es el momento más terrible para ti?

C: Cuando siento esta presión en mi cabeza. Es muy doloroso. No sé. Este mundo es muy doloroso.

T: Y cuando sientes eso, ¿qué logras pensar?

C: Tengo que alivianar, sacar esa presión que siento.

T: ¿Puedes sentir a mamá?

C: Sí.

T: ¿Qué está pasando con mamá?

C: Tiene mucho sufrimiento y mucha náusea. Quiere que salga, pero yo no quiero.

T: ¿Y a qué se debe que no quieras?

C: No sé muy bien.

T: Avanzarás muy lentamente e irás hasta el momento en que sales del todo. Fíjate si te alivias esa presión. Ve saliendo del canal y siente las paredes del útero de mamá como a cámara lenta.
C: Me siento más tranquila.
T: No está tan mal estar afuera, ¿verdad?
C: No.
T: ¿Cómo es para ti estar afuera?
C: Ya no estoy ahí, ya estoy viajando para otro lugar.
T: ¿Y qué pasa con tu cuerpo? ¿Estás en tu cuerpo?
C: No, no lo entiendo. No, ya no estoy ahí. Porque quiero ver otra cosa. Ando buscando otra cosa.
T: ¿Qué andas buscando?
C: No sé. Tengo mucha curiosidad.
T: ¿Y qué pasa con tu cuerpo?, ¿lo puedes ver?
C: Pues esa experiencia ya se quedó en ese momento.
T: A la cuenta de tres, irás a este momento en el que abandonas ese cuerpecito. Y muy lentamente me describirás cómo lo haces, 1, 2, 3... ¿Qué está pasando?
C: Yo no soy eso. Soy espíritu. Soy fuerte. Sí, lo siento. ¡Claro!
T: Déjame decirte una cosa, a veces el alma tiene la habilidad de abandonar el cuerpo por cualquier circunstancia. Lo hace para escapar de esto que hemos venido a trabajar. Pero lo cierto es que para poder sanar necesitamos hacerlo desde el cuerpo también. Porque de alguna forma nuestra alma a veces se atrapa en un cuerpo. Y dime, solo si es verdad para ti, si siendo bebé, en el momento o después de salir del útero de mamá, ¿tu alma se escapó o no de tu cuerpo?
C: No.
T: ¿Hay una parte de tu alma en tu cuerpecito?, ¿tu alma se ha dividido?
C: No, no se ha dividido.
T: Entonces, ¿qué ha pasado con tu cuerpecito?
C: Pues eso fue una experiencia y ahora estoy en un diferente lugar.

T: Muy bien. Ahora avanza en esta experiencia, en este lugar donde estás. ¿A qué se debe que estés en este lugar?
C: Porque siempre regreso a mí, a quien yo soy.
T: ¿Y quién eres?
C: Soy esa alma plena. Esas otras cosas solo son experiencias.

Según mi experiencia en este campo, algunas almas tienden a salir del cuerpo del feto cuando viven ciertas experiencias durante el período de gestación. Esto sucede, sobre todo, cuando el alma sabe o intuye de alguna manera que el aprendizaje que corresponde a esas experiencias le resultará muy difícil de integrar. En estas situaciones, el alma tiende a dividirse o fragmentarse, lo que implica hallarse en diferentes espacios o tiempos a la vez, sin estar plenamente presente en su cuerpo físico. Para cerciorarme, pido a la Consultante retroceder en el proceso de la gestación de la siguiente manera:

T: Retrocederás hasta el momento en el que estás en el vientre de mamá. Tienes nueve meses. Cuento hasta tres y estarás ahí, 1, 2, 3... ¿qué se sientes al estar ahí?
C: Bien, tengo muchas sensaciones de náuseas.
T: ¿Son las mismas náuseas de mamá?
C: Sí
T: Retrocederás un poco más e irás desde los nueve hasta la edad de ocho meses de gestación y me dirás si estás en el vientre de mamá, 1, 2, 3...

Todo parecía estar bien con la madre y la consultante en el periodo de 8-6 meses de gestación. Nada que puntualizar durante este.

T: Ahora retrocederás a la edad de 6 meses en el vientre de mamá, ¿hay algo que tu alma quiera mostrarte?

Aquí es donde la Consultante comienza a tomar conciencia de que hay algo exterior a ella o su madre que la está afectando.

C: Siento una carga de energía negativa.
T: Siéntela, ¿de qué color es?
C: Es negra, pero no muy negra.
T: Y mientras sientes esa energía negra, ¿qué siente tu cuerpecito? ¿es tuya o de mamá?, ¿a qué se debe o qué hace esa energía negra ahí?
C: Es como si la energía negra me estuviera atrapando así... cubriéndome, como cuando te cubres con una sábana.
T: ¿A qué se debe esto?
C: No sé.
T: Fíjate en tu cuerpecito, ¿tienes ya manitas y piececitos?
C: No.
T: ¿Cuántos meses de gestación tienes?
C: Dos.
T: ¿Es a esa la edad, a los dos meses, cuando por primera vez esa energía te envuelve?
C: Sí.
T: Esa energía, ¿es tuya o es de afuera?
C: Llega de afuera. Sí, eso llegó de afuera, la energía llegó a mi vientre de afuera. ¡No sé por qué!
T: Ahora lo vamos a averiguar. Estás ahí con dos mesecitos de gestación, y fíjate, ¿esa energía de afuera tiene que ver con mamá o con papá?
C: Creo que con mamá.

La consultante sigue instrucciones y crea una sala de encuentro y para ello elige el color violeta.

T: Esta ahí en esa sala donde estas totalmente protegida... y vas a llamar a esa energía negra, y la vas a posesionar frente a ti, vas a sentir cómo tu corazón se expande. Siente tu energía pura y como estas protegida por esa luz violeta, y vas a sentir cómo tu alma te permite ver más allá de lo que tus ojos físicos pueden hacerlo. Ahora, vas a conectar con esa energía oscura que está frente a ti, sin que te pueda envolver esta vez, porque esta vez estás protegida por la luz violeta, y por eso que tú eres, y vas a preguntarle a esa energía oscura, ¿qué quiere? Fíjate si adquiere alguna forma, si tiene ojos, si te transmite algo, si te dice algo.

C: ¡Quiere estar ahí porque es parte de mí! Sí, pero yo sé que no.

T: Pregúntale por qué está ahí contigo.

C: No, no puede estar ahí esa energía.

T: Ahora, pondrás esa energía a un lado. Acuérdate que estás totalmente protegida en este momento. Visualizarás a tu madre y pregúntale qué está sucediendo cuando tienes dos meses en su vientre.

C: Ella siente náuseas y a mí me duele el pecho y siento como que me quiero desmayar. No, es mi mamá quien realmente se quiera desmayar.

Durante los desmayos, en ocasiones el Alma abandona el cuerpo. Es un momento delicado, ya que cualquier energía puede entrar en el campo vibratorio o en el cuerpo de esa persona y en este caso podría ser el momento en que esa energía pudo haber envuelto al feto que se está gestando en el cuerpo de esta mujer embarazada. De ahí la necesidad de indagar y comprobar si este es el caso en esta sesión.

T: Ponle atención a esto y dime, ¿es en ese momento cuando mamá se quiere desmayar cuando esa energía entra?

C: Es posible.

T: Entonces de una forma más profunda volverás a este momento en el vientre de tu madre, cuando tu madre está sintiendo esas náuseas y tú solo tienes dos meses de gestación, y con los ojos de tu alma que ve y te lo revela porque lo sabe todo, vas a ver cómo es que esta energía llega a tu madre y luego a ti, ¿qué está sucediendo?

C: Mi mamá es muy susceptible. Es algo que la perseguía desde antes, desde varias generaciones antes.

T: Entonces, eso no te pertenece a ti, ¿verdad?

C: No, yo vengo a curar eso, es mi trabajo.

T: ¿Quieres hacerlo?

C: Sí, tiene que morir aquí.

T: ¿Sabes cómo hacerlo?

C: Sí.

T: Dime, ¿cómo lo haces?

C: Con el poder grande de mi espíritu, de mi alma. Porque yo tengo el poder. Porque le estoy pidiendo que tiene que irse y nunca más regresar. Porque eso no le pertenece ni a mí ni a mi futura generación. Y lo abrazo con amor para que se vaya. Lo abrazo tan fuerte hasta que se explota y desaparece. Porque soy libre.

T: ¿Va todo bien?

C: Sí, porque mi mamá, yo y mi hija tenemos que ser libres.

T: Fíjate si tu mamá y tu hija también son libres ahora que tú te has liberado.

C: Mi mamá y yo sí somos libres.

T: ¿Y qué sucede con tu hija?

C: No sé si lo va a entender.

T: No necesita entenderlo. Quizás tu hija tiene un proceso que vivir y pues algo que trabajar ella. ¿Será cierto eso?

C: No sé, pero yo le doy todo el amor.

T: Pues déjame decirte que cuando tú sanas algo, tú le ayudas a tu hija a sanar. Cierto es que tu hija ha elegido experiencias que vivir y pues le corresponderá a ella hacer su parte. Pero tú siendo su madre has hecho la tuya y la has liberado de algo, la has sanado. Y te has sanado a ti. Y has ayudado a tu madre. Ahora que ya te sientes completamente libre. Ya no hay nada que te envuelva, volverás a esa sala. Y tienes ahí frente a ti a tu madre. Fíjate si tu madre tiene algo que decirte.

C: Sí, nos perdonamos.

T: ¿Tú tienes algo que decirle a tu madre? Díselo. La tienes ahí frente a ti. Díselo en voz alta. Lo que te nazca.

C: Yo la quiero mucho y me libero y la libero.

T: Fíjate si ella tiene alguna última cosa que decirte.

C: Como que no se quiere ir, aunque es libre de eso. Sí, eso es, yo la libero también.

T: Dile a tu madre que busque la luz.

C: ¡Ya, ya!

T: Ahora visualízala yendo a la luz. ¿Está lista ella para partir?

C: Sí.

T: Ahora guíala a la luz. A veces cuando dejamos el cuerpo físico nos confundimos. Indícale el camino y suéltate de ella. Visualiza cómo que hay un hilo que las une a las dos. Tu ombligo con el ombligo de mamá. Y ahora vas a cortar ese hilo umbilical que energéticamente las une para que ella pueda continuar su camino y tú el tuyo siendo libres ambas. ¿Estás lista para eso?

C: Sí.

T: Visualizarás con los ojos de tu alma y cogerás una tijera y cuando yo cuente hasta tres vas a cortar ese hilo que une a mamá contigo. Mamá tiene que trabajar y trascender lo suyo como alma individual que es y tú, lo tuyo. Y ahora al cortar ese hilo la sueltas y le permites ir a la luz y te permites vivir tu vida siendo libre y siendo el ser que tú eres sin cargar cuestiones de mamá, ni de su pasado ni del pasado de tu familia. Nada más honrándola, honrando su pasado y honrando a su familia. ¿Estás lista?

C: Sí.

T: Muy bien, coge esa tijera y a la cuenta de tres lo cortas... Ya está cortado, sanado, transmutado eso obscuro que unía a mamá contigo. Dile gracias, madre por la vida, por el aprendizaje. Ahora vete a la luz, sigue tu camino que yo quiero seguir el mío siendo libre... Ahora asegúrate de que mamá vaya a la luz y cuando lo haga me lo dices.

C: Ya ha ido a la luz.

T: Ahora desde ahí de ese lugar de luz donde ella está, visualiza como recibes de ella en tu cuerpo de adulta esa energía que has necesitado desde niña. Siente como te llega su energía, toma cuanta puedas necesitar para ser tú plenamente, para hacer todo lo que quieres hacer y siente como esa energía te libera de ese dolor en tu espalda, de esas emociones, de ese resentimiento y de esa ansiedad...y cuando hayas recibido toda esa energía me lo dices.

C: ¡Ya!

Le pregunto a la Consultante si desea hablar con el alma de su padre y ella manifiesta que no es necesario porque con él todo está en paz, pero pide hablar con el alma de su hija.

C: Mi hija no quiere escucharme.

T: Tu hija tiene un proceso que seguir en el plan de su alma...y pues te toca respetar eso. Pero desde tu corazón puedes enviarle un rayo de luz... energía de amor, luz de madre, protectora, creadora...

C: Si, sé que ella va a estar bien. ¡Ha recibido mi energía!

La consultante termina esta terapia envolviéndose con una luz amarilla que ella elige y haciendo una visualización de la nueva versión de ella misma, ya sin esa energía que la envolvía... y finalmente, logrando todas esas metas que tiene.

Testimonio de la Consultante

He hecho 2 regresiones con Patricia, la experiencia ha sido profunda. En la primera regresión me ayudó a resolver muchos conflictos y a saber cuál es mi propósito en esta vida, también me ayudó a entender y dejar ir ciertas cosas que no me hacían bien.

En la última regresión, pude visualizar ir al vientre de mamá y hacer consciente el porqué de su rechazo hacia mí, por lo menos es lo que siempre he sentido. Nunca me dio amor. La relación con ella siempre fue muy tóxica.

También reviví el momento en que sentí rechazo por parte de papá, pude ver que cuando mamá se embarazó de mí y se lo confesó, él respondió que hiciera conmigo lo que le diera la gana, nunca se hizo cargo de la situación, ni quiso saber más de ella, *pues él era un joven que estaba en la universidad y eso era más importante. En la regresión pude comprender que estando en el vientre percibí ese rechazo de papá hacia mamá y lo tomé como mío y comprendí que mamá en consecuencia de ello, me rechazó toda la vida, ella decía que nunca quiso a papá. Desde siempre recuerdo que mamá decía que yo fui un accidente, pues ella no quería embarazarse y papá no quería tener hijos.*

Me crie con mis abuelos, de ellos siempre recibí mucho amor. A mis 14 años me mude a vivir con mamá a otro país lejos de mis abuelos, ella me abusaba mucho física y verbalmente, yo era muy joven y la vida me había cambiado mucho para entonces, fue para mí como un shock, no entendía por qué ella me maltrataba, porque tanto desamor. La regresión me ha ayudado a comprender esto. También he hecho consciente que ese rechazo de mamá hacia mí es el mismo que yo inconscientemente le transmitía a mi hija y que esto despertaba en ella una rebeldía hacia mí. El ser consciente de todo ello me ha cambiado mucho la vida, hoy en día trato de ser más comprensible con mi hija, esto nos ha permitido tener una relación más cercana recientemente, trato de entenderla y apoyarla más, de ser mejor madre para ella y mi hijo.

La Terapia regresiva me ha ayudado a entender mejor mi vida, a poder perdonar a mi madre, antes de ésta, vivía culpándome por su rechazo, sentía que yo no era suficiente, que no era querida, que no era deseada. Ahora sé que lo que sucedió entre papá y mamá no es mi culpa, comprendo que ellos actuaron e hicieron las cosas basado en quiénes ellos son y en base también a las circunstancias en las que se encontraban. Eso no tiene nada que ver conmigo ni con mi valor propio.

Sé que aún hay mucho dolor en mí, que aún tengo cosas que sanar, considero que esto de mamá y papá es la causa principal de mis fuertes estados de ansiedad, la herida del rechazo, del abandono y de la traición de mis padres que aún está en mí, creo que no lo he superado completamente. Quiero seguir sanando con terapia regresiva pues a través de ella puedo conectar con esa parte más profunda de mí y descubrir quién realmente soy, aclarar cuestiones que para la mente consciente resultan difíciles de comprender.

Gracias, Gracias.

Testimonio de la Terapeuta

Marleni recientemente realizó una nueva sesión de terapia regresiva, en ella hizo consciente que su madre juega un rol importante dentro del propósito de su vida, el cual es aprender y crecer desde el dolor. Ahora sabe que su madre, al regalarle la vida, también le regaló esta experiencia. Es consciente de que si su madre la hubiese tratado mejor su historia hubiese sido otra y no la que su alma eligió. Sabe que posee herramientas que le permitirán transcender lo que aún le falta en esta vida, que ella misma es fuente de amor inagotable y que ahora tiene una perspectiva más amplia para mirar las cosas. También recuperó una parte de su alma fragmentada en su infancia. Después de la sesión manifestó sentir una paz y alegría indescriptible.

Contacto
Patricia Umaña Hill
umanapa@yahoo.es
www.trilogiadelalma.com
Facebook e Instagram: Patricia Umana Hill
(Terapias en inglés y español)

Miedo al Abandono

Por Pepi Cáceres Gómez

Sobre la Autora

Pepi nació en Gibraleón (Huelva). Estudió Magisterio y su vida laboral la desarrolló en la enseñanza pública, primero en la provincia de Huelva y luego en la de Sevilla. Tras su jubilación en 2010, se ha dedicado de lleno a estudiar todo lo relacionado con la evolución espiritual del ser humano.

En octubre de 1995 comenzó su práctica de yoga y posteriormente se formó en Yoga Integral con Ramón Rueda (en el Molino de Aracena 2004-16), en tres niveles de Kriya yoga de Babaji con Savitri (Línea Marsall Govindan) y Renacimiento (Escuela Leonard Orr).

En paralelo a sus estudios impartió talleres de yoga en Centros Cívicos de Sevilla y Bormujos, así como seminarios formativos de estas disciplinas.

Descubrió a través de los estudios de yoga que las regresiones son una forma de yoga, el yoga del sí mismo, de la acción consciente y limpieza del mal karma.

En 2010 hizo su primera formación en TVP (Terapia de Vidas Pasadas) con el Dr. José Luis Cabouli, su gran Maestro, en paralelo otra formación en TRI (Terapia Regresiva Integral) con D. Joao Talaier, de la escuela de Salvador de Bahía (Brasil).

Tiene la Maestría en Reiki USUI. Imparte iniciaciones de nivel 1 y nivel 2, ampliándolos con talleres de Chacras y Energía Universal.

Trabaja con el yoga y las terapias regresivas, tanto en consulta privada, como realizando talleres y cursos formativos.

Actualmente, continúa su aprendizaje de estas terapias con su Maestro (Cabouli) y ha participado en los dos Cursos Internacionales de Entrenamiento Avanzado en Terapia Regresiva (2023 y 2024), organizados por el Centro Atma de Cártama y avalados por la Asociación Española de Terapia Regresiva (AETR), la Asociación Chilena de Terapeutas en Vida Pasada (ACHTEVIP) y por la Asociación Argentina de Terapia de Vidas Pasadas (AATVP), en los que han participado profesores de estas tres asociaciones junto con otros procedentes de la Asociación Para la Tierra de Terapia Regresiva (EARTH).

Es coautora del libro editado por la AETR "Terapia Regresiva y Consciencias no Humanas".

Sobre la Consultante

Emilia (Emi) es profesora de educación infantil y primaria. Tiene 40 años. Después de varios años de casada tiene el problema de no poder quedarse embarazada. Tras acudir a consulta médica y someterse cada miembro de la pareja a las pruebas necesarias, llega el diagnóstico de que no hay nada físico que les impida ser padres. Deciden tener paciencia y seguir en su búsqueda de forma natural.

Introducción de la Terapeuta

Emilia recibió un día una llamada de su ginecóloga. Les propuso (a ella y su pareja) participar gratuita y voluntariamente en un ensayo farmacéutico de reproducción asistida. Ambos reunían todas las condiciones que exigían los laboratorios. Tras pensarlo, decidieron aceptar.

Estimularon sus ovarios con hormonas y extrajeron óvulos que fueron fecundados in vitro. En este experimento no se congelaban inicialmente los embriones fecundados, los observaban durante 5 días y, entre los que sobrevivían, se implantaba uno. El resto se congelaban.

De los 14 óvulos que fueron fecundados solo cuatro sobrevivieron. De ellos dos fueron catalogados de clase A (óptimos) y los otros dos de clase B, con menos probabilidades de arraigarse. El primer embrión implantado se desarrolló perfectamente y hoy es una niña de 14 años llamada María.

Pasado un año del nacimiento de la niña debían someterse de nuevo a otro proceso similar, pero decidieron no hacerlo pues trabajaban ambos y la niña era pequeñita todavía. Esto hizo que fueran sacados del programa gratuito y experimental.

Emi llevó muy mal dejar a sus tres "hijos" congelados y pasaba horas pensando cómo estarían y qué sería de ellos en el futuro. Evitaba pasar por la zona de la clínica ya que sentía culpa y ansiedad. Le informaron que podía darlos en adopción para implantarlos en otras mujeres que tenían dificultades para ser madres. No le gustó la idea.

Un año más tarde su ginecóloga le recomendó que se implantara otro embrión ya fuera del experimento, de forma natural y sin medicamentos. Ella aceptó y le implantaron el otro embrión de clase A, quedando embarazada, pero al poco tiempo lo perdió. Emi sufrió el duelo por su bebé junto a la pérdida de su propio padre, al que cuidaba y con el que estaba muy unida.

Su pensamiento seguía en sus dos embriones congelados, por eso fue ella quien propuso a su ginecóloga que le implantase los dos de categoría B y lo dejaba en manos de la naturaleza. Después de tres años congelados, fueron implantados y Emi sintió alivio al salir de la clínica, ya por fin tenía sus "hijos" con ella. Pero algo le inquietaba también... dos niños a la vez, una niña pequeña, la escuela, el embarazo de riesgo. Aun así, sintió que hacía lo correcto.

Al hacer una prueba de sangre supo que había un embarazo y sintió alegría por ello, pero en la ecografía solo había un feto, el más débil, según su ginecóloga. Esta noticia dejó en la pareja sentimientos de dolor y alivio a la vez. Nunca se nombraron a los embriones que se fueron. A María solo le dijeron que venía un hermanito para ella.

Tras un perfecto embarazo y parto, vino al mundo Julián (Juli), el motivo de la consulta. Emi estaba agotada con las exigencias de su hijo. Desde que nació no había podido separarse de él, entraba en llanto y ansiedad cuando ella no estaba cerca, solo admitía estar con su padre, pero por poco tiempo y, a sus 9 años, tenía que dormir en colecho con la madre, el padre y su hermana.

El problema se acentuó cuando fue de campamento y debía quedarse allí de noche con sus compañeros y monitores. Él puso la condición de que si no se encontraba bien sus padres irían a recogerle.

Al llegar la noche entró en crisis y pidió que avisaran a sus padres para que fueran a buscarle, pero no los avisaron y se sintió traicionado. A partir de entonces se agudizaron sus miedos a separarse de su madre principalmente, y ahora también cuando no estaba su padre.

Por consejo del terapeuta infantil, Emi pidió cita conmigo para intentar ver algo de luz en esta situación. Al llegar a mi consulta, me preguntó por la duración de la sesión, ya que

Julián estaba con su padre en Isla Mágica y cuando se diera cuenta que ella tardaba, podría entrar en crisis. La tranquilicé diciéndole que la sesión iba a ser corta y que si fuera necesario podríamos continuar otro día.

Transcripción de la Sesión
Sevilla, 22 de octubre de 2023

Terapeuta (T): Respira profundamente… acomoda tu cuerpo, relaja… relaja… Emi, cuento tres e irás a lo que tu alma necesita trabajar en estos momentos: 1, 2, 3… Dime.

Consultante (C): ¿Cómo puedo ayudar a mi hijo a superar sus miedos?

T: Bien, entonces voy a pedir permiso a tu yo superior para que prestes tu voz y seas mediadora entre tu niño y yo. ¿Qué me responde?

C: Sí, te doy permiso.

T: Emi, quiero que visualices a tu hijo en el lugar en el que vives habitualmente y pídele también permiso a su Yo Superior para trabajar y hablar conmigo a través de ti, usando tu voz. Luego, dime qué te ha respondido (lo hace mentalmente).

C: Ahora está con su padre… está distraído.

T: Pregúntale, no importa si está allí.

C: Hijo, necesito el permiso de tu alma para que Pepi pueda trabajar contigo. Es necesario que nos ayudes, así no tendrás más miedos y te sentirás mejor, ¿ok?

C: Me dice… bueno, vale.

T: Hola Juli, soy Pepi y estoy trabajando con tu mamá. Me ha dicho que te sientes mal cuando no estás con ella y cuando no está tu papá, ¿es así?

Juli (J): Sí… no sé qué me pasa (lloriqueando), quiero estar con mi mamá y con mi papá. No quiero estar nunca más solo.

T: ¿Tú quieres que se solucione este problema?

J: ¡Claro! (sigue gimiendo).

T: De acuerdo. A la cuenta de tres vas a ir atrás, atrás en el tiempo, cuando aún no tenías tu cuerpo, cuando aún no estabas aquí en el planeta Tierra. 1, 2, 3... Dime, ¿estás solo o acompañado?

J: Creo que hay gente conmigo, pero no sé quiénes son.

T: Y si supieras, ¿qué hacen ahí contigo? Di lo primero que sientas.

J: Me acompañan para que pueda hacer mi trabajo.

T: Muy bien, Juli, ¿de qué se trata tu trabajo?

J: Me parece que es algo que tenemos que hacer con mi familia... pero yo no quiero (bajando la voz).

T: Bueno Juli, ahora vas a ir hacia delante en el tiempo, cuando planeabas venir aquí al plano terrenal, y a la cuenta de tres me dices si vienes solo o te acompañan, 1, 2, 3... Dime.

J: Estoy mareado, tengo frío, no estoy solo.

T: ¿Quiénes están contigo?

J: Los que estaban acompañándome antes (se remueve y encoge).

T: ¿Dónde estás?

J: No lo sé, tengo miedo (lloriquea).

T: Avanza y continúa observando lo que te rodea... ¿ves a tu mamá?

J: No la veo, no está. Tengo miedo y mucho frío.

T: Juli, voy a pedir a tu mamá que hable contigo. Está aquí conmigo y quiere saber cómo te encuentras, ¿vale?

J: Sí, vale.

T: Emi, quiero que hables con tu hijo y me transmitas lo que él te dice. Necesito saberlo.

C: ¡Vale!

C: ¡Hola, cariño!, quiero que sepas que yo te quiero y siempre te he querido. También que papá y yo hemos hecho todo lo posible para que estés con nosotros y con tu hermana. Quiero que sepas también que yo me he sentido muy mal cuando no podía tenerte conmigo. Cuéntame cómo te has sentido tú en ese tiempo, necesito saberlo.

J: Tenía miedo, me sentía solo y con pena. Quería ir contigo (llora).

C: Sigue contándome, ¿qué más sentías?

J: Estamos solitos, mis hermanos, se están yendo y solo estamos dos. Mi hermano está dándome sus energías porque yo soy el que se tiene que quedar contigo. Todos ellos me han acompañado para que pueda hacerlo. Hemos hecho un acuerdo los cuatro. Yo tengo miedo. No quiero estar solo.

C: Lo siento mucho, ya no vas a estar más tiempo solito, vais a venir conmigo los dos juntos, os quiero a los dos.

T: Juli, soy Pepi, a la cuenta de tres vas a ir al momento en el que estáis en el vientre de mamá, 1, 2, 3... Siente a tu mamá, ya no estás solito, siente su amor y su calor... Avanza hasta el momento en que mamá sabe que está embarazada. Observa lo que ocurre, ¿está bien?

J: Sí está bien, pero un poco alegre y un poco triste.

T: Y tú, ¿cómo te sientes?

J: Yo estoy triste... mi hermano me dio su energía y ahora se ha ido. Otra vez estoy solo, pero un poco mejor porque ahora estoy con mamá y con mi familia.

Obsérvese aquí algo muy interesante. El Alma, que sabe que no puede quedarse y ser engendrada en una mamá en la Tierra, cede su energía al Alma hermana que sí va a cuajar. Los Terapeutas en Terapia Regresiva aprendemos continuamente muchas cosas del Alma a través de nuestros Consultantes.

T: Juli, tú sabes, que tu hermana María y tú, tenéis que quedar aquí con mamá, papá y la familia para hacer un trabajo, ¿es así?

J: Sí, pero tengo miedo de nuevo, no quiero volver a estar solo.

T: ¿A qué se debe que se hayan ido tus dos hermanos?, ¿solo venían a acompañarte o tienen que hacer otro trabajo diferente?

J: Están trabajando ahora en otros lugares, pero siempre están ayudándonos. Lo han prometido.

T: Muy bien. Ahora vas a ir al momento de tu nacimiento, lo verás como en una película y me vas a decir cómo te sientes cuando ya estás fuera del cuerpo de tu mamá.

J: Tengo frío, no quiero estar solo otra vez, tengo miedo (llora despacito).

T: Mira a tu mamá a los ojos... ¿Qué te dice?

J: Mi niño bonito, por fin estás aquí.

T: Ahora ya sabes Juli, que mamá, papá, tu hermana y toda tu familia, nunca más te van a abandonar, nunca más, ¿ok?

J: Sí.

T: Pide a mamá toda la energía que has perdido durante tu largo proceso de venir al mundo terrenal, abre tus brazos y recoge esa energía que te corresponde por derecho. Dime cuando ya la tengas.

J: Mamá necesito que me des tu energía para estar bien... ¡Ya! (sonríe abriendo las manos y llevándolas al pecho).

T: Ahora voy a cortar el cordón umbilical que te une a mamá y todo lo que sea de mamá quedará con ella. Tú serás libre para hacer tu propio trabajo..., ¿lo recuerdas?

J: Sí. Trabajar el desapego, ser independiente y que a mi familia nos una solo el amor.

T: Juli, me despido de ti, pues tengo que seguir trabajando con tu mamá. Gracias y bendito seas.

T: Hola Emilia, ¿cómo te sientes ahora?

C: Confundida, pero en paz. No imaginé que mis embriones fueran conscientes del proceso de congelación y sufrieran al estar en un lugar apartado de sus padres.

Otra gran enseñanza del Alma en nuestra terapia. Estos testimonios nos obligan a reflexionar sobre la importancia de la Consciencia del Alma. El embrión congelado es consciente de su propia existencia y sufre su proceso de la misma manera que un Alma encarnada. Esto es algo que deberíamos tener presente en nuestra vida y que todos los Profesionales de la Salud deberían conocer.

T: Ya todo ha pasado y te toca ahora seguir trabajando en tu propósito y en el de tu familia. ¿Sabes cuál es?
C: Creo que tengo que sanar el trauma de abandono que hay en mi familia.
T: Tendrás que hacer tu parte para que tus hijos sean independientes, seguros de sí mismos y puedan cortar ese abandono que arrastran de sus ancestros, ¿estás dispuesta a hacerlo?
C: Por supuesto, haré todo lo que pueda.
T: Busca un color acorde a tus sentimientos actuales.
C: Verde claro.
T: Envuelta en ese color verde claro sanador volverás aquí a Sevilla, hoy 12 de octubre de 2023... 1, 2, 3...

Testimonio de la Terapeuta

Quiero resaltar de esta sesión regresiva dos puntos importantes para mí. En primer lugar, la conexión entre madre e hijo, que ha demostrado una vez más, su eficacia para trabajar con la infancia, principalmente a través de los progenitores y especialmente con la madre. Gracias a esta conexión, Emilia ha podido entender cómo ha vivido su hijo el proceso de fertilización in vitro, su congelación durante tres años y las vivencias con sus hermanos no nacidos. En segundo lugar, el constatar que las almas trabajan en grupos y que sus planes o propósitos de vida son acordados antes de encarnar.

Todas estas almas que han trabajado en esta sesión llevan a cabo la labor de sanar al grupo familiar del dolor que produce el abandono en la infancia.

También quiero hacer hincapié en la importancia de tomar conciencia de las posibles consecuencias de los procesos de fertilización in vitro y de las gestaciones subrogadas que están llevándose a cabo actualmente.

Sólo con el conocimiento de lo que causa problemas podemos tratar de evitarlo o, en caso de estar ya causando daño, poder sanarlo lo antes posible.

Testimonio de la Consultante

Una semana después de la sesión conecto con Emilia y me dice lo siguiente:

Cuando fui a hacerme la regresión y te conté mi problema con mi hijo, no era consciente de que el proceso de fecundación in vitro y esos tres años que estuvieron congelados, podría ser la causa del síndrome de Juli.

Mi hija no ha tenido ninguna anormalidad en su desarrollo y es una niña de 14 años solo ha presentado los "problemillas" propios de la infancia. Ahora somos conscientes de que ella fue implantada de inmediato a los 5 días de fecundación, en cambio los demás embriones tuvieron que esperar mucho tiempo congelados.

Al trabajar, primero con Juli a través de mí y luego conmigo, fui consciente del sufrimiento de Juli; también del motivo de la ansiedad que yo sentí al pasar por donde estaban "mis niños"; fue entonces cuando decidimos, contar a nuestros dos hijos toda la historia de su llegada al mundo y de sus hermanos que se fueron. No les habíamos nombrado antes, ni siquiera entre mi marido y yo. Sufrimos nuestra pérdida en silencio, prestando solo atención a los dos que estaban vivos.

Ese día, María y Juli, nos oyeron en silencio y aunque hemos vuelto a nombrar a sus hermanos, no han mostrado interés en saber nada más.

Hoy día decimos que hemos tenido cuatro hijos y que dos están aquí y los otros dos en el cielo. Hemos hecho una constelación familiar y estaban allí. Han recuperado su lugar en nuestro árbol familiar. También hemos buscado apoyo en un psicólogo infantil para trabajar mejor con Juli.

Sobre el problema que te planteé con mi hijo, tengo que decirte que estamos muy contentos, ya que ha adquirido seguridad en sí mismo y su autoestima ha subido de tal manera que nos está sorprendiendo su comportamiento desinhibido. No sé si es debido al trabajo con la regresión, a la constelación familiar o a la ayuda psicológica.

Ahora seguimos trabajando con dejar el colecho, pues eso sí que ha quedado lo mismo todavía...no duerme en ningún sitio si no es con nosotros. Si salimos de noche, se queda con los abuelos o con su tío y su primo, pero tienen que venir a casa. No se acuesta hasta que no llegamos su padre y yo.

Seguimos durmiendo en colecho los cuatro.

Puede hacer sus actividades extraescolares solo, antes teníamos que estar presentes, su padre o yo. No le gusta mi super protección y afronta dificultades de las que yo quiero librarle. Su padre le apoya y me dice que yo soy una madre "helicóptero". Reconozco que soy así, les tengo a cada uno su cuarto decorado, adecuados a su edad y les digo que deben ocupar ya sus camas, pues están muy grandotes, pero en mi interior me alegro cuando no me hacen caso.

¿Soy yo el problema?... Creo que sí.

En una terapia, creo que craneosacral, me dijo el terapeuta que yo había perdido un hijo en una vida pasada.

Seguiremos trabajando Pepi, no sé cuándo, ya que mi madre tiene Alzheimer y me ocupo de ella; mi trabajo y la atención de mis hijos me absorben todo el tiempo libre que tengo, pero soy consciente de todo y hago lo posible para corregirme.

Gracias por todo. Un abrazo.

Contacto

Pepi Cáceres Gómez
Teléfono: (+34) 610 92 92 67
pepicaceres@hotmail.es
www.centroambalam.es

Gestación y Nacimiento de Elisenda

Por Sergi Estrany Sanfeliu

Sobre el Autor

Nacido en Mataró (Barcelona en 1964), Sergi Estrany Sanfeliu es un hombre inquieto a quien le fascina y le atrae todo lo que está relacionado con el variado y extenso mundo de las energías, en todo su amplio sentido. Se formó como técnico en empresas y actividades turísticas; ha trabajado profesionalmente en el mundo del turismo. Siempre ha tenido fascinación por aprender cosas nuevas de otras culturas. Domina 7 idiomas: el catalán y el castellano como lenguas familiares y las académicas; francés, inglés, alemán, italiano y portugués; fueron aprendidas y perfeccionados con estancias en cada país.

A lo largo de su trayectoria personal ha tenido muchas dudas sobre la vida y la muerte no encontrándoles respuestas y en su búsqueda ha aprendido más sobre el ser humano. Se forma como Terapeuta en Pensamiento Creativo, Maestro de Reiki y Reequilibrio energético. Realiza varios cursos de crecimiento personal, realiza varias formaciones: hipnosis Eriksoniana, Experto en Aromaterapia (IESB), cosmética natural, plantas y remedios naturales.

Finalmente, descubre la TVP y finalmente con esta terapia la mayoría de sus inquietudes, tienen respuesta. Decide sin dudarlo formarse como Terapeuta en Terapia de Vidas Pasadas con El Dr. José Luis Cabouli. Y desde ese momento ayuda a las personas que se acercan a pedir consulta. Complementa su formación realizando el II Curso Internacional de Entrenamiento Avanzado (2024), organizado por el Centro Atma de Cártama (Málaga, España) impartido por profesores de reconocido prestigio internacional.

Es coautor de los siguientes libros de la Asociación Española de Terapia Regresiva, (AETR): "El Alma sin Velo" (2022), "Terapia Regresiva y Almas Perdidas" (2023) y "Terapia Regresiva y Consciencias no Humanas" (2024).

Sobre la Consultante

Elisenda es una mujer de 35 años que acude para hacerse una regresión porque tiene varios problemas de salud y sabe que nació a los 6 meses y con dos vueltas del cordón umbilical alrededor del cuello. Su madre nunca ha querido hablar del nacimiento, y la considera más como una hermana que como una hija. Ha tenido 2 operaciones en la columna, está esperando una próxima operación, porque tiene poca movilidad en un pie. Padece múltiples alergias a colonias y ambientadores químicos. Tiene serios problemas de alergias con su alimentación. El año pasado sufrió un aborto espontáneo. Se siente responsable de cuidar a su familia, para que vivan en armonía.

Transcripción de la Sesión

Terapeuta (T): (Reposando en el sofá) ... te invito a que cierres los ojos. Toma una respiración profunda, y poco a poco vas a ir relajando tu cuerpo. Continúa respirando, poniendo conciencia en tu respiración. Al exhalar, vas sintiendo como tu cuerpo que está tumbado en este sofá se va relajando más y más... notas el contacto de tu pelo con la almohada, como tu espalda está reposando encima del sofá y como tus piernas están también reposando encima del sofá. En cada exhalación vas sintiendo que tu cuerpo se va relajando más y más. Tu cuerpo está entrando en un estado de relajación profunda.

En un rato voy a pedirte que contactes con las emociones que quieres trabajar, y tú vas a permitirte acceder a esos registros para poder resolver aquello que tu alma necesita trabajar.

Tu cuerpo está relajado. Ahora, a la cuenta de tres voy a pedirte que vayas al momento más difícil de tu nacimiento. 1, 2, 3... adelante. ¿Qué es lo primero que sientes?

Consultante (C): Me viene angustia.
T: ¿Y dónde sientes esta angustia?
C: En el estómago, en la boca del estómago.
T: Muy bien. Siente esa angustia en la boca del estómago más intensamente. Siente esa angustia. Eso es, y dime, ¿dónde estás en este momento cuando sientes esta angustia en la boca del estómago?
C: Estoy en el suelo.
T: ¿Qué ha pasado para que estés en el suelo?
C: Me he caído.
T: ¿De dónde te has caído?
C: Me he caído de la barriga de mi madre.
T: ¿Y cómo es que te has caído de la barriga de tu madre?
C: Porque no quería estar ahí ya. Tengo frío.
T: Muy bien. Siente ese frío, y cuando estás en el suelo, ¿qué es lo primero que ocurre?

C: Me recoge mi abuelo
T: ¿Qué dice tu madre cuando ve que estás en el suelo?
C: Mi madre no dice nada.
T: ¿Quién más hay ahí?
C: Mi abuelo, que no sabe lo que soy ni entiende lo que ha pasado.
T: Sigue.... ¿qué hace tu madre cuando ve que te recoge tu abuelo?
C: No lo sé, pero a él le duele el pecho. O sea, no sé si me duele a mí o le duele a él.
T: ¿Y si lo supieses?, ¿a quién le duele el pecho?
C: A él.
T: Y tu madre, ¿qué hace?
C: No dice nada porque creo que tiene miedo. Sí, tiene miedo.
T: ¿Y tú qué sientes cuando ves que tu madre tiene miedo?
C: Que no me quiere.
T: ¿Y qué hacen contigo?
C: Me llevan en un taxi.
T: ¿A dónde te llevan?
C: Al hospital.
T: ¿Quién va en el taxi?
C: No sé quién va. Yo creo que va mi abuelo, pero es que oigo mucho ruido y mucho grito.
No sé si va mi abuela o mi madre. No lo sé.
T: Cuando llegas al hospital, ¿qué pasa allí?
C: Que me... que me llevan... llevan a mi madre a un sitio y a mí me llevan a otro. Hay muchos niños como yo. Estoy con muchos niños.
T: Y cuando las enfermeras te reciben, ¿qué hacen contigo?
C: Me cogen bien, me abrazan, me dan de comer. Pero no hay nadie conmigo allí. Solo están las enfermeras.
T: ¿Y qué dicen las enfermeras?
C: Que doy lástima porque soy muy pequeña.
T: Y cuando dicen eso de ti, ¿qué sientes?

C: Como que tengo mala pinta y que soy demasiado pequeña para poder sobrevivir ahí. Es como que no hay ninguno otro tan pequeño como yo. Entonces ellos no saben cómo yo voy a salir yo, si es que voy a sobrevivir.

T: ¿Y cuánto tiempo estás en el hospital?

C: Mucho.

T: ¿Y dónde estás en el hospital?

C: Estoy en la incubadora y hay muchos niños igual que yo.

T: Muy bien, sigue...

C: Estoy en una incubadora con una cristalera.

T: ¿Que sientes ahí dentro?

C: Pues al principio tengo miedo, pero luego estoy bien porque me hablan las enfermeras. Y ya tengo... Soy mayor, ya tengo tres meses o así, o más, y ya soy vieja allí.

T: ¿Y tu madre viene a visitarte mientras estás en la incubadora?

C: Sí, y mi padre también.

T: ¿Y te hablan? ¿Qué hacen cuando te vienen a visitar?

C: Me hacen cosas por los cristales, pero no se ve... no se ve buen ambiente entre ellos. No sé, es como... como que me están poniendo buena cara a mí. Sí. Eso, me ponen como buena cara a mí, pero ellos no están bien.

T: ¿Qué sientes cuando eres consciente de esa situación?

C: ¿Yo?

T: Sí, cuándo ves que te ponen buena cara, pero que no están bien entre ellos.

C: Pues, siento que tengo que juntarlos.

T: ¿Y cómo lo harás para juntarlos?

C: Pues que me cuiden juntos. Ponerme mala, quizás.

T: Muy bien, eso es, entonces, ¿te pones mala allí en la incubadora?

C: Sí, allí estoy muy mala.

T: ¿Qué te dan cuando estás muy mala? ¿Cómo te alimentan?

C: Con tetillas de esas de los biberones. Con tetillas de esas muy pequeñas.

T: ¿Y te dan algún tipo de medicina?

C: Sí, pero no sé dónde la tengo. Creo que la tengo... La tengo puesta por aquí, por el... Tengo aquí un trapo, porque el ombligo lo tengo malo. Tengo aquí una moneda con un esparadrapo, con cinta. Con cinta tengo una moneda de cinco duros, porque se me ha salido el ombligo, sí.

T: Muy bien, sigue...

C: O se me ha salido o se me ha infectado. No sé cómo está, pero está mal.

T: Eso es. ¿Y cómo te lo curan?

T: Con la moneda, me la quitan y me echan algo ahí y luego me la ponen para que no se salga.

T: Entonces, ¿te ponen medicinas?

C: Sí.

T: ¿Y te dan medicamentos, además de comida?

C: Sí, sí, pero no sé lo que es, como una cucharilla.

T: ¿Y tú qué sientes cuando te dan la comida con esa cucharilla?

C: Me da mucho asco y como angustia.

T: ¿Qué ocurre cuando ya te sacan de la incubadora?

C: Cuando me sacan ya ha pasado tiempo. Ya tengo tres meses y algo. La gente cree que soy recién nacida, pero en realidad no.

T: ¿Y quién te coge primero cuando te sacan de la incubadora?

C: Mi padre, mi padre.

T: ¿Y tú qué sientes cuando te coge tu padre?

C: Está orgulloso. Sí, que está orgulloso.

T: Muy bien. ¿Y tu madre? ¿Dónde está en ese momento?

C: Mi madre está al lado, pero mi madre tiene miedo.

T: Y si lo supieses, ¿de qué tiene miedo?

C: De mi abuela. De lo que le ha caído o le va a caer. No sé.

T: Entonces, cuando te dan el alta del hospital, ¿a dónde te llevan tus padres?

C: A la casa de mi abuela paterna. Vivimos allí con ellos.

T: ¿Y tus abuelos paternos cómo te reciben?

C: Muy bien.

T: Y una vez estás ya en casa de los abuelos paternos, ¿cómo te comportas cuando estás con tus padres y ves que discuten o que no se llevan bien?

T: Yo me siento mal porque estoy como floja. Tengo algo, cojo como anemia o estoy muy pajiza. No sé qué he cogido. Estoy pajiza. Creo que anemia.

T: Y si lo supieses, ¿cuál es el motivo de que cojas anemia?

C: Porque... No sé, como... como todo el mundo discute, como... para llamar la atención, para que... para que paren. Sí, para eso.

T: Muy bien. Y ahora, hasta aquí, ¿cuál es el momento más difícil de tu nacimiento?

C: Los gritos, los gritos, los gritos. El gritar de mi abuela a mi madre y mi madre llorando. ¿Qué has hecho? ... ¿esto qué es? ... ¿qué ha pasado? ... ¿cómo ha podido pasar?

T: Y en ese momento cuando oyes los gritos de tu abuela y de tu madre, ¿cuáles son tus reacciones físicas?

C: Rigidez... como... así, rigidez de... no sé.

T: En ese momento cuando sientes la rigidez, ¿cuáles son tus reacciones emocionales?

C: No saber si meterme otra vez para adentro.

T: Y en ese momento cuando no sabes si meterte otra vez para dentro, ¿cuáles son tus reacciones mentales?

C: No paran nunca de hacer ruido, ni estando cuando estoy dentro ni cuando estoy fuera.

T: Y ahora quiero que veas cómo te están afectando todas estas reacciones en tu vida de adulta como Elisenda. Todo esto, ¿qué te hace hacer?

C: Me hace hacer... me hace hacer... intentar unir la familia, pero no lo consigo.

Cuando intento unirles... el cuerpo me revienta por alguna parte.

T: ¿Y todo esto qué te impide hacer?
C: Me impide andar.
T: Muy bien, ahora a la cuenta de tres voy a pedirte que vayas al momento en que tu madre se quedó embarazada, cuando entraste en el cuerpo de tu madre. 1, 2, 3... adelante, ¿qué pasa cuando entras en el cuerpo de tu madre?
C: Cuando entro en el cuerpo de mi madre, ella ya tiene miedo. Está asustada y no me quiere tener.
T: ¿Y tú qué sientes cuando sientes que tu madre está asustada y no te quiere tener?
C: No quiero verlo.
T: Sigue... avanza un poco más... vete un poco más adelante cuando ya vas creciendo dentro de la barriga, ¿qué le está pasando a tu madre?
C: Tiene mucho miedo, no me quiere.
T: ¿Que más hace tu madre?
C: Se lo dice a mi padre.
T: ¿Qué pasa cuando se lo dice a tu padre?
C: No le sienta bien porque la familia de mi padre y de mi madre no se llevan bien. Entonces no lo pueden decir.
T: Sigue...
C: Entonces no sabe... si escaparse o... No sé qué quieren hacer, pero no quieren. No quieren. Entonces pues están ahí callados. Solo lo saben ellos. No lo sabe nadie más.
T: ¿Y tú qué sientes en este preciso momento?
C: Pues me siento muy mal porque al final discuten, están nerviosos, mi madre está llorando y no saben qué hacer conmigo.
T: ¿Cuáles son tus reacciones emocionales en este momento?
C: No lo sé... cómo que me encojo más... no sé explicarte cómo que... me... quiero desaparecer o algo parecido... me encojo más y más y más... y no crezco más.
T: Y cuando sientes todo esto, ¿cuáles son tus reacciones emocionales?
C: Pues tengo un montón de rabia.

T: ¿Y cuáles son tus reacciones mentales cuando tienes un montón de rabia?
C: Nadie sabe que estoy ahí, ni quiere que esté ahí, ni... no entiendo nada. No... no sé para qué.
T: Y quiero que veas ahora cómo todo esto te está afectando en tu vida de adulta como Elisenda. ¿Qué te hace hacer?
C: Pues es un poco parecido.
T: ¿Parecido a qué?
C: Sí, es parecido a... plegarme a las emociones o la rabia o... No sé... como si no estuviera.
T: ¿Y todo esto qué te impide hacer?
C: Todo, porque no puedo hacer nada. Cada vez que hago algo y avanzo, me pongo mala y empiezo de nuevo. Empiezo otra vez a andar y... cuando empiezo a conseguir algo, pues otra vez recaigo y estoy así muchos años.
T: Continúa un poco más adelante en el vientre de tu madre. ¿Qué está pasando?
C: Que no me ve nadie. Crezco poco y no me ven.
T: ¿Y que sientes con esto de que no te vea nadie?
C: Lo mismo, me da angustia.
T: Y esta angustia, ¿cómo te está afectando?
C: Pues yo no tengo claro en este momento si yo voy a nacer o no.
T: ¿Y que sientes con esto de no tener claro si vas a nacer no?
C: Pues que no pinta bien. No pinta bien afuera. Tampoco adentro. No me gusta ningún sitio.
T: Muy bien. Continúa un poco más adelante dentro del vientre de tu madre.
C: Mi madre hace vida normal. Cuando mi madre trabaja, yo voy con ella a trabajar y veo a mi padre con ella. Y hablan y ya está.
T: Y tú, cuando tu madre trabaja, ¿qué sientes?
C: Estrés.
T: ¿Y este estrés qué te hace hacer, ¿cómo te afecta en esta vida como adulta de Elisenda?

C: Pues a mí el estrés... cuando yo tengo estrés creo que estoy haciendo algo productivo para mí... aunque tenga estrés... porque siento que estoy haciendo algo.

T: Y esto, ¿qué te impide hacer?

C: Cuando tengo estrés, al final me da ansiedad. Bueno, me impide hacer cosas, pero yo creo que al mismo tiempo lo hago sin pensar y entonces puedo hacerlas.

T: Muy bien, ¿y la ansiedad qué te provoca?

C: Pues la ansiedad me provoca insomnio y al final termino mal. Si me da mucha ansiedad, termino mal.

T: Continúa hacia adelante, justo en el momento en que te toca nacer, ¿qué ocurre?

C: Yo creo que mi abuela se ha enterado de que mi madre se ve con mi padre, y entonces hay una discusión o algo. Algo ha pasado, algo le han dicho. Yo creo que mi madre por los nervios o algo así... por eso me tiene. O sea, por eso ella va al patio a coger algo y caigo ahí.

T: Cuando entras en el canal del parto, ¿qué parte de tu cuerpo entra primero?

C: La cabeza.

T: ¿Y qué siente tu cabeza cuando entras en el canal del parto?

C: Es como que me lanzo.... me lanzo fuera.

T: ¿Qué sientes cuando caes al suelo?

C: Una mezcla entre dolor con alivio.... porque creo que tengo libertad. Sí, y creo que voy a escuchar menos gritos, pero eso no pasa.

T: Y ahora, como adulta, ¿cómo te afecta escuchar gritos?

C: No me gusta que me griten porque lloro enseguida, me molesta mucho.

T: Y todo esto, ¿cómo te afecta?

C: Me pongo muy tensa y mi cuerpo no reacciona, la verdad. Cuando alguien grita me quedo un poco paralizada.

T: A la cuenta de tres irás de nuevo a la barriga de tu mamá y me dirás qué está ocurriendo con el cordón umbilical, 1, 2, 3...

C: Creo que no me está dando comida... no me llega comida. No, porque estoy muy delgada. No tengo comida.
T: Y esto, ¿cómo te afecta como adulta?
C: No sé, es como un castigo. La verdad es que es lo primero que me viene.
T: ¿Y lo supieses de dónde viene este castigo?
C: Creo que me castiga mi propio cuerpo.
T: ¿Y que sientes que hace tu propio cuerpo para castigarte?
C: Prefiero no comer antes que ir al hospital. Si tengo dudas, prefiero no comer.
T: Muy bien, una pregunta más... cuando naces en el patio de casa de tu abuelo y te llevan al hospital, ¿qué pasa con el cordón umbilical?
C: No sé, realmente no estoy segura, pero creo que en el patio pasa algo con mi madre...
T: Muy bien, visualízala y si tu alma siente que debes decir o hacer algo que no fue posible antes, date permiso para hacerlo.
C: Yo lo veo difícil, ¿eh?
T: Muy bien, ¿cómo le llamas a tu madre?
C: Mamá.
T: Date permiso ahora para hacer lo que tu alma necesita hacer. Atrévete. Háblale en voz alta, como si la tuvieses delante.... dile, mamá, necesito hacer esto para solucionar nuestros asuntos pendientes...
C: Es que no... es que no va a querer, ella no quiere hablar de eso. Pues... es una cosa que no... que en mi casa ese tema está cerrado y no se quiere hablar de eso. A mí no me habla de esto.
T: Muy bien. Dile, mamá, ¿me quieres? Pregúntale.
C: Sí me quiere, sí me quiere.
T: Entonces dile, mamá, si me quieres necesito poder hablar de esto. Yo sé que es difícil, pero va a ser bueno para las dos. ¿Qué está pasando?
C: Como que... como que se siente culpable y no quiere.

T: Dile, mamá, yo sé que tú te sientes culpable, pero lo necesito... Si tú aceptas que hablemos, lo vamos a poder resolver y nos vamos a sanar las dos para siempre. Por favor, mamá, no me dejes estar sola. Nunca te he pedido nada, pero ahora necesito que vengas solo para hablar. Y va a ser bueno para las dos (ahora la Consultante guarda un profundo silencio). ¿Qué dice mama?

C: Que sí.

T: Pues ahora le puedes decir todo lo que necesites decirle.... así como: Mira, mamá, yo sé que tú tenías miedo cuando te quedaste embarazada. Pero mira qué hija tan buena has tenido. Necesito que me abraces y me des el primer abrazo que no me diste cuando salí de tu cuerpo... ¿qué hace tu madre?

C: Me va a coger ella.

T: ¿Y qué hace cuando te coge? ¿Cómo te mira?

C: Con cariño.

T: Y cuando tu madre te coge y te mira con cariño, ¿cómo reacciona tu abuelo?

C: Está un poco asustado.

T: Cuando ve que tu madre te acoge con cariño, ¿qué más ocurre con tu abuelo?

C: Está contento y menos asustado.... está contento después de la depresión.

T: Eso es. ¿Y tú cómo te sientes cuando ves a tu madre que te coge con cariño y tu abuelo está contento?

C: Feliz.

T: ¿Y tu madre cómo se siente ahora?

C: Feliz.

T: Imprégnate de esa felicidad y respira esa felicidad (la Consultante guarda otro profundo silencio) ... pues ahora, levanta tus brazos, mira a tu mamá y dile, mamá, necesito todo tu cariño, todo el que no me pudiste dar porque estabas asustada y tenías miedo (la Consultante levanta los brazos y de nuevo se queda en silencio).

T: ¡Esto es! ¿Qué está pasando?
C: Que me abraza, está llorando.
T: Y este llanto, ¿qué emoción está expresando?
C: Alegría.
T: Y tu padre, ¿qué siente cuando ve a tu madre que está contenta y feliz y que te acoge y te da cariño?
C: Está muy contento.
T: ¿Qué más necesitarías decirle a tu madre?
C: Que no fue culpa mía.
T: ¡Repite eso!
C: Mamá, no fue culpa mía
T: Eso es, ¿qué más quieres decirle?
C: Que quiero que sea mi madre, no mi hermana.
T: ¿Y ella qué dice?
C: No, no me dice nada... como que las cosas son así.
T: ¿Es esto suficiente para ti?
C: Sí
T: ¿Quieres decirle algo a tu padre ahora? Aprovecha.
C: Pues quería decirle que eligió la vida más fácil para él.
T: No, no me lo digas a mí, dirígete directamente a tu padre en primera persona.
C: Papá, quiero decirte que elegiste la vida más fácil para ti, la más cómoda. Que yo siempre he esperado que me pidieras perdón, pero he entendido que no me lo vas a pedir porque tú crees que eres así y que así son las cosas. Entonces, como yo ya he aceptado tu forma de ser, pues ya... lo dejo así, tal como está.

En esta parte de la sesión, realizamos una parte del trabajo no reflejada en este resumen en la que la Consultante, tras repasar experiencias del pasado, comprueba que le faltó energía masculina que absorber del alma de su padre.

T: Bien, ahora alza los brazos y pídele a tu padre que de toda la energía de padre que no te dio y todo el cariño que no te dio y ¡cógelo! Y cuando lo recibas puedes bajar los brazos. Pídeselo en voz alta.

C: Papá quiero que me des el cariño que no me distes y que me corresponde.

T: ¿Lo has recibido?

C: Poco.

T: Vuelve a alzar los brazos y dile: ¡Papá!, ahora mismo me das todo el cariño de padre que no me diste porque es lícito y lo necesito para continuar bien con mi vida. Necesito que me des todo el cariño de padre para poder seguir mi vida. ¡Todo y ahora! ¡¡Dámelo todo!! (La Consultante se queda callada con los brazos en alto y, tras tomarse su tiempo, los baja).

T: ¿Lo has recibido?

C: Sí.

En esta parte de la terapia, solicito a la Consultante que haga ciertos cambios posicionales y físicos en el lugar en el que se encuentra (es un cómodo y amplio sofá) porque necesita hacer un trabajo de limpieza energética. Le doy todas las instrucciones adecuadas que son necesarias para esta parte del trabajo. Por razones de espacio, no todas figuran en este capítulo.

T: Muy bien... con esos pañuelos... acércalos a tu boca y comienza a escupir todos los productos químicos y los medicamentos que te dieron cuando estabas en la incubadora... asegúrate de eliminar todos los residuos tóxicos derivados de esa meditación... que no quede nada dentro de ti... escúpelo... vomítalo todo... eso es... eso es...

En este momento de la sesión, la Consultante hace todo lo que tiene que hacer hasta que me aseguro de que el trabajo de eliminación energética de esas sustancias del pasado ha sido completado. Es increíble el lenguaje no verbal de la Consultante mientras va realizando su trabajo. Realmente está siendo un trabajo de auténtica limpieza energética. Ella escupe durante un buen rato eliminando lo que su alma siente que tiene que eliminar y gasta todo el papel que necesita para hacerlo bien.

T: Eso es. Todo, todo. Eso es. No pares hasta que no lo hayas sacado todo. Todos esos productos químicos que te dieron todas esas medicinas todo fuera, fuera de tu cuerpo ¡ahora.!
C: Ostia, sí que la estoy oliendo.
T: Muy bien. Sácalo todo. Continúa vomitando si es necesario hasta que no quede nada.
C: Me estoy cociendo.
T: Bueno, saca todo, saca todo lo que no es tuyo, todo lo que no te pertenece y que te hicieron tomar.
C: Es como si tuviese fiebre, como si me hubiera subido...
T: Bueno. Eso es limpieza, estás limpiando. Continúa sacándolo todo, que no quede nada. ¿Queda algo todavía?
C: Yo creo que sí.
T: Pues continúa hasta que no quede nada.
C: Ya no sale.
T: Y ahora fíjate en una cosa, vas a ir a cortar tú cordón umbilical, esta es una posibilidad única para terminar con todo esto. Para desligarte de todo lo que venía de tu madre: la culpabilidad, la falta de alimento, el miedo, la ansiedad, la rabia, todo esto que venía de tu madre y que se te ha incorporado a ti. Todo esto se lo vas a devolver, no te pertenece, al devolvérselo te vas a liberar cuando arranques el cordón. Entonces, ahora te voy a pedir que toques tu ombligo y le des un pequeño pellizco para sentirlo. ¿Lo tienes bien cogido?
C: Sí.
T: Pues ahora vas a moverlo a la derecha, a la izquierda, arriba y abajo tres veces. Unaaaa, dooooos y treeeees. Y aho-

ra lo vas a arrancar y lo vas a tirar al universo. Adelante. Arráncalo. Y ahora te liberas de todo lo que no era tuyo que estaba en el cordón umbilical. Ahora eres un ser libre e independiente y pasas a tener puro control de ti misma.

C: (Da una respiración de alivio), siento como que me he quitado un peso de encima.

T: Y ahora, fíjate en una cosa más. En el momento de nacer, ¿qué es lo que tu alma sabe que venía a hacer?, ¿cuál es el propósito de tu alma al venir como Elisenda? Contaré hasta tres y dime lo primero que te venga, 1, 2, 3... ¡Adelante!

C: Creo que lo elegí para aprender de las lecciones que me van dando.

T: ¿Y qué sientes que podrías hacer con todas las lecciones que te van dando?

C: Yo siempre estoy ayudando, pero no sé cuál es mi propósito... si es seguir ayudando, no sé cómo hacerlo.

T: Te han enseñado muchas cosas, ¿cuál sería tu propósito de vida? Dime lo primero que te llegue.

C: Vivir yo.

T: Eso es. Fíjate en otra cosa, me has comentado que tuviste un aborto el año pasado y ahora te voy a pedir que contactes con el alma de ese bebé para poder saber qué es lo que pasó. Contaré hasta tres y podrás contactar con el alma de ese bebé... 1, 2, 3... adelante.

C: Yo creo que vino a enseñarme algo, pero no era su momento.

T: ¿Y tú que sientes con esto?

C: Me siento mal porque tomaba mucha medicación.

T: Entonces, ¿cuál es el momento más difícil de ese proceso de aborto?

C: No quería que se fuese, eso fue lo más difícil para mí

T: Y en ese momento que no querías que se fuese, ¿cuáles son tus reacciones físicas?

C: Fue mal porque como tomaba mucha medicación por la espalda, al final tampoco andaba bien.

T: Y en ese momento cuando tomas tanta medicación, ¿cuáles son tus reacciones emocionales?

C: De todo un poco... fue un poco de depresión, ansiedad, insomnio y alergia.

T: Y cuando sientes todo esto, ¿cuáles son tus reacciones mentales?

C: Que no sirvo para nada. No me puedo cuidar yo misma.

T: Y fíjate, todo esto de no sirvo para nada, no puedo cuidar de mí misma, ¿cómo te está afectando en tu vida como Elisenda?, ¿qué te hace hacer?

C: Esto me hace tener rabia constante contra mí.

T: Y sentir esa rabia, ¿qué te impide?

C: De todo porque como dependo de los demás, ahora mismo dependo de que me vistan, de que me duchen, de que me lleven al médico. De todo. No sirvo ahora mismo para nada.

T: Y fíjate, ¿qué sientes que te vino a mostrar el alma de este bebe?

C: Que vino a enseñarme algo.

T: Muy bien, ¿y qué crees que es lo que vino a enseñarte?

C: A que puedo.

T: Repítelo otra vez y más fuerte.

C: Que puedo, puedo. Que yo puedo.

T: Eso es. Muy bien. ¿Hay algo más que tu alma necesite trabajar en esta sesión?

C: No, ahora mismo no.

T: Pues te voy a pedir que escojas un color.

Ahora, con el color elegido por la Consultante, continúo con un trabajo de cierre energético de todo lo trabajado durante la sesión.

Es notable el aspecto de relajación y tranquilidad que muestra cuando acaba toda la sesión. Al finalizar, la Consultante se muestra muy agradecida por todo lo trabajado y por todo lo que ha podido sanar. Las palabras que más utiliza en sus comentarios finales son relajada y ligera... manifiesta sentirse mucho más relajada y más ligera que antes de comenzar la sesión.

Testimonio de la Consultante

La gente le tiene mucho respeto a la TVP, pero es una terapia que ayuda muchísimo.

En enero del 2024 me apunté a un curso para aprender a conectar con tu Yo Superior de simplemente 14 meditaciones y no conseguí en un año hacer ninguna meditación. Empezaba con mucha angustia, cada vez la angustia era más aguda, y después empezaba a vomitar energéticamente, así que lo dejé. Un poco después, cuando empezaba una meditación seguía vomitando y empecé a ver un humo muy negro dentro de mi estómago. Después encontré una meditación de limpieza de órganos y nada, cada vez que llegaba al estómago, del hígado aparecía un humo negro y mucha angustia... y en regresiones en las vidas pasadas, siempre moría comiendo algo... de lo poco que podía ver, menos meditar me pasaba de todo

Todo eso se fue con la regresión, tras la que ha habido un antes y un después... vista la mejoría, lo mismo me da tiempo a terminar el curso de meditación. También me enteré ayer que, por un error en una tienda especializada para alérgicos, estoy comiendo lactosa y proteína de la vaca desde el sábado pasado (un día después de la regresión) y no me ha dado la distensión abdominal que es habitual en mí, ni se me ha hinchado el cuerpo, ni la cara y tampoco he pasado por urgencias... no sabría decirte los años que hace que no la comía sin sentirme bien, pero ocho al menos, así que me he encargado un dulce para poder disfrutar de su sabor.

Respecto a mi familia, mi madre en una semana, me ha dicho dos veces "te quiero", cosa que en casa no sé solía usar mucho... Y esto solo en una semana, sé que se seguirán moviendo e integrado cosicas bonicas... sé que te iré contando nuevas cosas más adelante... un abrazo y mil gracias.

Contacto
Sergi Estrany Sanfeliu
Instagram : regression_theraphy

Made in United States
Cleveland, OH
05 November 2026

47667163R00185